世界哲學家叢書

# 賀　　　　　麟

張 學 智 著

1992

東大圖書公司印行

國立中央圖書館出版品預行編目資料

賀麟／張學智.--初版.--臺北市：東
　大出版：三民總經銷，民81
　　面；　　公分.--(世界哲學家
　叢書)
　參考書目：　面
　含索引
　ISBN 957-19-1412-6（精裝）
　ISBN 957-19-1413-4（平裝）

　1.賀麟—學識—哲學

128　　　　　　　　　　81002429



賀　麟

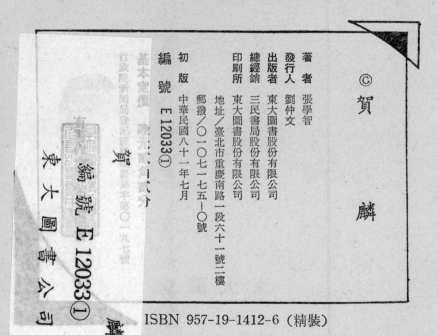

著　者　張學智
發行人　劉仲文
出版者　東大圖書股份有限公司
總經銷　三民書局股份有限公司
印刷所　東大圖書股份有限公司
　　　　地址／臺北市重慶南路一段六十一號二樓
　　　　郵撥／〇一〇七一七五一〇號
初　版　中華民國八十一年七月
編　號　E 12033①
基本定價　肆元貳角貳分
行政院新聞局登記證局版臺業字第〇一九七號

賀　麟
編號 E 12033①
東大圖書公司

ISBN 957-19-1412-6（精裝）

# 「世界哲學家叢書」總序

本叢書的出版計劃原先出於三民書局董事長劉振強先生多年來的構想，曾先向政通提出，並希望我們兩人共同負責主編工作。一九八四年二月底，偉勳應邀訪問香港中文大學哲學系，三月中旬順道來臺，即與政通拜訪劉先生，在三民書局二樓辦公室商談有關叢書出版的初步計劃。我們十分贊同劉先生的構想，認爲此套叢書（預計百册以上）如能順利完成，當是學術文化出版事業的一大創擧與突破，也就當場答應劉先生的誠懇邀請，共同擔任叢書主編。兩人私下也爲叢書的計劃討論多次，擬定了「撰稿細則」，以求各書可循的統一規格，尤其在內容上特別要求各書必須包括（1）原哲學思想家的生平；（2）時代背景與社會環境；（3）思想傳承與改造；（4）思想特徵及其獨創性；（5）歷史地位；（6）對後世的影響（包括歷代對他的評價），以及（7）思想的現代意義。

作爲叢書主編，我們都了解到，以目前極有限的財源、人力與時間，要去完成多達三、四百册的大規模而齊全的叢書，根本是不可能的事。光就人力一點來說，少數教授學者由於個人的某些困難（如筆債太多之類），不克參加；因此我們曾對較有餘力的簽約作者，暗示過繼續邀請他們多撰一兩本書的可能性。遺憾的是，此刻在政治上整個中國仍然處於「一分爲二」的艱苦狀態，加上馬列教條的種種限制，我們不可能邀請大陸學者參與撰寫工作。不過到目前爲止，我們已經獲得八十位以上海內外的學者精英全力支持，包括臺灣、香港、新加坡、澳洲、美國、西德與加拿大七個地區；難得的是，更包括了日本與大韓民國好多位名流學者加入叢書作者的陣容，增加不少叢書的國際光彩。韓國的國際退溪學會也在定期月刊《退溪學界消息》鄭重推薦叢書兩次，我們藉此機會表示謝意。

原則上，本叢書應該包括古今中外所有著名的哲學思想家，但是除了財源問題之外也有人才不足的實際困難。就西方哲學來說，一大半作者的專長與興趣都集中在現代哲學部門，反映着我們在近代哲學的專門人才不太充足。再就東方哲學而言，印度哲學部門很難找到適當的專家與作者；至於貫穿整個亞洲思想文化的佛教部門，在中、韓兩國的佛教思想家方面雖有十位左右的作者參加，日本佛教與印度佛教方面卻仍近乎空白。人才與作者最多的是在儒家思想家這個部門，包括中、韓、日三國的儒學發展在內，最能令人滿意。總之，我們尋找叢書作者所遭遇到的這些困難，對於我們有一學術研究的重要啟示（或不如說是警號）：我們在印度思想、日本佛教以及西方哲學方面至今仍無高度的研究成果，我們必須早日設法彌補這些方面的人才缺失，以便提高我們的學術水平。相比之下，鄰邦日本一百多年來已造就了東西方哲學幾乎每一部門的專家學者，足資借鏡，有待我們迎頭趕上。

以儒、道、佛三家爲主的中國哲學，可以說是傳統中國思想與文化的本有根基，有待我們經過一番批判的繼承與創造的發展，重新提高它在世界哲學應有的地位。爲了解決此一時代課題，我們實有必要重新比較中國哲學與（包括西方與日、韓、印等東方國家在內的）外國哲學的優劣長短，從中設法開闢一條合乎未來中國所需求的哲學理路。我們衷心盼望，本叢書將有助於讀者對此時代課題的深切關注與反思，且有助於中外哲學之間更進一步的交流與會通。

最後，我們應該強調，中國目前雖仍處於「一分爲二」的政治局面，但是海峽兩岸的每一知識份子都應具有「文化中國」的共識共認，爲了祖國傳統思想與文化的繼往開來承擔一份責任，這也是我們主編「世界哲學家叢書」的一大旨趣。

傅偉勳　韋政通

一九八六年五月四日

# 自序

本書之作，純出於偶然。一九八六年，北京大學哲學系有「現代中國哲學」研究項目，我承擔了賀麟新心學研究任務。我知道賀麟這個名字，始於讀其所譯黑格爾《小邏輯》，深嘆其譯筆之精嚴、有韻致，然對其思想接觸甚少。我是把他作爲翻譯家和黑格爾研究專家來看的。我之承擔這個任務，是因爲我的研究生畢業論文是關於王陽明良知學說的，自老心學而新心學，似乎順理成章。及借來賀麟著作一讀，爲其思想之創穎活潑，文字之酣暢淋漓所吸引，數年寢饋其中，自覺深切有味。又上溯他思想的來源魯一士諸人，亦覺有所得。感到他的思想，絕不同於陸王心學。他的思想，以黑格爾的絕對精神亦心亦物、亦內亦外、亦知亦行爲根柢，又特別吸收魯一士以絕對精神爲「戰將」的思想，突出絕對精神的健動不息，自求拓展，又不廢律則，借律則以行的品格。故書中對於他思想的來源，他與康德、費希特、謝林，特別是與黑格爾、魯一士思想的關係，用了較多篇幅。

斯賓諾莎哲學是賀麟思想的又一重要來源。他之不同於中國舊心學之處，很大程度上由於他將斯賓諾莎的「理」納入心學中，成立其卽心卽理之學，力圖克服陸王心學特別是陽明後學的「猖狂自恣」。這使他的心學帶有很強的近代意味，卽經由理學陶熔規範過的心學。故本書於斯賓諾莎影響賀麟處，亦多致意。

關於賀麟在現代新儒家中的地位及所做貢獻，本書著墨最多。

蓋海外許多研究現代新儒學的論著，多不及賀麟；國內論及賀麟新心學的著作，亦多未及他對道、墨、法諸家的吸收與改造，更未論及新心學是融會中西、統合古今、以儒學容攝道墨法諸家所成之獨特體係。雖其學脈尚未廣大，細部未暇詳究，但規模已立，意向尤明。本書於此，亦曾著力。

本書對於賀麟新心學之邏輯架構、知行問題、翻譯思想，亦有專章討論。

賀麟以翻譯、研究黑格爾、斯賓諾莎哲學爲其入門，其學術根柢爲西學。他被稱爲新心學，多自表彰、倡導陸王心學而起。他的論證，多取自黑格爾、康德，而以陸王夾輔之。故其學西方學術居十之七八，此絕不同於其他現代儒學大師如熊十力、梁漱溟等，卽與馮友蘭、牟宗三亦不同。此點似應特別注意。

另外我感到，賀麟的大部份著作，寫於對日抗戰期中。他的上述思想，可以說是裝裹在哲學語言中的抗戰必勝信念。他的著作，是以中國民衆特別是知識份子發起信心，自求拓展，艱難跋涉，以取得最後勝利爲目的的。從這個意義上說，他是一個欲以哲學救世的人。

此書之成，湯一介老師催促督責之功甚大。傅偉勳、韋政通兩位先生允將此書列入「世界哲學家叢書」，謹此一並致謝。

此書籌劃雖早，但因事數次中輟，今年五月才寫畢。囿於學力，錯謬之處一定不少，敬祈方家不吝指教。

張學智

一九九二年六月于北京大學

# 目次

# 導言　賀麟的生平及學說大旨

1926年秋，一艘開往美國的客輪，漸漸駛離上海港。一個身材不高、白淨斯文的青年立在甲板上，不停地向送行的師友招手。望著漸漸遠去的碼頭，他心裏充滿了對母邦的眷戀和對另一個陌生國度的奇思妙想。這個青年就是後來成爲我國當代著名哲學家、翻譯家、黑格爾研究專家的賀麟。

## 一、清華求學

1902年11月3日，賀麟生於四川金堂縣五鳳鎮一個世代耕讀之家。賀家是這一帶的大姓，賀麟這一門由他祖父掌管。祖父上過私塾，讀書不多，但精於理財。賀麟六歲始，在家鄉五鳳鎮上小學。祖父對幼年賀麟十分關心，學校裏作的文章，祖父都要看；每次考試的詩文，祖父都要賀麟背給他聽，並要賀麟講述學校裏的事情。賀麟之思路清晰、記憶過人，甚至文章的縱橫捭闔，皆受益於祖父的善問。賀麟的父親名松雲，卒業於金堂正精書院，是前清秀才，當過金堂中學校長，縣教育科長，對賀麟的學業也十分關心，常教他讀《朱子語類》和《傳習錄》。小學畢業後，賀麟入金堂縣中學，後又考入成都石室中學。在石室中學兩年，主要學宋明理學，並廣泛涉獵各種新學書籍。1919年，賀麟以優異的成績考入清華學校。在清華，賀麟的第一位老師是梁啟超。梁啟超主講的「國學小史」、「中國近三百年學術史」對他啟發極大。他還選習了小學類課程，對梁啟超極表敬仰。梁啟超是著名學者，在校內的講演，他從未缺席過；在校外的講演，他也常跟去聽。梁啟超也喜歡這位好學的學生，經常把私人藏書借給他。在清華，他的國學水平有了很大提高，並在梁啟超的薰陶下，對學術研究產生了濃厚的興趣。1923年秋，爲紀念戴震誕辰二百周年，賀麟在梁啟超指導下，寫成〈戴東原研究指南〉，發表在《晨報》副刊上。這是賀麟發表的第一篇論文，時年21歲。賀麟在清華學校時，以文筆知名，並因此擔任《清華週刊》主編。1925年，基督教大同盟在北平舉行會議，對於此舉，贊成和反對者皆有。賀麟代表《清華週刊》發表了〈論研究宗教是反對外來宗教傳播的正當方法〉一文，主張「對於外國的學說、主義、宗教，須用科學眼光重新估定價值，精研而愼擇之，不可墨守，亦不可盲從」❶。認爲先懷疑基督教，繼而研究基督教，最後方信仰基督教，纔是對待基督教的正確途徑。對於基督教青年會招徠學生入會，賀麟明確表示：「基督教既成研究的對象，則乃是學者之事，無須強人人以信之；研究基督教乃中國開明人士的責任，教會諸君更可不必招徠徵求會員，使得無論智愚賢不肖盡皆變成教徒而後快。」❷以理性的同情的態度對待外來宗教，這已開後來「理性宗教」的先聲。賀麟在清華七年，以學習成績優秀，品德端方，言談舉止溫文爾雅，贏得了「賀聖人」的雅號。

---

❶《文化與人生》，1988年版，頁148。
❷ 同上。

在清華，另一個對他一生學問趣向發生重大影響的老師是吳宓。吳宓字雨僧，當時任清華學校文學院教授，教外國文學和翻譯，並主編《學衡》雜誌，對美國白璧德（I. Babbit）和穆爾（Paul E. More）的人文主義作過有力介紹。吳宓對於賀麟的影響，一爲藝術與宗教貫通一致，相互爲用；二爲他主講的「翻譯」課對後來賀麟從事哲學翻譯的誘導。吳宓曾說，宗教和藝術兩者皆能使人離痛苦而得安樂，超出世俗與物質的束縛，進入理想境界。在宗教與藝術的關係上，宗教精神爲目的，藝術修養爲方法。宗教樹立全眞至愛，使人戒定慧全修，智仁勇兼備。而藝術，則藉幻以顯眞，由美以生善，於不知不覺中引導人向上。所以宗教精神與藝術修養，實互相爲用，缺一不可。這一思想直接誘導賀麟以宗教爲禮樂，得出「儒學是合詩教、禮教、理學三者爲一體的學養，儒家思想的開展，必須循藝術化、宗教化、哲學化的途徑邁進」的結論。

賀麟在快畢業的時候，選了吳宓的翻譯課，在他的鼓勵下，譯了一些英文詩和散文，並對照原文閱讀嚴復的譯作。1925年，賀麟在《東方雜誌》發表了〈論嚴復的翻譯〉，文中論嚴復選擇原書的精審，論嚴復的「信達雅」三條標準，論嚴復譯作的文體，都具獨創性。從此時起，他就決心步吳宓的後塵，以介紹和傳播西方古典哲學爲自己終身的志業。嗣後幾十年，賀麟一直把翻譯和研究、教學結合起來。從留學美國至今，賀麟譯出西方哲學名著10部及大量論文，爲在中國傳播西方哲學特別是黑格爾、斯賓諾莎哲學做出了極大貢獻，這不能不感謝吳宓的引路之功。

## 二、負笈歐美

1926年，賀麟赴美國留學，入奧柏林大學學哲學。這所大學占支配地位的是杜威的經驗論，教師多注重從生理學、心理學、人類學去研究道德和人生觀問題。其中倫理學教師耶頓夫人（Mrs. Yeaton）對賀麟影響極大。耶頓夫人主講人類學、倫理學，課外還給他講黑格爾和斯賓諾莎哲學。這是賀麟接觸黑格爾、斯賓諾莎之始。他後來回憶說：「由於她的啟發，奠定了我後來研究黑格爾和斯賓諾莎哲學的方向和基礎，所以她是我永生難忘、終生受益的老師。」❸直到晚年，賀麟談起這位西方哲學的蒙師，仍然十分懷念，感激之情溢於言表。耶頓夫人認爲，倫理學不是抽象地講仁義道德，而是要具體找出人類學的起源和在歷史上的發展變遷。她教賀麟讀克洛德（E. Clodd）、約翰·菲斯克（John Fiske）、朗格（A. Lang）的神話學著作和泰勒（E. B. Taylor）、摩爾根（Morgan）關於原始社會、原始文化的著作。在她的指導下，賀麟讀了許多書，作了大量讀書筆記，並用英文寫了十幾篇文章。從現在已翻譯發表的來看，內容涉及神話的本質，魔術的性質，魔術與科學、藝術、宗教的關係，世界各地的村社制度，婚姻的起源、各種婚姻形式、婚姻倫理等。

關於神話，賀麟認爲：「神話是原始人解釋周圍環境的嘗試，是關於自然、神和粗糙的哲理的原始記述。」❹他把中外神話按內容分成由理智的和可理解的故事構成的「合理神話」與由

---

❸ 《哲學與哲學史論文集》，頁2。
❹ 同上，頁14。

原始的、愚昧的幻想構成的「不合理的神話」；按題材分爲哲學的或解釋性的神話、自然神話、英雄傳奇神話等等。賀麟還分析了不同地域流行的神話在內容上的相似性，認爲這應該歸因於歷史上某個時期各不同地域的人們有著相似的精神習慣和觀念。他論證說：

> 我們完全可以確定中國與西方在古代幾乎沒有任何交往，但我們並不費力便可以找出中國和歐洲民族神話的相似之處。既然相似的魔術可以在不同的民族中獨立地出現，為什麼神話不能獨立地而且相似地產生呢？而且我們知道相似的哲學經常在不同的地方出現。❺

賀麟的這一觀點，對於當時人類學、文化學中流行的「歐洲中心論」不啻是一個反擊，也是他後來提出「全部文化都可以說是道的顯現」、「我們不需狹義的西洋文化，亦不要狹義的中國文化，我們需要文化自身」的主張的濫觴。賀麟並且認爲，神話也是有規律的，研究各民族神話中的共同規律，可以幫助我們瞭解不同民族的共性，瞭解不同地區的先民從草昧到文明的發展規律。另外，神話是歷史的見證。神話記錄了先民的行爲、風俗、哲學和宗教。神話是原始的精神遺留下來的塑像，對神話的研究就是對人類心靈的歷史的研究。從這裏，我們可以看到賀麟後來廣泛應用的現象學方法——即「由用以觀體，由跡以觀心」的萌芽。

耶頓夫人也引導賀麟通過對魔術的研究去發現人類哲學、宗

---

❺ 《哲學與哲學史論文集》，頁18。

教的演化軌跡。賀麟指出，要探溯人性的演化，研究文明的歷史，魔術是一個重要的研究課題。因爲魔術與原始人的科學和宗教都有密切的關係。魔術實際上可以看做原始人合宗教與科學爲一體的神秘方法。文明人用科學去控制、去說明的東西，原始人則企圖通過魔術去控制。魔術可以說是原始人智力上的石器時代。

關於魔術與宗教的關係，賀麟認爲，兩者都是涉及超感覺的東西，不過宗教是人格化的，而魔術是非人格化的。魔術與起於宗教之前，在人通過祈禱和祭祀去欺瞞神靈之前，就已經通過符咒和妖術的力量，企圖使自然屈從於自己的意志。魔術的目的在控制超自然的力量，而不是像宗教那樣去安撫或勸解它們。關於魔術和藝術的關係，賀麟認爲後來的許多藝術形式都起源於魔術：戲劇起源於魔術的儀式，如歐洲的滑稽喜劇脫胎於魔術的禮儀表演，中國上古時各類術士同時也在宮廷裏做娛人表演。甚至製做玩偶、繪畫也源於魔術。

對於魔術，賀麟從歷史研究的角度，對它抱同情和理解的態度；但主張，從科學和宗教發展的角度，對魔術不能容忍，更不能鼓勵。因爲容忍魔術就意味著阻礙科學和宗教從中分離。對於魔術，只能完全丟掉它。「由於文明和科學的日益進步，魔術的活動逐漸被從地球上消滅是一種自然的趨向，正如太陽一旦昇起，黑暗就將消失一樣。」❻

賀麟關於人類學的幾篇文章，都是耶頓夫人倫理學課的讀書報告，其研究還是初步的，理論觀點和材料多取自當時人類學、

❻《哲學與哲學史論文集》，頁33。

文化學的名著，如泰勒的《原始文化》、摩爾根的《古代社會》、托馬斯 (Thomas) 的《社會起源原始資料》、弗雷澤 (J. G. Frazer) 的《金枝》等，意在找出文明社會的倫理觀念在歷史上的發展變遷。這些文章有一個共同的特點：既注重分析具體材料，又注重發現歷史的普遍律則。前者是經驗的方法，後者是理性的方法，理性統帥經驗，經驗證實理性，二者不畸重，不偏廢，互相補充，互相發明。他後來的一系列文章，體現出強烈的歷史感，他曾說：「我是個有歷史感的人」。但賀麟所謂歷史，不是「歷史是一個百依百順的女孩子，任人打扮塗抹起來」的歷史，而是黑格爾式的有理則、有事實的歷史。他的「以事實注理則，以理則馭事實」的根本研究方法，此時已見端倪，不過尚偏於經驗的說明而已。

在奧柏林，賀麟還有兩篇較重要的文章，一是用英文寫的〈論述吉伍勒的倫理思想〉，一是用中文寫的〈西洋機械人生觀最近之論戰〉。這兩篇文章涉及賀麟早期的人生觀、宇宙觀、宗教觀及倫理學方法論，因此有詳細討論的必要。

吉伍勒(Givler)是機械倫理學的著名代表。他的基本觀點是——道德價值的意義只能通過對人體的力學的研究來瞭解，行爲和思想要嚴格按照人的肉體的特定機能來解釋。他的方法是用人的生物機能去解釋道德觀念。他要使倫理學成爲一門機械科學，使它從魔術的、神學的和直覺的迷霧中解放出來。

吉伍勒用生理學去解釋倫理學中的對立概念，認爲意義相反的觀念可以歸因於我們肌肉的結構式樣。如「善」是肌肉向外的反應，「惡」是肌肉退回的反應。所以「有道德的人是肌肉放鬆的，有彈性的，使個體協調的；而邪惡的人不是由於肌肉軟弱而懶惰、無骨氣、拖拉、好色，就是由於有機體變態地張力亢進」❼。他反對道德直覺主義的「良心」概念，認爲「良心」在生理上是一個「退回反應」，它在心理上所包含的是否定和不協調、優柔寡斷。「它是個病理現象，與其說他表現的是美德，不如說他表現的是缺陷。」❽相應地，吉伍勒也反對意志自由說，在他看來，意志是經驗的產物，是大腦和腺體的功能，是被決定的。吉伍勒的所謂自由，是指物質強加的抑制的排除，是經過訓練後身體的得心應手，以及隨活動環境的增大而來的願望成爲意志的機會增多。由於吉伍勒的機械方法論，他相信建基於因果律之上的科學是萬能的。「科學所創造出的聰明、技巧和善意、力量、智慧、和平，這纔是不朽的。」這樣的宗教是科學的宗教，是「比一個承認人類有罪的宗教更好的機械倫理學的產物」❾。

從這篇文章看，賀麟對吉伍勒的機械倫理學並沒有提出批評，對吉伍勒關於良心、自由等的解釋存而不論。對「科學的宗教」甚而持同意的態度。他此時已接觸到了斯賓諾莎哲學，他認爲吉伍勒的理論先驅之一就是斯賓諾莎的身心平行論和決定論。吉伍勒對科學表示出無限信任，以之爲上帝。這表示他同時承認決定論，希望通過瞭解必然，掌握必然規律而獲得自由。在這一點上，賀麟贊同斯賓諾莎同時也贊同吉伍勒，他是通過吉伍勒上溯斯賓諾莎而相信知天信天、與天爲一的宗教思想的。不過從此處看，吉伍勒的極端機械論實際上是無神論，他以科學爲「上

---

❼ 《哲學與哲學史論文集》，頁43。
❽ 同上，頁44。
❾ 同❼，頁46。

帝」，這一點不同於賀麟。賀麟贊同「理性宗教」，主張對之先研究後信仰，但不完全贊同以科學爲宗教，認爲這樣實際上是取消宗教。就如他不贊同蔡元培「以美育代宗教」，而主張宗教藝術化一樣。就最終的思想結果言，他也不同意斯賓諾莎而以融和了斯賓諾莎和康德兩大長處的黑格爾爲歸。

賀麟之初信機械論，是有時代原因的。十九世紀末二十世紀初，自然科學特別是電學、機械學有了飛速發展，由此引起的巨大生產技術變革、社會變革，給了許多人「科學萬能」的觀念。科學方法論被應用於各個方面，科學的基礎——因果律被越來越多的人信從。賀麟說：「近世自然科學的進步和科學方法的應用，處處都予機械論者以新論證和新鼓舞。大勢所趨，似乎科學越發達，而機械人生觀也將越演進。」⑩賀麟初到奥柏林，置身於一個全新的世界，親身體會到近代科學成就帶來的巨大影響，耳濡目染杜威一派的徹底經驗論，壓倒了他從小接受的理學。所以他這時信從機械論是有根據的。

〈西洋機械人生觀最近之論戰〉稍稍不同於前文。他雖引證並支持機械人生觀的重要代表駱布（J. Loeb），但他引證更多，更爲贊同的是新機械論的代表李約瑟（Joseph Needham）。新機械主義者的主張，簡言之，就是：

> 機械主義是一種方法論而非本體論。以機械觀為有用的方法，而不以機械主義來解決形而上的問題。只求足踏實地應用機械方法以分析現象、研究問題，探求真理，而不蹈

⑩《哲學與哲學史論文集》，頁373。

空談玄，説機械主義可以解釋宇宙人生的根本問題。把宇宙人生的本原問題，仍然讓他們玄學家去解釋。⓫

就是説，機械主義不能解釋宇宙人生等形上學問題，生機主義者維持著形上學的堡壘，但又缺乏科學的根據，因爲他們不懂得科學是數量的而非玄想的。十九世紀德國哲學家羅宰 (Lotze) 認爲玄學與科學各有其用，並行不悖，他承認機械主義的普遍效用，而否認其究竟歸宿。李約瑟也主張把機械觀當作正確的方法論，用以解釋一切現象，但不能作爲形上學原理。所以李約瑟認爲生機主義尚蹣跚於謹嚴的數量科學門外，在純正的科學中沒有它的地位。但機械主義也要量力知足，不能自詡有哲學的普遍效能。賀麟接受了新機械主義的觀點，區分方法論和本體論，只把機械主義作爲有用的方法，解釋一切現象界的問題，而不把它應用於本體論。本體論領域讓玄學當道。這一觀點極似中國二十年代前期科玄論戰中玄學派的觀點。科玄論戰緊鑼密鼓之時，賀麟尚爲二十出頭的青年，尚在清華學校苦讀。這篇文章可以看作對科玄論戰的遲到的回應。但是從這一問題遠沒解決而言，賀麟的回應並不算晚。

賀麟此時所信奉的新機械主義，雖然有其新處，但仍是機械主義，不過對於機械主義限定其範圍而已。所以賀麟此時的思想傾向，主要是機械主義。他概括本文主旨的兩句詩，頗能説明他此時的觀點：「人生宇宙一機械，妙用通神可擬僊。」⓬不過新機械主義的「本體論讓玄學當道」的主張，也爲他的自由意志論

⓫《哲學與哲學史論文集》，頁380。
⓬ 同上，頁385。

預留了地步。所以他在接受了新黑格爾主義後又主張自由意志，而且大有壓倒機械論之勢。因爲他後來純自本體界立論，他認爲哲學就是研究本體界的學問。他的發揮自由意志論，一方面是他的新機械論所容許的，更重要的是他後來接受了新黑格爾主義的緣故。這有一個精神的比重加深，逐漸由機械論向唯心論傾斜的過程。

綜觀賀麟在奧柏林大學所寫的文章，可以看出一個明顯的傾向，即賀麟此時研究的重點在倫理學，但他研究倫理學是注重從人類學、生理學、心理學去討論道德問題。理論觀點上也大多雜陳各方意見，稍加折衷，尙未形成自己一貫的思想。但分析之細密，視野之開濶，注重用理則御事實、事實注理則，理事雙融諸風格已基本奠定。所待者唯廣收博採，去蕪取精，成一家之言。

在奧柏林，賀麟用一年半時間修完了三年的課程，提前得到學士學位。1928年3月，他告別耶頓夫人，去芝加哥大學，正好趕上春季講習班，聽了著名的米德（G. H. Mead）教授的「精神現象學」、「柏格森哲學」和斯密（T. V. Smith）教授的「格林、西吉微克、摩爾的倫理學」等課程。在芝加哥，他除了聽課，便是研讀格林的著作，並利用暑期，寫成〈托馬斯·希爾·格林〉一文。格林學說，對賀麟思想的轉型有很大影響。

格林（T. H. Green）是德國唯心論在英國的先驅，他批評英國自洛克、休謨以來的傳統經驗主義，也反對當時盛行的邊沁和穆勒派的功利主義。格林的工作，主要是爲倫理學提供形上學基礎，在此基礎上調解信仰和理性，調解個人利益和公共利益，反對享樂主義，建立自我實現的道德理想。格林反對經驗論道德哲學，而注重形上學對於道德的重要作用，他說：「道德形上學雖然不是倫理學體系的全部基礎，但確實是它的可靠基礎。」⑬格林爲道德尋求形上學的根據，對賀麟由從人類學、生理學、心理學着手討論道德問題的經驗方法向從人的精神原則、人的心靈創造、人的知性能力本身着手討論道德問題的轉變影響極大。這是從經驗實在論到唯心論的大轉向。這種轉向由稍後研讀魯一士著作及到德國留學專攻黑格爾哲學而大大加強。所以格林對賀麟的影響具有決定性的意義。

格林對賀麟的影響，主要在爲道德尋求形上學基礎和調解信仰與理性兩個方面。這裏只談第二個方面，第一個方面留待知行問題中討論。

格林時代的普遍問題是科學和宗教的衝突，他要架設一道溝通神學和科學的橋樑。他知道，理性和信仰之間的對立是危險的。他認爲，沒有理性的信仰是迷信，沒有信仰的理性是消極的懷疑主義。他指出，許多方法可以使理性不僅不與信仰發生衝突，而且還和理性處在圓滿的和諧之中。比如，知識和信仰在自我意識中有共同根源，這就是實在性的意識、完善性的意識。科學和宗教的目標都在於達到自我實現和自我滿足，二者是不應有衝突的。又比如，理性可以給信仰提供理智基礎，理性能幫助我們理解上帝；宗教可以擺脫迷信、神秘或奇蹟。格林的名言是「理解爲了增進信仰」。再者，理性和信仰是我們獲得自由的二種既分別而又互相關聯的途徑：前者是以理性認識自然界的規律，使精神從自然的束縛中解脫出來；後者是使自己的精神與永恆的規律

⑬《現代西方哲學講演集》，頁148。

等同。前者是知天，後者是與天爲一；前者是理性，後者是宗教。前者是剛健的創造，後者是殉道的獻身。二者都是達到自由的途徑。二者可以互相爲用。所以理性和宗教是不衝突的，是可以調解的。

格林的調解理性和信仰，是通過對人的精神、心靈的深層涵蘊的分析得到的，本質上仍是形上學的方法。他的方法和結論對賀麟影響都很大。方法的影響已如上述。格林的結論直接導出賀麟的「理性宗教」思想。對比賀麟在清華學校時提出的「先研究而後信仰方可謂之眞信仰」，可以看出，「先研究後信仰」沒有形上學的根據，只是一種無理論基礎的感覺。而「理性宗教」則是有哲學基礎的主張。雖同是調和，但在接受格林思想之前，排斥的成份居多；而在此之後，主要是兩者的融合、兩者的並行不悖。可以說，賀麟的理性宗教思想，也是一個正反合的發展過程。

芝加哥大學是實用主義占主導地位，這和賀麟此時的思想路向很不同。他於是在1928年9月離開芝加哥，去美國北部哈佛大學哲學系學習。關於轉學的原因，賀麟說：

> 第一，我不滿於芝加哥大學那種在課上空談經驗的實用主義者，所以在1928年下半年轉往哈佛大學，目的在進一步學習古典哲學家的哲學；第二，我認為格林一反英國經驗主義傳統思想，是康德、黑格爾哲學在英國的繼承人和先驅，而這恰與芝加哥大學的個別倫理學教授有分歧。⑭

⑭《現代西方哲學講演集》，頁161。

在哈佛，賀麟先入大學學習，得到碩士學位，又入研究院從事研究工作。他聽過懷特海（Whitehead）的「自然哲學」、霍金（Hoking）的「形而上學」課程。賀麟在哈佛研究院寫過二篇英文文章〈道德價值與美學價值〉、〈自然的目的論〉。前篇介紹了懷特海所代表的新趨勢，即把道德價值轉化爲美感的價值，又進一步把美感的價值轉化爲自然的價值。後篇屬於思辯哲學的性質，結論是自然哲學和思辯哲學可以並行不悖。

在〈道德價值與美學價值〉中，賀麟指出了道德價值和美學價值的相同點，認爲：當道德不再被僅僅作爲調節人們行爲的規則和戒律時，它與藝術是同一的。就是說，當道德變爲一種源於自發性和內在和諧、變爲一種直覺的或本能的行爲的時候，道德就會變爲藝術。當道德還未超出它的命令的和強制的階段的時候，要想得到兩者的同一是沒有希望的。這是第一步：把道德與藝術同一起來。這一觀點，是賀麟後來提倡的「藝術化的儒家」、「從藝術的陶養中去求具體美化的道德」、「詩教卽禮教」思想的直接來源。

第二步是把美學價值歸結爲自然價值。叔本華是這種觀點的先驅，懷特海是有代表性的擁護者。懷特海認爲，每一自然事件或者每一現實的實體都具有內在的價值。它的價值源於它的唯一性，源於它與環境或整體的交融性和相關聯性。這就意味著，所有的自然事物都是有價值的和美好的。世間萬物在發展和交互作用中，形成了一幅和諧美妙的圖景。每一實在之物，從它在世界圖景中的處境和作用言，都有其理，都有其不得不如此的根據和理由。這是科學上的眞。從它的實在價值，從它有著影響萬物的能力言，是善。從其在世界系統中的和諧、美妙，「動容周旋中禮」言，是美。就是說，從動態的、過程的觀點看，萬物皆眞善美的綜合。這就是懷特海把善歸於美，把美歸於自然、歸於眞的本義。懷特海把美學價值歸於自然價值的思想，很自然地使我們想起中國哲學家程顥的二句詩：「萬物靜觀皆自得，四時佳興與人同。」實際上懷特海的思想確有濃厚的東方哲學意味。他的過程哲學，頗似中國道家的天道觀。賀麟在哈佛讀書時，常在週末參加懷特海招待來訪學生的可可茶會。懷特海一次同賀麟談起中國哲學，說自己的哲學著作東方意味特別濃厚，中國人反而更容易瞭解、欣賞。在《過程與實在》中，他明白宣稱：「就我的有機體哲學的總的立場，似乎更接近於印度人或中國人的某些思想線索。」賀麟當時認爲懷特海的天道觀大抵介於儒道之間，稍稍偏向道家。也就是在這個意義上，賀麟把懷特海看成「新謝林學派」。

〈自然的目的論〉一文，是學了懷特海、霍金的思辯哲學之後的總結。文中追溯了康德、柏格森、魯一士、亨德森等人的目的論思想。

康德從先驗原則出發，認爲有機物具有「內在目的」，這種內在目的不同於經驗判斷的相對目的或外在目的。自然對象的高貴與可讚美就在於它的內在目的本身。但我們對自然也可進行機械論的因果關係的考察，兩者並不矛盾。在感性世界裏，是機械論原則，在超感性世界裏，是目的論原則。我們的理智可以使我們對自然作機械論和目的論兩種思考。

柏格森（H. Bergson）把目的看作一個健動不息的創造進化過程。他同意康德的看法，即現象界只有機械論的解釋是可能的，而目的論或創造進化只適用於超感性的世界或他所謂直觀或綿延的世界。

亨德森（L. J. Henderson）在其《自然的適合性》一書中，提出了與達爾文不同的觀點。亨德森認爲，自然物並不都是達爾文所說的生存競爭，更爲重要的是存在著互相適應的一面。這種適應性是從有機物的進化過程中產生的適應性的組合。亨德森在對自然物質的物理、化學成份進行分析後指出，環境是有利於生命或有機體的適應和進化的。有機體在結構和功能方面極其複雜，必能正確地調整其環境條件。賀麟對亨德森的論述提出了批評，認爲亨德森犯了混淆形而上學與科學的錯誤。目的論是一種形上學，它的主要功能在價值和意義方面，而亨德森卻用物理、化學等科學事實來說明。科學是用機械論的方法，目的論只用於形上學。賀麟同意懷特海的兩分法：要麼是科學，要麼是思辯哲學。這兩者可平行，但不能混淆。懷特海有專門的科學著作，如《數學原理》、《相對論原理》；也有專門的思辯哲學著作，如《過程與實在》、《觀念的探險》。亨德森用科學理論去論證形上學，是一種混淆。

賀麟的這篇文章，表明他從懷特海那裏接受了感性世界和超感性世界、目的論和機械論、形上學和科學可以並行不悖但不能混淆的方法論原則。同時，他對於心靈和理性，還沒有接受了絕對唯心論之後那樣的高揚。這種情況，在他接觸了魯一士（J. Royce）之後有所改變。

在哈佛研究院期間，賀麟閱讀了許多魯一士的著作。如《基督教問題》、《哲學的宗教方面》、《大社會的希望》、《忠的哲學》、《世界與個人》、《近代哲學的精神》、《近代唯心主義講演》等，特別後二書對賀麟影響極大。

賀麟曾說：「魯一士屬於新黑格爾學派的唯心論者，是在美國建立系統哲學的第一人，是美國唯心論的重要代表，也是造成哈佛大學濃重哲學氣息的重要因素。」⑮ 他對賀麟的影響，主要是新黑格爾主義對主體精神的高揚。魯一士的核心思想是，世界是精神的意義或目的的漸進的表達。精神是本體，世界是表現。精神的目的表現為世界的目的。人是自然的解釋者。賀麟接受了魯一士這一理論，並且用之論述「自我」問題。賀麟認爲，「自我」包括絕對自我和經驗自我。經驗自我之所以存在，首先是作爲一個絕對自我的表現和形態，其次是由於它們自己獨特的限制和特性。經驗的、個體的自我是有限的，必然是自相矛盾的，只是因爲它分有了絕對自我，它才獲得了價值和現實性。個體的我、有限的我是經驗的實在，絕對自我是理想的實在。而經驗的實在的意義，是由絕對自我賦予的：「沒有絕對自我，或者說沒有一個目的和理想的體系，我們現實的經驗就是無意義的。」⑯ 賀麟此時已接受了絕對自我高於個體自我，個體自我的意義來自絕對自我這一思想。這是賀麟從魯一士這裏得到的第一個重要觀點。其他如絕對精神是戰將，實體即主體等都是從這裏生發出來的。魯一士是賀麟思想的重要來源，後有專章論述，此處從略。

賀麟在美國留學四年，美國哲學的一般特徵不會不影響到賀麟。按賀麟當時的概括，美國哲學的一般特徵：第一是着重宗教，幾乎所有美國哲學家都有強烈的宗教動機；第二是冒險精神，任何一個美國哲學的體系都充滿了美國先驅者的冒險精神；第三是樂觀主義；第四是強調實用和實踐。在美國哲學中難於找

⑮ 《現代西方哲學講演集》，頁162。
⑯ 《哲學與哲學史論文集》，頁90。

到與生活和實踐沒有直接關係的抽象思辯。美國哲學的這些特徵在詹姆斯(William James)身上表現得很充分。賀麟在哈佛時，讀了詹姆斯的《信仰的意志》、《宗教經驗的類別》、《心理學原理》、《實用主義》、《一個多元的宇宙》、《徹底經驗主義》等著作，接受了他的一些思想，也根據魯一士的思想，批評了詹姆斯的一些觀點。

賀麟認爲，詹姆斯思想中對他印象最深的，就是強調感情、性情、信念、信仰，也就是強調人類本性的主觀方面。賀麟曾說：「性情哲學也許是詹姆斯全部學說中最獨特的方面。」⑰對詹姆斯來說，感情就是一切，理性只是感情的婢女。感情構成最熱切的慾望和最強烈的力量。因此他強調信仰，反對懷疑主義。賀麟同意詹姆斯對感情和信仰的重要性和功用所作的心理學論證，但並不同意把感情作爲哲學的根本方面。因爲：第一，感情和信仰本身是盲目的，應該接受理智的指導，不能把理性放到感情的婢女的位置。第二，感情雖然有力，但它同時是短暫的，可以利用感情幫助我們達到理性規定的目的，但不能完全依賴感情。第三，賀麟指出，詹姆斯強調感情，信賴感情，這是浪漫主義的，但他在哲學上又是功利主義者，這相反的兩極很難在一個人身上和平共處。這很明顯的是以理性哲學來調和詹姆斯的性情哲學，主張理性統御感情，感情幫助理性。

其次是詹姆斯的非決定論與多元論。詹姆斯認爲，我們是生活在一個多元的宇宙裏，而不是處在一個被決定的、沒有任何自由選擇餘地的絕對封閉的宇宙裏。但詹姆斯卻用「懊悔」和「機

---

⑰ 《現代西方哲學講演集》，頁41。

遇」作自由選擇的象徵。賀麟不同意詹姆斯的非決定論，因爲他是在經驗的實在的世界裏談非決定論。而賀麟認爲在超經驗的形而上的世界裏纔能談自由。在經驗的世界裏，只能談決定論，而決定論可以幫助人們發揮自己的努力，去達到確定的目的。這是斯賓諾莎的意思：認識必然就是自由。知天理愛天理行天理纔能得到快樂和安寧。

詹姆斯在宇宙觀上持多元論，但他不是極端的多元論，他試圖在極端的一元論和極端的多元論之間保持中庸。詹姆斯是一個性情哲學家，他把宗教信仰的不同、哲學觀點的不同，都看作性情問題。賀麟認爲既然詹姆斯的哲學主要是感情的表達，所以最好把它看作文學和藝術而不要深究其邏輯。他認爲一元和多元實際是一個眼力和識度的問題，世界本身既不能說是多元的，也不能說是一元的。「我」看它是一，它就是一，「我」看它是多，它就是多。但這種眼力和識度，是由一個人的性情、興趣所造成的。如詹姆斯認爲剛性人是經驗論者、悲觀主義者、多元論的、非宗教的；柔性人是理性主義者、樂觀主義者、一元論的、信宗教的等等。不過賀麟更主張這種眼力和識度基於個人的經驗和需要之上。

在宗教上，詹姆斯認爲宗教的合法性在於其實用性，他說：「既然上帝產生眞實的效果，那麼上帝就是眞實的。」上帝的用處在於：一，上帝幫我們的情緒緊張起來，而緊張型的人在歷史上總是打敗懶散型的人。二，上帝是理想的，對此過與不及都是不好的。三，上帝存在可以保證一永恆的理想秩序，這是人的樂觀主義的來源。賀麟認爲，詹姆斯對甚麼是上帝，對宗教與科學如何調和這個當時的重大問題沒有討論，詹姆斯對宗教問題極其重視，但這裏他是用實用主義解釋宗教的。本質上說，這不是神學的宗教，不是信仰的宗教。這一點與魯一士相同。賀麟後來所提倡的理性宗教，看來也有詹姆斯的影響：宗教的精誠信仰對於做一切事都是必要的，信仰比懷疑對於積極的建樹更加重要，更加有用。所以此時賀麟是讚成詹姆斯的實用主義的，他說：「詹姆斯在哲學上的重大貢獻且得到廣泛承認而較少反對意見者，可能是他的實用主義方法。它不僅在哲學領域，而且在其它科學領域，都是最有成果和最起作用的。」⑱賀麟甚至認為，正是實用主義的方法，幫助中國文化復興運動的領導者去重新評價中國古代哲學及其傳統、教義、學說的可用性。可見這時賀麟對實用主義是欣賞的，他對詹姆斯的許多方面進行批評，但對實用主義沒有微詞。這可以看作美國文化的一般特性對這個中國青年的籠罩性的影響。這一點直到他到德國之後纔有所減弱，但根本消除是不可能的，因為在美國留學四年，對異邦文化的強烈感受是深入心髓的。

賀麟對詹姆斯哲學也有批評，這些批評恰是他得於魯一士的地方。從中我們可以清楚地看出他早期思想傾向的最主要方面。

賀麟對詹姆斯的批評最主要的有以下幾點：第一，詹姆斯擅長心理學方法，但缺少歷史方法；而歷史方法在魯一士哲學中是基本方法。詹姆斯特別喜歡事實、實驗、「拿證據來」。但他的證據、事實，多半是個人偶然的經驗或心理學上的體驗，沒有歷史的普遍性。在這一點上，賀麟傾向黑格爾和魯一士的歷史方法。他相信「哲學是世界歷史給予吾人的教訓」，他欣賞的名言

⑱《現代西方哲學講演集》，頁105。

是「雅典娜的貓頭鷹到黃昏纔起飛」，他說自己是個「有歷史感的人」。

第二，詹姆斯過分強調感情，而沒有給理性、懷疑論或理智論留下地盤。詹姆斯用性情解釋一切方面，他認爲哲學是性情的表現，他把理性降到感情的婢女的地位。而魯一士正當地強調感情、意志和理性，不忽視、不偏廢其中任何一個。賀麟也不輕視感情和意志，他把知、情、意皆看作心的重要方面。不過他主張以理性統御感情、意志，最後歸結爲理是情意之體，情意是理之用，體用一源。

第三，詹姆斯沒有調和科學和宗教，而魯一士以包羅一切的「絕對」（或曰「太極」）爲上帝，拋棄了傳統的上帝觀念，在「絕對」裏，眞善美合一了。科學和宗教調和了。從另一方面說，在經驗領域，魯一士主要講科學，在超經驗的意義和價值領域，魯一士主要講宗教。但在「絕對」中這些都同一了。賀麟的理性宗教也是要調和科學和宗教的關係。

第四，詹姆斯是實用主義，魯一士是理想唯心論，兩人正相反對。賀麟此時贊同實用主義所謂眞理是有價值的，贊同「實驗室」態度，重視問題的發生和實地解決。但並不贊成實用主義「有效卽眞理」的相對主義眞理觀，並在後來對此嚴加駁斥。他認爲實用主義在道德上不適用，因爲有效用的東西，在道德上並不必然是正義的。

魯一士是哈佛著名教授，賀麟在哈佛時主要接受了魯一士的新黑格爾主義，而且以後又有所加強。他認爲，魯一士已擺脫了詹姆斯所面臨的困難，成功地發展出一種完全統一的哲學體系。更重要的，他認爲魯一士哲學是融合東西方哲學的，而這種融合正是未來哲學所必需的。他後來的哲學方向，就是中西哲學比較參證、融會貫通的道路。所以他對魯一士極爲推崇，他稱讚魯一士「是一個偉大的老師」⑲，並說:

> 如果當今世界東方哲學和西方哲學應該融合的話，那麼可以產生一種世界新文明的這種結合或綜合的形式，我認為首推魯一士所陳述的唯心主義的形式。它最適合充當使東西方思想結合為一個和諧整體的中介人。這不僅有助於世界文明，而且也有利於世界和平。⑳

賀麟推崇魯一士，特別是魯一士的兩本著作《近代哲學的精神》和《近代唯心主義講演》，他在哈佛時就選譯了兩書精要的六篇，合爲一書，名《黑格爾學述》。還翻譯了新黑格爾主義者愛德華・開爾德 (E. Caird) 的《黑格爾》。隨著研讀黑格爾的深入，他對黑格爾興趣越來越濃厚，也越來越不滿足於僅從新黑格爾主義者手裏獲得第二手資料。他決心去黑格爾的故鄉德國研究眞實的、第一手的黑格爾。

1930年10年，賀麟離開哈佛大學，哈佛研究院的教授得知賀麟要去德國，都勸他得到博士學位再去。因爲根據賀麟的學習成績和研究水平，他只要寫一篇論文通過答辯就可以得到博士學位。放棄輕易到手的學位是很可惜的。但賀麟到德國去的願望很迫切，他謝絕了哈佛導師的挽留，毅然前往德國。

到了德國，賀麟入柏林大學哲學系學習。初到柏林，賀麟主

---

⑲ 《哲學與哲學史論文集》，頁110。
⑳ 同上。

要是學習德語，他請了幾個德國學生教他德語，還請了一位家庭教師用德語教他拉丁語。在柏林大學，他聽過亨利希·邁爾（Heinrich Maier）的哲學史課程，讀過他的哲學著作《蘇格拉底》、《現實的哲學》等；聽過尼古拉·哈特曼（Nicolai Hartmanun）關於黑格爾哲學的課程；讀了許多德文寫的介紹黑格爾生平及其學說的書籍，其中哈特曼的《黑格爾》、克洛納（R. Kroner）的《從康德到黑格爾》、格羅克納（H. Glockner）的《黑格爾哲學的淵源》、狄爾泰（Dilthey）的《青年黑格爾的歷史》等，都對他產生了相當大的影響。他說：

> 我之所以喜歡這幾種談黑格爾哲學的書，即因為這幾種書既不抽象附會，又不呆板乏味，而著者又皆是能負荷黑氏哲學，有獨立思想，在哲學史上占相當地位的哲學家。而且他們皆將全部哲學史爛熟胸中，明瞭黑格爾的時代、背景、個性，將其全部思想融會於心，而能以批評的眼光、自己的辭句、流暢的文字表達出來。我相信這樣的著作，不惟可以引導我們認識黑格爾，且可以引導我們認識什麼是真正的哲學。㉑

從這些黑格爾哲學專家、精神哲學專家的著作中，賀麟擴大了視野，增加了深度。他不僅有了美國文化素養，而且有了德國文化素養；不僅學到了以美國文化改造黑格爾的英美新黑格爾主義，而且學到了以德國傳統的重歷史文化、重精神體驗的特點加深、

---

㉑ 《黑格爾》譯序。

拓寬、補充了黑格爾哲學的德國新黑格爾主義。由這些哲學家介紹黑格爾的著作，賀麟更研讀了他們闡發自己思想的著作，如哈特曼的《德國唯心主義哲學》、狄爾泰的《精神哲學序論》。哈特曼的「批判本體論」，特別是狄爾泰「認直覺爲一種由精神生活或文化體驗以認識眞善美的功能，主張以生活來體驗價值，以價值來充實生活」㉒的觀點，對他有相當大的影響。

賀麟在德國的另一件大事，就是斯賓諾莎哲學的譯述。賀麟在奧柏林大學時，就在哲學蒙師耶頓夫人指導下學習斯賓諾莎哲學，並在1927年斯賓諾莎逝世二百五十週年時，寫了〈斯賓諾莎哲學的宗教方面〉一文。這篇文章是賀麟關於斯賓諾莎研究最早的一篇。文中詳述了斯賓諾莎的生平，他的泛神論，他的實體學說，他的身心平行論、幾何學方法及知神愛神的解脫道路等。到德國後，賀麟感到要眞正把握黑格爾哲學，非要先深入研究斯賓諾莎和康德不可，於是潛心《倫理學》和康德三大《批判》的研究，並着手翻譯《倫理學》。在德國，賀麟的英文文章〈論斯賓諾莎哲學的宗教方面〉，得到國際知名的斯賓諾莎專家、德文及拉丁文《斯賓諾莎全集》的編輯者猶太人格布哈特（C. Gebhardt）的讚賞。格布哈特邀賀麟到法蘭克福附近他的「金溪村舍」作客，向賀麟講斯賓諾莎哲學，並介紹賀麟加入國際斯賓諾莎學會。但因這時希特勒反猶太人運動已經開始，格布哈特不久就被迫害致死，學會被迫停止活動，賀麟的斯賓諾莎譯述工作也因此中斷。

賀麟在德國將近一年，主要學術活動是學習德文拉丁文，研

---

㉒《哲學與哲學史論文集》，頁197。

讀德國哲學家關於黑格爾的著作，並開始翻譯斯賓諾莎《倫理學》。由於在德國繼續留學尚需得到清華學校的批准，賀麟於1931年秋動身回國。

## 三、九・一八事變後

1931年8月，賀麟從柏林出發，經歐亞鐵路回國，沿途遊覽了德國中南部幾個城市，於8月28日回到北京。回到祖國，賀麟覺得格外親切，他接連到故宮、天壇、北海看了三四天，在國外五年，絲毫沒有減損他對母邦的眷念。9月，由楊振寧的父親、數學家楊武之教授推薦，賀麟受聘於北京大學，講授西方哲學史、現代西方哲學、黑格爾哲學等課程。因當時教授職位已滿，暫爲講師，第二年升爲副教授。賀麟還由吳宓陪同，拜訪了當時任清華大學文學院院長兼哲學系主任的馮友蘭教授。馮友蘭請他在清華講授哲學概論和斯賓諾莎哲學。

賀麟回國不久，就發生了九・一八事變。日本侵占我國東北，舉國震動。當時任天津《大公報》文學副刊編者的吳宓，建議賀麟寫一篇拿破崙侵占德國時，德國哲人何以自處的文章。賀麟覺得吳宓的建議很有現實意義，欣然應允，立即動筆起草，用了半年多的時間將全稿寫完，在《大公報》文學副刊上分七期連載，題目爲〈德國三大偉人處國難時的態度〉。吳宓曾在首期加編者按語如下：

> 此次日本攻占吉遼，節節進逼。當此國難橫來、民族屈辱之際，凡為中國國民者，無分男女老少，應當憬然知所以

自處。百年前之德國，蹂躪於拿破崙鐵蹄之下，其時文士哲人，莫不痛憤警策。惟以各人性情境遇不同，故其態度亦異。而歌德、費希特、黑格爾之行事，壯烈誠摯，尤足發聾振聵，為吾儕之所取法。故特約請北京大學哲學系講師賀麟君撰述此篇。賀君夙在美國哈佛大學及德國柏林大學專修哲學，本年夏，曾旅行德國中南部各地，親訪歌德等人講學居處之遺跡。甫回國，即遘國難。賀君撰此篇，自覺其深切有味，讀者亦必謂其深切有味也。

在次期又加編者按語:

按本年 11 月 14 日，為德國大哲學家黑格爾逝世百年紀念。黑格爾之學，精深博大，為近世正宗哲學之中堅，允宜表彰。今賀君此篇雖為敘述黑格爾處國難時之態度而作，其中已將黑格爾之性行，及其學說之大綱精義，陳說略備。且作者黑格爾之學，夙已研之深而信之篤，更取中國古聖及宋儒之思想比較參證，融會貫通，期建立新說，以為中國今時之指鍼。故篇中凡描述黑格爾之處，亦即作者個人主張信仰及其成己濟世之熱誠摯意之表現也。

對於歌德，賀麟重點介紹其「謀國以忠」、「臨難毋苟免」的處國難的態度和使抽象的眞理具體化，使嚴肅的道德藝術化的人格特徵。

對於黑格爾，賀麟的介紹分五個方面：黑格爾的藝術學養——他的詩教；宗教學養——他的禮教；合藝術與宗教爲一體的哲學——他的理學或心學；黑格爾哲學的科學基礎——自然科學、數學，最基本的是他的歷史學；黑格爾的矛盾思辯法和因此法求得的至理——死以求生。賀麟指出，黑格爾是個散文式的人物，對於國難並無驚人之舉。但他的全副熱情、志氣與精神，差不多全貫注在他的學說裏，並未表現於行動的末節上。從他的學說裏，我們可以認取他的愛國思想和態度，認取他

> 注重詩教，使人有美的陶養；注重禮教或宗教，使人有道德的陶養；注重確認理性的無上尊嚴有征服一切不合理的事物的最後能力的理學，與從內心深處出發以創造自由的理想世界的心學；注重科學知識，特別注重文化、歷史的研究，以明瞭祖國的民族精神，立國根本，以及古聖先賢所遺留下來的國粹或文化之所在；注重根據殊途同歸，相反相成的原則，從遠處大處着眼，以解除並調解局部間的矛盾衝突，使之各安其分、各得其所的思想方法，並注重據此方法以求得的「死以求生」或「死中求生」的信心、希望、拼命精神與人生至理。[23]

這是黑格爾當法軍重兵壓境時處國難的態度，也是賀麟教國民特別是知識分子在日軍侵占東北，國危日深之時處國難的態度。

對於費希特，賀麟着重介紹他一生驚世駭俗的戲劇式行事，以及他的知行合一的知識學。特別用大量篇幅介紹費希特在普法戰爭中冒死作「告德意志國民」講演，爲德意志民族的復興奠定

[23]《德國三大哲人的愛國主義》，頁20。

精神基礎的壯舉。賀麟認爲講演中這段話代表了費希特處國難的態度:

> 我們現在是失敗了，但是我們究竟是否要受人輕視，究竟除了別的損失之外，我們是否還要失掉我們的人格，這就完全看我們此後的努力如何了！軍械的戰鬥已經結束了，但是新的理性的戰鬥、道德的戰鬥，却正在開始！㉔

賀麟在《大公報》發表的〈德國三大偉人處國難時的態度〉，事跡、學說並載，志意誠懇，文字感情充沛，讀之確實「深切有味」。對於國人特別是知識分子「痛憤警策」、「憬然知所以自處」，起了一定的作用，贏得了各界良好反應。故於1934年7月，由大學出版社匯集各期，出版單行本。惟採納張蔭麟的意見，將「三大偉人」改爲「三大哲人」。賀麟爲單行本作序說:「此篇之作雖係由於國難當前有所激發而成，而主旨卻在於客觀地描述諸哲之性情、生活、學說大旨。希望此書不僅是激勵愛國思想一時的興奮劑，而且可以引起我輩青年朋友尙友千古，資以求學與修養的良伴與指鍼。」從中可以看出賀麟此時的眞切意旨。

1932年，是斯賓諾莎誕生三百週年，《大公報》分三期登載賀麟所譯的斯賓諾莎與奧登堡（Odernburg）〈論學書札二通〉，以及賀麟所作的〈斯賓諾莎像贊〉、〈斯賓諾莎生平及其學說大旨〉二文，以爲紀念。這是賀麟在國內發表最早的關於斯賓諾莎的文

---

㉔ 《德國三大哲人的愛國主義》，頁43。

字。像贊曰:

> 寧靜澹泊，持躬卑謙。道彌六合，氣凌雲漢。神遊太虛、心究自然。辨析情意，如治點線。精察性理，揭示本源。知人而憫人，知天而愛天。貫神人而一物我，超時空而齊後先。與造物遊，與天地參。先生之學，亦詩亦哲；先生之品，亦聖亦僊。世衰道微，我生也晚。高山仰企，忽後瞻前。

對斯賓諾莎的學說作了概括介紹，同時對斯賓諾莎學問人品，極表崇敬之情。〈斯賓諾莎生平及其學說大旨〉一文，如果持與在奧柏林時所作的〈斯賓諾莎哲學的宗教方面〉對比，可以發現，〈學說大旨〉跳出宗教藩籬，將斯賓諾莎與西班牙大探險家哥倫布和義大利物理學家伽利略相比，說哥倫布是開闢地理世界的英雄，伽利略是開闢物理世界的英雄，而斯賓諾莎便是承襲此精神進一步開闢天理世界的先覺，說斯賓諾莎使以求眞爲目的的科學和求安心立命的宗教調和在一起，使神秘主義的識度與自然主義的法則貫通爲一，使科學所發現的物理提高爲神聖的天理，使道德上宗教上所信仰的上帝或天理自然化作科學的物理。這表明此時賀麟視野擴展，見解增高，超出奧柏林時。1943年賀麟譯的斯賓諾莎重要著作《致知篇》出版時，收入這篇文章爲導言。

1933年春，賀麟受《華北日報》主編之邀，擔任該報「哲學副刊」的編者，曾在副刊上發表短文三則。並刊載了張頤、朱光潛、鄭昕等人的幾篇短文。但《華北日報》因編輯方針不合當局的意旨，發行了七、八期卽停刊，賀麟也離職而去。這是賀麟教師生涯中短暫的一段辦報經歷。

1931年回國後至1937年抗日戰爭爆發前，是賀麟學術歷程中特別重要的幾年。這幾年是賀麟繼續研究黑格爾並逐漸確立了自己的心學的時期。這幾年裏，賀麟發表了一系列關於黑格爾和康德哲學的文章，如譯自魯一士的〈黑格爾之爲人及其學說概要〉、〈黑格爾的精神現象學〉，譯自開爾德的〈黑格爾印象記〉，譯自亨利希·邁爾的〈最近五十年之西洋哲學〉，自著的〈道德進化問題〉、〈我之自由意志觀〉、〈康德譯名的商榷〉等。特別是 1934 年 3 月發表的〈近代唯心論簡釋〉一文，更是他的理想唯心論思想的宣言書，標誌著他的心學的確立。在〈道德進化問題〉中，賀麟論邏輯和事實的關係說:

> 邏輯或理論本來是解釋事實、整理事實、指導事實的方式或原則，所以真的理論必是合於事實的理論，真的邏輯必是合於事實、有充實內容的邏輯。事實本來是經理論、邏輯、先天範疇加以組織整理而成。離開邏輯或先天的範疇，只有混沌的黑漆一團，更無所謂事實。理論係共相，事實係殊相；理論在先，事實在後；理論為本，事實為末。㉕

這是明顯的康德、黑格爾思想。在〈近代唯心論簡釋〉一文中，賀麟綜合貝克萊、斯賓諾莎、康德、黑格爾的思想，提出:

> 心有二義：一、心理意義的心；二、邏輯意義的心。邏輯

㉕《哲學與哲學史論文集》，頁338。

> 的心卽理，所謂「心卽理也」。心理的心是物，如心理經驗中的感覺、幻想、夢囈、思慮營為，以及喜怒哀樂愛惡慾之情，皆是物，皆是可以用幾何方法當作點線面積一樣去研究的實物。㉖

心理意義的心，指貝克萊、休謨所謂心理中的經驗；邏輯意義的心，乃一理想的超經驗的精神原則，是經驗、行爲、知識、評價的主體，是經驗的統攝者、行爲的主宰者、知識的組織者、價值的評判者。賀麟特別指出，唯心論的意義在於它特別注重心與理一，心負荷眞理，理自覺於心。所以唯心論實卽精神哲學。精神哲學主張心與物不可分離，心爲物之體，物爲心之用。所以他說:

> 故唯心論者，不能離開文化或文化科學而空談抽象的心。若離開文化的陶養而單講心，則唯心論無內容；若離開文化的創造、精神的生活而單講心，則唯心論無生命。㉗

賀麟指出，唯心論在道德上持自我實現主義，卽孟子的「擴充四端」、王陽明的「致良知」；在知識論上爲理想主義，卽認心爲知識的源泉，認理想爲行爲的歸宿；在政治方面注重民族性的研究，而民族性卽決定整個民族的命運的民族精神。

賀麟的這篇文章，雖篇幅不大，但綜合了他的黑格爾學、斯賓諾莎學、康德學及中國宋明理學，明白宣示出他的哲學主張，解釋了唯心論的各個方面，旣是西方近代唯心論的簡明敍述，也是

---

㉖《哲學與哲學史論文集》，頁131。

㉗ 同上，頁132。

他吸收西方近代唯心論成立自己的心學的宣言。所以，在後來編輯出版自己的論文集時，賀麟將此文置於篇首，又以之爲書名。

1936年，賀麟的譯著《黑格爾學述》、《黑格爾》由商務印書館出版，留學哈佛期間完成的譯作，六年之後才得面世。此二書爲當時最早也最完整地介紹黑格爾生平及其學說的著作，且有長篇譯序介紹自己的翻譯主張，在當時學術界特別是研究西方哲學的專家中，獲得了普遍的讚譽。

## 四、抗戰期中

抗戰八年，是中華民族的民族精神充分發揚的時期，也是賀麟一生中思想最活躍、收穫最豐厚的時期。在這個時期，賀麟出版了他的代表作《近代唯心論簡釋》論文集，譯作《致知篇》，發表了大量論文。

賀麟曾說過:

> 八年的抗戰期間不容否認地是中華民族歷史上獨特的一個偉大神聖的時代。在這期間內，不但高度發揚了民族的優點，而且也孕育了建國和復興的種子。不單是革舊，而且也徙新；不單是抵抗外侮，也復啓發了內蘊的潛力。[28]

賀麟的心學，恰逢需要高度發揚精神力量，需要充分挖掘民族文

[28] 《文化與人生》原序。

化蘊藏，需要哲學上棄舊圖新的時代。這個時代，為賀麟心學思想的發展，提供了合適的土壤。此時的賀麟，正值英年，意氣風發，思想創穎活潑，是他一生中最富於創造性的階段。

1942年1月，賀麟的《近代唯心論簡釋》由重慶獨立出版社出版，1945年7月再版。書中收集了賀麟論述康德、黑格爾、斯賓諾莎及宋明理學的文章十五篇，所譯〈最近五十年之西洋哲學〉附錄其中。賀麟的這些文章大都在國內各報刊發表過。其中〈時空與超時空〉發揮康德學說討論時空問題。認為，從哲學的立場來說，時空即理，時空即心中之理，是自然知識和自然行為所以可能的心中之理或先天標準，並從中國和西方哲學史中選取例證以證明時空是理。下篇論超時空，主旨在解答超時空是否可能的問題。認為所謂超時空的境界、體驗，亦即心與理一、神與道俱、與造物者遊、與天地精神相往來的境界。道體超時空，體道之境界也超時空。賀麟自認為這篇文章頗有新見，與一般論康德時空觀的文章大不相同。

〈知行合一新論〉賀麟曾在西南聯大哲學討論會上講演過，並編入《國立北京大學四十週年紀念論文集》。此文主旨在用斯賓諾莎的身心平行論和西方現代心理學去解釋王陽明的「知行合一」，提出「自然的知行合一」觀，認為這一觀點與朱熹為代表的「理想的價值的知行合一」和王陽明的「直覺的率真的知行合一」皆不衝突，不惟不衝突，而且可以解釋朱王兩種不同的學說。最後在知行合一的基礎上擡高知的重要性、主宰性，認為知是本質，行是表現；知是目的，行是工具，知主行從，知先行後，歸結到黑格爾知行合一知為主為先的結論。此文對知行兩個方面進行了多層次的剖析，對副象論和行為派心理學也有論

述，視角新、有理論深度。賀麟嘗謂：「此文似有不少新意思，對於討論程朱陸王以及孫中山的知難行易和知行合一都有幫助。」㉙

〈宋儒的思想方法〉重在討論直覺問題。文中提出了賀麟對於直覺問題的根本見解:

> 直覺是一種經驗，復是一種方法。所謂直覺是一種經驗，廣義言之，生活的態度、精神的境界、神契的經驗、靈感的啓示，知識方面突然的、當下的頓悟或觸機，均包括在內。所謂直覺是一種方法，意思是謂直覺是一種幫助我們認識真理、把握實在的功能或技術。㉚

並用這種對直覺的理解去分析朱熹和陸象山的思想方法，認爲陸象山是「先理智的直覺」，朱熹是「後理智的直覺」。本文吸收了狄爾泰以生活體驗價值，以價值充實生活的直覺法、柏格森破除死的範疇符號，不用理智分析，深入物之內在本性以把握其核心、命脈的直覺法，以及斯賓諾莎「從永恆的範型觀認萬物」的直覺法，以此解說中國傳統哲學的思維方法，是中西會通的極少數有份量的文章之一。

〈辯證法與辯證觀〉也是極重要的一篇。文中提出:

> 辯證法自身就是一個矛盾的統一。辯證法一面是方法：是思想的方法，是把握實在的方法。辯證法一面又不是方

---

㉙ 《五十年來的中國哲學》，頁2。
㉚ 《哲學與哲學史論文集》，頁179。

法，而是一種直觀，對於人事的矛盾、宇宙的過程的一種看法或直觀。㉛

認爲眞正作辯證思考，需要天才的慧眼、邏輯的嚴密和純思辯的訓練。文中討論了辯證法的幾位大師的不同，特別是柏拉圖和黑格爾的不同，他指出，第一，柏拉圖尙未確立正反合三連的辯證格式，而正反合的架格貫徹於黑格爾哲學的一切方面，是其哲學的骨骼經脈。第二，柏拉圖比較注重主觀地超越矛盾，而黑格爾則認爲矛盾客觀地存在於事物本身。第三，黑格爾異於柏拉圖的最主要之點，就在於柏拉圖的辯證法與文化歷史毫無關係，而黑格爾的辯證法乃是文化歷史發展的命脈。柏拉圖的辯證法是超越的，黑格爾的辯證法是亦超越、亦內在的。柏拉圖的辯證法是純理性的，而黑格爾的辯證法則是亦理性、亦經驗的。並對新黑格爾主義者對於黑格爾辯證法的各種認識，有所評述。此文實爲比較柏拉圖、黑格爾、新黑格爾辯證法的異同的力作。

〈文化的體與用〉是賀麟集中討論文化哲學的文字。文中將哲學意義的體用分爲柏拉圖式的絕對體用觀和亞里士多德式的相對體用觀。根據黑格爾哲學，給出了文化的獨特定義：「道之憑藉人類的精神活動而顯現者謂之文化」。提出自然爲文化之用，文化爲自然之體；文化爲精神之用，精神爲文化之體；精神爲道之用，道爲精神之體的文化觀。特別高揚精神在道與文化之間的津梁作用，其主動創造的精神。提出吸收西方文化的三條方鍼：第一，研究、介紹、吸取任何部門的西方文化，必須得其體用之

㉛ 《哲學與哲學史論文集》，頁220。

全。第二，必須摒棄「中學爲體，西學爲用」的說法。第三，提出「以精神理性爲體，以古今中外的文化爲用」的主張，「不管時間之或古或今，地域之或中或西，只要一種文化能够啟發我們的性靈，擴充我們的人格，發揚民族精神，就是我們所需要的文化」。

這篇文章是對文化進行哲學探討的有數文字之一，代表了賀麟的新心學的文化觀。也代表了當時大多數既不願全盤西化，也不願抱殘守缺地固守中國傳統文化的知識份子的願望，在國內有極大影響。

《近代唯心論簡釋》是賀麟新心學的代表作，論到了他哲學思想的各個方面：本體論、辯證法、知識論、知行觀及文化觀。思想創穎活潑，文字虎虎有生氣，表現了作者深厚的中西哲學素養和會通中西，創建一種新哲學的努力。這本哲學論文集出版後，賀麟在哲學界的地位基本確立。

《近代唯心論簡釋》出版後，馬上引起社會各方的注意，胡繩於 1942 年 9 月發表〈一個唯心論者的文化觀〉的書評，批評賀麟是「直覺論的神秘主義者」，說「這種方法不能引我們到眞理，而只能引我們到混沌」；批評賀麟主張「哲學是要單就理論上先天地去考察社會文化所應取的步驟或階段」，這是主張超歷史的邏輯；批評賀麟「不從社會關係上說明道德，而是把它看成天意在人事上的反映」；批評賀麟對三綱所作的解釋是「向一切奴隸說教，教他們服從那個在主奴之間的天理」；說賀麟的思想是「從歐洲販運來大資產階級的腐敗時期的直覺論和神秘主義思想，回來加入到舊禮教的復古營壘中去」㉜。

---

㉜《理性與自由》。

徐梵澄在《圖書館月報》上發表書評，說本書「整個地看，著者實是深研費希特、黑格爾、康德、斯賓諾莎諸人的哲學，又研究宋明理學，其努力求融會貫通中西哲學，顯而易見。無論有沒有偏頗的地方，卻處處能見其大，得到平正通達的理解」㉝。

賀麟在哈佛的同學、當時任浙江大學教授的謝幼偉也發表〈何謂唯心論〉的書評，評述西方哲學史上各種唯心論如柏拉圖、貝克萊、康德、黑格爾的不同，分析賀麟所謂唯心論的含義，指出：「以全書內容論，賀君此書已爲今日中國哲學上不可多得之著作。於唯心論之說，固有發明，即於中國哲學，亦極多精審之解釋，而足幫助吾人之理解也。」㉞並就書中數點與賀麟商榷。賀麟當即作〈答謝幼偉兄批評三點〉回覆，特別辯白，他所謂唯心論，主張心爲體，物爲用；心爲主，物爲從；心決定物。但這個決定最根本的意思是邏輯的決定，即「認體爲邏輯上在先，較根本，而爲用之所以爲用之理。換言之，謂邏輯上物永遠爲心所決定，意即指物之意義價值及理則均爲心所決定」㉟。

謝幼偉復在評論中國當代哲學名著時指出，有創獲的、有永久價值的哲學著作，首推熊十力《新唯識論》，此外是賀麟《近代唯心論簡釋》、章士釗《邏輯指要》、馮友蘭《新理學》、金岳霖《論道》和沈有鼎關於意指分析的文章，將賀麟與熊十力、馮友蘭、金岳霖諸大師並列。

抗戰爆發後，北大、清華、南開大學奉當時教育部之命遷往

---

㉝《哲學與哲學史論文集》，頁403附錄。
㉞同上，頁416。
㉟同㉝，頁418。

湖南，合組爲長沙臨時大學，次年遷往昆明，組成西南聯合大學。抗戰八年，賀麟始終與聯大同在，教學、翻譯之暇，寫了許多文章，發表在《思想與時代》，《戰國策》等報刊上，離開昆明返回北平之前，賀麟把它們收集起來，編爲一集，名《文化與人生》。在此書序言中，賀麟認爲，這些文章雖無系統，但確實代表了一個一致的態度，一個中心思想，一個基本的立場或觀點，它們之間實有內在的聯繫:

> 這些文章有著一個相同的方向，卽是從各方面，從不同的問題去發揮出我所體察到的新人生觀和新文化應取的途徑。在發揮我的文化見解和人生見解時，我覺得我是在盡量同情、理解並發揚中國文化的優點，並介紹西洋文化的意義、西方近代精神和新人生觀。

賀麟認爲，他的這些文字有三個特點：一，有我，書中絕少人云亦云之處。每一篇都是自己的思想見解和體驗的自述。每一篇都有自己性格的烙印，有自己的時代、自己的問題、自己的精神需要。二，有淵源，卽中國傳統文化和儒家思想。篇中不惟對孔孟程朱陸王有同情的解釋，卽對老莊、楊墨也有同情的新評價。三，吸收西方思想，對西方文化學術，虛心理會，切己體察，期望將其根本精神，解釋給國人。

如果將《近代唯心論簡釋》和《文化與人生》加以對照，就可發現，前者是純哲學，後者是純哲學在文化和人生方面的應用。前者是其思想主幹、骨骼，後者是其枝葉、血肉。前者是形上之體，後者是文化人生之用。這兩本書正好構成了賀麟的有體有用之學。從這本書可以看出，賀麟不滿足於純哲學，他要將純哲學發爲文化人生的具體主張，他希望他的思想不僅有裨於新時代的理論建設，而且可以張而實行。書中各篇，就是他構畫的藍圖。特別是，這本書是他現代新儒家的代表作品，首篇〈儒家思想的新開展〉，提出了他復興儒家的完整理論。

賀麟復興儒家的主張，首先是建立在對他身處的時代的認識、建立在對儒家和民族文化的關係的認識上。他指出：

> 中國當前的時代，是一個民族復興的時代，民族復興不僅是爭抗戰的勝利，不僅是爭中華民族在國際政治中的自由獨立和平等，民族復興本質上應該是民族文化的復興。民族文化的復興，其主要的潮流，根本的成份就是儒家思想的復興、儒家文化的復興。假如儒家思想沒有新的前途、新的開展，則中華民族以及民族文化也不會有新的前途、新的開展。換言之，儒家思想的命運，是與民族的前途命運、盛衰消長同一而不可分的。

五四新文化運動、西洋文化學術的輸入，是儒家思想得到發展的動力。他提出了儒家思想的新開展所遵循的途徑：第一，以西洋哲學發揮儒家理學；第二，吸收基督教精華以充實儒家禮教；第三，領略西方的藝術以發揚儒家的詩教。就是說，儒家思想的新開展，將循藝術化、宗教化、哲學化的途徑邁進。他認爲：

> 中國許多問題，必達到契合儒家精神的解決，方算達到

至中至正，最合理而無流弊的解決。如果無論政治、社會、文化、學術各項問題的解決，都能契合儒家精神，都能代表中國人的真意思、真態度，同時又能善於吸收西洋文化的精華，從哲學、科學、宗教、道德、技術各方面加以發揚和改進，我們相信，儒家思想的前途是光明的，中國文化的前途也是光明的。㊱

這是中國現代新儒家的宣言書，是當時最明白、最剴切的文化主張。同現代新儒家的其他代表人物比較，賀麟沒有像梁漱溟那樣從文化類型上去論證儒家文化的優越，其最後戰勝的必然性，也沒有像熊十力那樣爲新儒家構造一個完全建立在中國本有哲學傳統之上的哲學本體論，也不像馮友蘭那樣爲新儒家樹立人格理想。賀麟的特點在於提出了儒家新復興的途徑最主要的是吸收西方文化學術以充實發展自己這一總體構想。書中其他方面如經濟、法治、教育諸方面，都是圍繞這一構想展開的。

賀麟這本書雖是論文化、人生問題的，很少涉及時局，但確實是在抗戰必勝的根本信念鼓舞下寫成的，各界反映很好，作者本人也相當滿意。

賀麟在抗戰期間寫成的另一本重要著作是《當代中國哲學》。本書第一篇原名〈五十年來的哲學〉，故可以看作簡明的中國當代哲學史。書中評述了自康有爲以迄湯用彤十二位中國當代哲學家、哲學史家。每位哲學家，賀麟都選取他們最有代表性的著作，往往寥寥數語，就將哲學家一生學問命脈道出。所以篇幅雖小，義實豐富。本篇是賀麟本新心學的立場對當代哲學家的評

㊱《文化與人生》，1988年版，頁17。

述。他認爲，五十年來的中國哲學，値得大書特書的有四件事：第一，陸王之學有了盛大發揚；第二，儒佛對立得到新的調解；第三，理學中程朱陸王兩派的對立得到調解；第四，對於中國哲學史有了新的整理。這四件事中，第四件是賀麟對胡適、馮友蘭寫作《中國哲學史》、湯用彤寫作《中國佛教史》、《魏晉玄學》的表彰，其餘三件，皆可看作賀麟自己的哲學主張。即是說，賀麟的哲學主張就是發揮陸王心學，調解儒佛，調解理學心學兩派的對立，使之融合於一個哲學系統中。本於此，他把中國當代哲學家都看作陸王派，並把孫中山先生看作本陸王之學發爲事功的代表。

第二篇〈西方哲學的紹述與融會〉是賀麟對自嚴復以迄吳宓二十七位西方哲學的研究者、翻譯者、紹述者的學術思想的評述，與後來的重要文章〈康德、黑格爾東漸記〉[37]相爲表裏。文中重點表彰研究譯述柏拉圖、康德、黑格爾的學者，對提倡藝術、宗教的學者也加以褒揚。而對持實在論觀點的學者，則持批評態度。從中亦可以看出賀麟自己的思想傾向。

第三篇〈時代思潮的演變與批判〉，本其理想唯心論，重點批評了實用主義的實驗室態度、專重實際效果的方法和相對主義眞理觀。認爲實用主義重行輕知，重近功忽遠效、重功利輕道義，理論上乏堅實系統，理想上無確定信仰，理論和實踐都缺乏建設精神。這表明他對留學美國期間所受的實用主義影響的徹底拋棄。

賀麟從其理想唯心論出發，也不同意當時流行的辯證唯物論。他承認辯證唯物論的健康常識：物質在意識之先。但他認

[37] 發表於《中國哲學》第二輯。

爲，科學的事實並不是哲學，哲學要問在理論上、邏輯上甚麼東西最重要，甚麼東西是核心，是命脈。這是他的心物合一而心爲主、爲重、爲先的根本觀點對主張物質在先的唯物論必然提出的責難。在認識論上，他主張主客合一，認爲離開主觀，沒有客觀。對辯證法，賀麟認爲，辯證法是哲學中的一個主要方法，爲哲學家所共用，而非任何一派所能包辦。他所信奉的黑格爾學說，就是講辯證法的，黑格爾本人卽辯證法大師。辯證法是黑格爾哲學的精神命脈。賀麟所主張的，是一切建築在理性的基礎上、精神的基礎上的正統哲學，這種哲學建基在精神科學卽道德史、宗教史、藝術史上，建基在以研究人類精神歷史爲主的科學上。這種哲學必是忠實把握西方文化又加以融會貫通的，是中國民族哲學但也可以爲全世界所認同的。關於對辯證唯物論的評述，賀麟後來有很大的改變。

第四篇〈知行問題的討論與發揮〉，賀麟認爲「實本書中最關重要的一篇文字，望讀者特別留意」㊳，這篇與〈知行合一新論〉可以說是姊妹篇。兩篇討論的重點不同，一爲知難行易，一爲知行合一，但正好互相補充。賀麟認爲知難行易說與知行合一說不但不衝突，而且互相發明，並且可以說，由知難行易說必邏輯地發展到知行合一說。知難行易說以知行合一說爲基礎，不然理論不堅實；知難行易說應以知行合一說爲歸宿，不然則理論不透徹。

賀麟在抗戰期間的另一件大事，就是對《小邏輯》的翻譯、研究。賀麟接觸黑格爾哲學，是從新黑格爾主義者魯一士入手的，魯一士最喜歡《精神現象學》，賀麟最早研究和講授的，也

---

㊳ 《當代中國哲學》序言。

是《精神現象學》。《黑格爾學述》出版後，賀麟重點轉向研究《小邏輯》。十餘年中，邊研究、邊翻譯、邊講課。愈研究，他對黑格爾哲學興趣愈濃。《小邏輯》的翻譯始於1941年，到1949年下半年才譯完。研究、講課的成果就是《黑格爾理則學簡述》。這本書的雛型是1943年前後在西南聯大講授黑格爾哲學的講稿，1948年作為《北京大學五十週年紀念論文集》，出版過單行本。這本書是賀麟第一本研究黑格爾哲學的系統著作，也是當時研究黑格爾的邏輯學最完整、最深刻的著作。在中國學者研究黑格爾的著作中，有重要地位。書中有許多據己意發揮黑格爾的地方，且不乏中西比較的文字。

賀麟在抗戰期間還有一件重要的事，就是「西洋哲學名著編譯委員會」的創立。編譯委員會1941年在昆明成立，賀麟任主任委員。在抗戰的艱苦條件下，翻譯出版了許多高質量的哲學著作，並為中國的哲學翻譯事業，培養了大批人才。賀麟的重要譯著《致知篇》就是編譯會的首批產品，《小邏輯》也是此後開始翻譯的。

1945年 8 月，抗日戰爭勝利，西南聯合大學的戰時使命完成，1946年 5 月起，三校陸續離開昆明。賀麟隨北大返回北平，繼續講授黑格爾哲學、現代西方哲學，翻譯《小邏輯》。

賀麟的現代西方哲學課，重點是柏格森的生命哲學，詹姆斯、杜威的實用主義，柏雷（R. B. Perry）、摩爾（G. E. Moore）、亞力山大（Samuel Alexander）的新實在論，桑塔亞那（G. Santayana）的批判實在論，懷特海的過程哲學和格林、魯一士的新黑格爾主義。所選材料，都是賀麟在美國留學時積累的，講課時又參考了許多書籍，所以內容充實，觀點鮮明，而且還穿揷一些哲學家的逸聞軼事，生動活潑，聽課的人很多。講稿擱置箱篋中三十多年，後來出版，就是《現代西方哲學講演集》上篇。這可以說是他四十年代後期最重要的成果。

篇中對柏格森的評述，代表他確立了絕對唯心論之後對直覺主義的批評。首先賀麟批評了柏格森沒有區分清楚哲學與科學的界線，沒有完成哲學的任務——考察科學的前提，爲科學奠定理論基礎。賀麟指出，柏格森的「記憶」和康德的「範疇」都是主體處理對象的主觀條件，但康德的範疇是理智的，有普遍的立法作用；而柏格森的「記憶」只是心理附加，和哲學上的認識論無關。就是說，賀麟認爲康德的「範疇」是哲學，柏格森的「記憶」是心理學，是科學。柏格森混淆了哲學和科學的界限。賀麟主張直覺以理智爲基礎，理智以直覺爲補充。所以他在《宋儒的思想方法》裏把朱熹和陸象山分爲前理智的直覺和後理智的直覺兩種。他說他的目的是「要把直覺從狂誕的簡捷的反理智主義救治過來，回復其正當的地位，發揮其應有的效能。」所以他認爲柏格森尊崇直覺，鄙棄理智的說法是只得心靈的一偏。他認爲心靈有良心、直覺這方面的表現，也有建立眞理、法則、邏輯這方面的意義。心靈的這一方面的意義被柏格森丟棄了。所以把人引入神秘主義。

第二，賀麟從絕對唯心論既承認現象的可變性，又承認理則、法度的永恆性出發，認爲柏格森的最主要概念「綿延」中，找不到永恆的東西，一切都是刹那生滅的。雖然他由此進入豐富的精神生活之中，但他「往而不返」，不像黑格爾能入於變動不居的世界中，但又能超出其外，發現宇宙的大經大法，發現變動中的永恆。

但賀麟對柏格森破除機械論，對於生命力的獨創的見解，也是讚賞的。所以他說，柏格森的哲學雖然和講邏輯理念的黑格爾哲學大不相同，但仍可以在哲學界獨放異彩。

對於杜威，賀麟著重批評他對於傳統的否定、對於宗教的否定和重變不重常的經驗主義。杜威曾提出傳統哲學的三大罪狀：其一是對一民族、一國家原有的風俗、習慣、信仰等加以辯護，使其合理化。杜威認爲哲學應該變成一種實驗科學，一種能够解決實際問題，爲人類謀福利的科學。而賀麟認爲，哲學的任務之一就在於把人類風俗習慣，民族精神中好的東西找出來，發揚表彰。杜威的批評沒有認淸哲學的使命。其二，杜威批評傳統哲學總要找出一個永恆不變的絕對本質，所以和宗教朋比爲奸。啟蒙時代，宗教解體了，正統哲學就代替神學來滿足人類宗教上的要求。杜威甚不喜歡宗教，這和賀麟是不同的。賀麟反對盲目信仰宗教，但主張理性宗教。他認爲宗教可以給哲學家以靈感，哲學家也可站在哲學的立場去批評宗教，使它合理化。其三，杜威從徹底經驗論出發，否認變中之常，經驗中的永恆眞理、普遍法則。賀麟批評道，經驗的確是在變化之中，但變中必有常，必有變化所遵循的先在法則。這點被杜威否定了。這也是賀麟從絕對唯心論出發對徹底經驗論的批評。這最後一點與對柏格森的批評一樣，因爲柏格森和杜威都注重生物學，都可歸爲生命哲學家。

對於杜威的實驗邏輯的五步法，賀麟沒有批評，而是把它消融在黑格爾的辯證法中，認爲它不過是把辯證法用於實驗方法中。

從對杜威的批評中可以看出賀麟對傳統、對宗教的注重。這在賀麟思想裏是一貫的。

新實在論是賀麟評述的重點。

賀麟認爲，新實在論有排除自我中心而去追求客觀眞理的長處，它的缺點在離心而求客觀。他說，唯心論者並不反對實在論這個名詞，不過唯心論的客觀是人同此心，心同此理的共同原則，共同理想。唯心論者的實在是不離心離理的實在。不但如此，唯心論還要追求價值上善惡美醜判斷的客觀和合理，所謂合乎天理人心。而實在論者卻以價值判斷爲主觀。

在對柏雷的評論中，賀麟特別辯白被人們誤解的唯心論。他說，就哲學史來看，典型的唯心論的中心問題決不在「看見則存在，不看見則不存在」這個討論上，唯心論所注重的是存在的意義和價值。不能說我們的想像中不存在的空谷幽蘭有甚麼價值、甚麼意義。因爲價值和意義都是思想、欣賞、判斷、認識能力賦予的。唯心論著重從邏輯上、法則上，對事實中存在的關係、來源、所以可能的條件加以證明。這不是主觀化，而正是客觀化——客觀地把事物放在普遍聯繫的整體中來考察。唯心論者認爲未經過人類認識的事物沒有意義和價值，因而不是眞實的存在，正是爲了保持人的尊嚴——必須經過思想簽字的事物纔能承認它眞實存在。相信思想就是相信理性，而理性正是人的尊嚴所在。唯心論是近代思想的產物，也是哲學史發展的產物。

摩爾的新實在論思想中比較重要的是直知對象說，卽意識可以直達客觀內容，主觀不參預其中，賀麟從黑格爾最抽象卽最空洞的觀點出發，認爲摩爾所謂直知的，是一個抽象物，它的時間上、歷史上、功用上的一切意義和價值都被斬斷，這樣的知實卽不知。摩爾的純粹鏡子式的感覺，主體的心靈不發生作用。這樣，我非眞我，物非眞物。直知對象說認爲認知毋須憑藉，將心靈的複雜、豐富內容丟掉，剩下的只能是空疏、抽象的無物。摩爾的外在關係說否認了精神的互通互融，也只是一種虛假的關係。

對於西方新實在論在中國的代表馮友蘭、金岳霖，賀麟也本其唯心論進行了批評。他在評述中國當代著名哲學家時指出，馮友蘭的《新理學》和金岳霖的《論道》，在基本概念上是相同的。馮友蘭所謂「理」，相當於金岳霖所謂「式」；馮友蘭所謂「氣」，相當於金岳霖所謂「能」，由無極之氣到太極之理，所謂「無極而太極」的過程，形成「流行」的實際事物的世界，兩人的說法也是相同的。賀麟批評金岳霖的「非心非物」的純粹經驗，說認識的對象不是非心非物的東西，而是亦心亦物的東西。金岳霖所謂心，只是心理官能，不是康德的邏輯意義的心。這樣的心排斥「心卽理」之說，不是眞實的心。而所謂未發生認識關係以前的客體，只是孤立的空寂的。常識上可以假定其存在，而事實上這種存在毫無意義。對於馮友蘭，他也藉王恩洋對《新理學》的責難，說馮友蘭取理學家理氣之說，遺其心性之說。如果沒有心，就沒有了敷設發用之具，無極而太極是「而」不出來的。理也氣也心也，三者不可離，馮友蘭取其理氣而遺其心，是取其糟粕遺其精華。賀麟並且說，講程朱而不發展到陸王，必失之支離；講陸王不回復到程朱，必失之狂禪。馮友蘭只講程朱理氣之說，忽視陸王心性之說，所以理論上欠圓融。

可以看出，賀麟在對現代西方哲學諸流派的評述中，批評最多的還是新實在論，他不僅批評新實在論，而且批評老實在論；不僅批評西方的新實在論，而且批評中國的新實在論。西方新實在論由批評絕對唯心論者魯一士而興起，賀麟的絕對唯心論由批評新實在論而豐富。兩派的哲學觀點是針鋒相對的。關鍵在於對心物關係這一哲學根本問題分歧甚深。而對介於新實在論和唯心論之間，既自稱是新實在論者，又承認思想要點和唯心論者布拉德雷（F. H. Bradley）相近的懷特海，賀麟則極表讚揚，特別是其宇宙論上東方式的天道觀方面。賀麟對懷特海的評論是：「他的哲學既是實在論又超出實在論，打破了生機主義和機械主義的對立，消除了唯心論和實在論的鴻溝，可以說是新實在論陣營中有體系、有獨到見解的哲學大師。」㊴這正是賀麟自己的哲學方向，卽建立一個調解諸多對立的唯心論體系。他對桑塔亞那的評述也體現了這一點。

賀麟是一個學者，一生皆在大學講堂上度過。對於政治、經濟、法律方面的問題，都本其根本哲學思想有所論述，但政論、時評一類，卻較少有文章發表。1948年4月，賀麟發表了〈此時行憲應有的根本認識和重點所在〉，算是這方面的代表。文中指出，當時中國應堅定不移地實行憲政，否則便陷於一黨專政的獨裁。當時反對行憲的理由，最主要的是認爲，中國歷史文化背景皆不同於西方，將西方的選舉等移植到中國來，如模仿不當，便會被一小撮人所利用，不能代表人民的利益。所謂「橘逾淮而爲枳」。另一條理由是，中國尙停留在農業經濟階段，而自由民主的憲政是工業化社會或保護資本家利益的產物，不合中國人的需要。賀麟駁斥了這些理由，指出，西方有的國家選災嚴重，但只要周密安排，杜絕漏洞，就可以防止由選舉而引起的政治風波，防止選舉被一小撮人所利用。不能因噎廢食。至於把中國文化傳統作爲不能行憲的理由，則是迂闊的。因爲中國文化在不斷的變

㊴《現代西方哲學講演集》，頁128。

遷中，自從中國向西方學習以來，西方的民主思想、選舉制度，早已普遍傳播於中國人中間。實行民主憲政，已由政論家的設想，變爲一般老百姓的公意。至於有人說選舉是「腼然逞慾而無耻」，悖於謙讓之德，更是迂腐之論。從經濟上說，憲政並非資產階級的特產，農業社會中也可有符合農業社會特點的憲政，無論在資本主義和社會主義國家中，都可有適合雙方社會制度的憲政。根據這一觀點，他提出了對當時行憲所應當有的根本認識，這就是:

在半壁烽火的戰爭期中，在訓政沒有成績表現的情形下，實行憲政尤覺困難。因之，中國今日行憲，與西洋一般民主國家的行憲不同。我們的行憲，不是單純的太平盛世的行憲，而是要在憲政期中退回去補軍政、訓政時期所未完成的課程。因此對於今後的憲政，我們要有一個根本認識，就是認清楚這是寓軍政於憲政，寓訓政於憲政的憲政。㊵

所謂寓軍政於憲政，就是憲政時期所用的武力，應該是民眾化的、國家化的武力，而非個人的武力、派系的武力。軍事行動應該服從憲法的規定，應該在憲法允許的範圍內活動。寓訓政於憲政，也決不是加強一黨專政，而是盡量讓人民自由自主，盡量多給人民以學習民主發揮潛力的機會，讓人民充分發表意見，尤其對社會名流和知識分子的意見，應有恢宏度量，虛心接受。隨輿論民意的趨向，隨時變通。

---

㊵《周論》卷一，十二期。

對於行憲的重點，賀麟指出:「三民主義中最根本、最重要、最爲人民國家時代所急需而過去政府最少貢獻甚且與此背道而馳的就是民生主義，實行民生主義，我最大聲疾呼地說，就是行憲的重點所在。」㊶賀麟痛陳當時的社會弊病:財政經濟瀕於崩潰、物價飛漲、民生困苦已達極點，官僚資本、地主資本、發國難財的貪官污吏、奸商買辦，吮取人民的膏血，已腐蝕了國家的基礎。並指出消除弊病的辦法:必須進行民生主義的革命，剷除官僚資本家、貪官污吏、買辦地主等。這些人往往就在政府內，所以這個工作很困難，但確是行憲的重點，是今後憲政生死存亡的關鍵所在。

這篇時評，表現了賀麟對當時政治狀況的不滿，表示了當時大多數愛國知識分子要求革除醜惡腐敗現象，實行眞正的民主憲政的願望。因此，他是同情進步學生的。1947年，賀麟任北京大學訓導長，曾多次保護過進步學生和青年，被學生譽爲「我們的保姆」，並送給他一面綉有「青年保姆」字樣的錦旗。1948年4月的北大學潮中，當局策劃逮捕學生，賀麟以訓導長身分勸告北平警備司令陳繼承「不要再做關麟徵，不要再釀成一次『一二一』慘案」，並支持教授聯誼會保護逮捕名單上的學生。1948年12月，胡適邀請著名學者、各院校負責人、中央研究院院士離開大陸去臺灣，賀麟也在其中。胡適接連給他來了三封電報，促他成行。但賀麟沒有接受邀請，他留在大陸。

賀麟在西南聯大結束回到北京後，除了講課就是翻譯《小邏輯》。但因爲雜事干擾，翻譯工作進行得較慢，直到1949年下半

---

㊶《周論》卷一，十二期。

年纔翻譯完畢交商務印書館，次年在上海出版。

## 五、1949年（建國）之後

在1949年以後，賀麟的學術活動進入了一個新時期。這期間，他經歷了知識分子思想改造運動，對非馬克思主義批判運動，用新觀點研究、講授黑格爾這樣幾個階段。

1950年冬，賀麟隨北大參觀團去陝西長安縣參觀土改。他把這次活動看做走出書齋瞭解現實、改造自己、提高自己的好機會。經過一個月由「參觀到參加」的實際鍛鍊，賀麟的思想發生了顯著變化。他在活動結束回到北京談感受時說，這次參加土改，使他體會到離開了羣眾甚麼事也做不成；不走羣眾路線，甚麼路也走不通，除了依靠工農大眾、服務工農大眾，再也沒有其他堅實可靠的立腳之地。在哲學上，他認識到辯證唯物論是「由感性的東西提高到理性，再用理性去指導感性的東西。而唯心論則是離感性而談理性，輕感性而重理智，完全是抽象、孤立、片面的看法」㊷。這是他第一次對自己信奉的唯心論提出批評。表明他的政治立場、學術立場的初步轉移。1951年秋至1952年春，賀麟又到江西參觀土改半年。這次活動更加深了他思想改造的決心。

1952年，全國高等院校進行院系調整，賀麟被調整後的北京大學聘爲教授。大規模的知識分子學習馬列、毛澤東著作，學習蘇聯專家的運動開始。賀麟積極參加學習，並開始揀起丟棄了幾年的西方哲學史研究工作。從1954年開始，賀麟在北京大學、中

㊷ 1951年，4月2日《光明日報》。

國人民大學講黑格爾哲學，這是賀麟用他接受的唯物辯證法研究和講授黑格爾哲學之始。從收入《黑格爾哲學講演集》的幾篇講稿來看，這時對黑格爾主要是客觀介紹，評論很少。特別是還沒有此後隨著全國批判資產階級思想運動逐漸昇級而出現的學術屈從政治那種情況。這時他對政治和業務的關係，還是主張「又紅又專」，知識分子應該在自己的工作崗位，自己的專業領域爲新的國家做貢獻。

1955年，全國範圍的批判資產階級思想運動開始，賀麟在《人民日報》發表〈兩點批判，一點反省〉，對胡適、梁漱溟和自己的唯心論思想進行了猛烈的批判，其中說，胡適的實用主義和自己的理想唯心主義雖是在哲學上敵對的派別，但「反人民革命，反共產主義的目的，則是完全一致的」。胡適把杜威實用主義和漢學家的考證方法相結合，自己把新黑格爾主義和宋儒的直覺內省方法相結合，二者只是「反對唯物論辯證法的不同途徑」。自己和胡適在「一方面依靠西方資本主義社會某一派的唯心論，一方面企圖復活中國封建社會某一派的唯心論，兩相調和附會，來一個中西合璧，以適應半封建半殖民地的中國統治階級的需要」這一點上是完全相同的。此後，賀麟又發表了幾篇批判胡適「大膽假設、小心求證」的實用主義思想方法和梁漱溟的直覺論的文章。從現在的眼光看，他對胡適、梁漱溟和自己的批判都是過火的，都有簡單粗暴、深文周納之病。但他的態度是眞誠的，「洗個乾淨澡」以丢掉包袱輕裝前進的動機也是顯然可見的。

1955年秋，中國科學院哲學研究所成立，賀麟調任哲學研究所西方哲學史研究室主任。從這時起到六十年代前期，賀麟寫了一系列批判新黑格爾主義的文章，重點在新黑格爾主義的哲學觀、新黑格爾主義的政治思想和新黑格爾主義對黑格爾辯證法的形而上學化和神秘化。由於賀麟對新黑格爾主義浸潤久，鑽研深，並且吸收了其中許多觀點，所以他的批判可說是「反戈一擊，易制敵人的死命」。其批判的科學性較之對實用主義和直覺論的批判，都要大得多。當然那個時代的批判很難避免簡單化、深文周納諸病，賀麟的這些文章也不例外。

1956年，「百家爭鳴」方鍼提出，賀麟發表〈爲甚麼要有宣傳唯心主義的自由〉㊸和〈必須集中反對教條主義〉㊹等文，提出「開放唯心主義」的主張，不過他所謂「開放唯心主義」，是認爲既然唯心主義是必然要發生的，就應該有公開亮出來辯論清楚、講明道理的自由，以利於克服唯心主義。他還指出，當時對馬克思主義的理解，過份強調了馬克思主義和唯心主義的本質差別，兩者的矛盾和鬥爭，忽視了二者的滲透和融合。在1957年1月北京大學舉行的「中國哲學史座談會」上，賀麟作了「關於哲學史上唯心主義的評價問題」的發言，指出，在思想改造運動之後，對非馬克思主義的態度應該是循循善誘、和風細雨的態度，不能搞「當頭棒喝」。他提出「唯心主義體系中有好東西」、「對唯心主義否定過多不恰當」等觀點，並對一些以正統馬克思主義自居，動輒打棍子、扣帽子，用簡單粗暴方法對待不同的思想的做法進行了批評，對一些人生吞活剝馬克思主義經典著作的作風也加以指斥。但不久，反右運動開始，許多敢於直言「鳴放」的人被打成「右派」，賀麟也發表文章對自己「唯心主義和唯物主義有同一性」的觀點和批判教條主義的主張進行了深刻批判，

---

㊸ 《哲學研究》1956年第3期，和陳修齋合寫。

㊹ 1957年4月24日《人民日報》。

纔幸免於難。此後，賀麟的學術重點放在翻譯和「客觀講授」黑格爾上。個人思想鋒芒逐漸消磨。五十年代中期以後，他花力氣研究了以前介紹較少的黑格爾政治哲學、法哲學、藝術哲學、哲學史等，對此一一作了介紹。他在這個時期共發表關於黑格爾的論文二十多篇。他對黑格爾以上各方面的研究，重點在闡述黑格爾的辯證法，因爲這是爲當時的流行哲學所讚許的。對黑格爾的本體論，基本上持批判、貶斥的態度。這反映了他的研究重點的轉移。

五十年代中期以後，是賀麟譯著頗豐的時期。《小邏輯》1950年出版後，又修訂、再版過多次。與學生合譯的《哲學史講演錄》（全四册）、《精神現象學》（上下卷），及獨立完成的斯賓諾莎《倫理學》、《知性改進論》等陸續出版，這些譯作皆收進商務印書館《漢譯世界學術名著叢書》，對黑格爾和斯賓諾莎研究，起了極大的推動作用。

賀麟也對中外文化交流做出了貢獻。1957年春，他作爲中國哲學代表團成員訪問了蘇聯，1979年參加中國社會科學院學術訪問團訪問過日本，作爲代表團團長出席了在南斯拉夫召開的第十三屆國際黑格爾年會，還應邀到香港訪問和講學。他的學術報告受到國內外專家的一致好評。

文化大革命中，賀麟也同無數知識分子一樣，受到過批判和衝擊。他曾被打成「反共老手」、「反動學術權威」，抄家、批鬥、遊街，關進「牛棚」寫交待材料，甚至被誣爲「特務」遭到毒打。他曾萌發過輕生的念頭，靠著對未來的堅強信念和對學術的赤誠之心，纔堅持活了下來。文革以後，他以驚人的毅力，用老病之身，完成了幾十萬字的譯作，編輯出版了他一生講學的大部分講稿和幾本論文集。這些表現他一生追求眞理，表現他深刻、睿智的哲學創造的書籍，爲中國現代哲學寶庫，增添了蘊藏。

由於賀麟的努力和學術上的成就，他贏得了許多榮譽。當選爲第四、五、六屆全國政協委員、中國民主同盟中央委員，曾任中華全國外國哲學史學會名譽會長，中國社會科學院哲學研究所學術委員會副主任、《黑格爾全集》編譯委員會名譽主編等職務，被聘爲各種學術團體、叢書的學術顧問。在榮譽和地位面前，他保持了一個知識分子淡泊名利、追求眞理、自強不息、老而彌篤的精神。

賀麟是一個學者，一生皆在大學講堂和書齋裏度過。除了思想改造運動中參加土改和「文革」中到幹校勞動，他從未出學術一步。他沒有驚天動地的功業，也沒有富於傳奇色彩的經歷，他只是腳踏實地在學術園地中辛勤耕耘。他的生平無非是他的思想、他的著作，但他的學者的品格、學者的精神皆在其思想、著作中見。所以本書除其學術、思想外，亦無所述。1986年，中國社會科學院、北京大學等賀麟工作過的單位共同舉辦「賀麟學術思想討論會」，總結了他一生走過的道路和在學術上的貢獻，會議認爲:「賀麟教授所經歷的曲折道路，是一個眞誠的中國知識分子的道路，他的道路儘管曲折艱苦，但是不斷前進的。作爲一個哲學家，必須是眞誠的、愛眞理的，賀麟教授就是這樣的哲學家。」賀麟在四十年代，曾有過「論人的使命」的講演，他的一生，可以說實現了他關於人的使命的理解:「個人的使命，一方面是自己的自由考察，自己選擇，自己擔負起來的工作，一方面也可以說是時代賦予的。在完成此種使命、努力此種終身工作裏，一方面實現自我的本性，一方面也就是貢獻於社會、國家、人類的使命。此卽人所做、所應做、所不能不做、所鞠躬盡瘁，用全副精力以從事的工作。」㊺

㊺《文化與人生》，1988年版，頁85。

# 第一章　賀麟與德國哲學

在現代中國，只要一提起德國哲學，總會想起賀麟這個名字。這不僅因爲他是我國翻譯、介紹黑格爾、康德的著名專家，而且因爲他本人的思想學說裏，處處滲透著德國哲學的精神。他的思想中，既有康德、費希特的主體精神、自由精神，又有謝林的美學眼光，而以黑格爾合主客、一天人爲歸。賀麟接受德國哲學，是從黑格爾入手的；而他之接受黑格爾，又是從新黑格爾主義入手的。這使他的哲學思想又帶有新黑格爾主義的強烈影響。

## 一、賀麟與新黑格爾主義

賀麟認爲，黑格爾可大別爲三：一爲少年黑格爾，自由浪漫；一爲老年黑格爾，獨斷保守；一爲新黑格爾，爲前二期黑格爾的綜合與修正。新黑格爾派特別看重黑格爾的早期著作《精神現象學》，魯一士的《近代唯心主義講演》和《近代哲學的精神》兩書，就以《精神現象學》爲主。魯一士說：「黑格爾的《精神現象學》一書爲德國哲學界自1790至1810年間最奇偉之傑著。雖然此書與當時德國哲學思潮關係密切，不免受當時哲學大師如費希特、謝林輩的影響，但以思想論，以結構論，此書之創造的成份實超出費希特，謝林二人任何著作之上。而在黑格爾個人一切著作中，又以《精神現象學》一書最能代表其個性及獨創精神。因爲此書爲黑格爾壯年初期所作，故比起他晚年的著作，想像力特別豐富，組織力特別雄厚。」❶賀麟繼承了魯一士對《精神現象學》的看法，把它作爲黑格爾全系統的導言和方法論的奠基之作。他認爲，以往對黑格爾哲學體系的看法，多以《哲學全書》爲根據，將他的系統分爲三大部門：（一）邏輯學，（二）自然哲學，（三）精神哲學。這種看法固然以黑格爾自己晚年的成熟著作爲根據，有其相當的理由，但這種看法有兩個困難：第一，將黑格爾《哲學全書》以外的著作，如《精神現象學》、《法律哲學》、《歷史哲學》、《美學》、《宗教哲學》等黑格爾後來許多演講錄排除在外，而這些著作實是黑格爾的主要著作，是組成黑格爾全哲學體系不可或缺的。第二，如以《哲學全書》爲黑格爾的唯一系統，則除其中的《小邏輯》與《大邏輯》內容博大充實外，自然哲學部份不僅篇幅少，內容亦嫌陳舊。精神哲學部份，亦嫌篇幅太少。換言之，如以《哲學全書》中的三大部分代表黑格爾哲學的全系統，則自然哲學失之太陋，精神哲學失之太簡，整個系統有畸重畸輕之弊。鑑於此，賀麟提出了他的看法，這就是，以精神現象學爲全系統的導言，爲第一環；以邏輯學（包括《小邏輯》、《大邏輯》）爲全體系的中堅，爲第二環；以廣義的精神哲學，包括自然哲學、心理學、道德哲學、政治哲學、法律哲學、歷史哲學、藝術哲學、宗教哲學、哲學史等爲第三環。精神現象學的特點是活潑創新，代表黑格爾早年自由創進精神。邏輯學的長處是精深謹嚴，代表他中年的專門艱深的哲學系統。精神哲學的長處是博大兼備，代表他晚年系統的全體

---

❶《黑格爾學述》，頁42-43。

大用，枝葉扶疏。賀麟指出，他這種看法的好處在於：第一，注重《精神現象學》一書在黑格爾系統中的重要地位；第二，顯示黑格爾精神哲學的博大豐富，而且把黑格爾一生的著作都包括在內。

賀麟對於黑格爾哲學系統的看法，突出強調《精神現象學》的自由創進精神，這是有得於魯一士的，他曾說：「魯一士是一個最善於讀黑格爾而能够道出其神髓，揭出其精華而遺其糟粕的人。他之特別表彰黑格爾早年少獨斷保守性且富於自由精神的《精神現象學》一書，與其特別發揮黑格爾分析意識生活的學說，都算得獨具隻眼。」❷賀麟之所以強調《精神現象學》，就是認爲，黑格爾的邏輯學雖精深謹嚴，但其三個一串的正反合公式過於呆板，容易墜入「死範疇的擺佈」，如不善用，則徒見其形式，丟棄了黑格爾由矛盾的衝突和解除而自我超拔的創進精神。不過賀麟除重視《精神現象學》之外，也同樣重視邏輯學，以之爲整個體系的中堅，後來講授黑格爾，也以邏輯學爲主。而魯一士則以《精神現象學》爲主，在其《黑格爾學述》中，只在綜述黑格爾成熟系統的一章中介紹了邏輯學。

魯一士本人的哲學思想，主要是對黑格爾的發揮。在發揮中，突出絕對精神的主體性、能動性。這個方面也對賀麟發生了重大影響。

### 1. 我是全

魯一士的主要觀點之一，便是「我是全」。這個觀點，是他對黑格爾絕對精神是全體、眞理是全體的發揮，再加上他自己對

❷《黑格爾學述》譯序。

意識生活的觀察體驗。魯一士認爲，人的意識生活的根本矛盾，就是具體的我、當下的我與「深我」、「大我」的矛盾。哲學的任務之一便是揭出這種矛盾，探究這種矛盾。黑格爾看到了這種矛盾，但他不是像謝林一樣用神秘的方式去把握這個大我，而是拋卻一切空洞和浮誇，腳踏實地地通過小我的矛盾伸進來達到大我。魯一士論證說，人無法知道當下的我是什麼，只能在當下的我之後知道我。人必須不停地飛離自己，然後返觀自我。此時的我，是別時的我經過一番回思得到的結果。眞實的我，是自我分化成無數的刹那，然後貫穿起來的我。在這一分化過程中、返觀過程中，我被作爲我以外的東西觀察的對象。我之爲我，是由於分化了的我從外面觀察、從遠處透視，從他日之我認取，用新經驗去解釋。無分化的我，執著當下經驗不敢越雷池一步的我，截斷了一切關係，孤零零地執著當下的我，就是一個無物。分化——貫串的我，有新我故我的搏戰，有他我自我的爭執，一切活的經驗蓬勃於我的體內，我永遠在變換我的心靈，舊的逝去，新的方來。這纔是眞實的我，有生命的我。「我」的自我分化和貫串，就是人的意識生活的眞實寫照。魯一士說：「意識的本性就在於揚棄其自身於各種外在的然而是精神的關係中，從而發現其內在的實在性。精神的本質永遠在於把自己分化成許多精神，生活在他們的各種關係之中，僅僅憑著它們的和合而成爲唯一的精神。」❸

不僅人的意識生活如此，人的現實關係也是如此。人必須投身到現實的社會關係中，才是眞正的人。如果離羣索居，你就會

❸《西方現代資產階級哲學論著選輯》，洪謙編，頁115。

發現，你不是朋友，不是同事，不是伴侶，不是丈夫，不是兒子；一句話，一個與世隔絕的人，同時也就隔絕了他的一切關係，隔絕了他作爲一個人的眞實性。也就是說，我們的生活並不是遺世獨立的，純粹的內在自我是沒有的，現實的存在是與他人的關係。眞實的我是我的分化與貫通。這一思想直接導出「絕對精神是個戰將」的觀點。

### 2. 絕對精神是個戰將

眞實的我既在於我的分化與貫通，則每一更高的我，都是戰勝前此的我自求超拔的過程。眞實的我即生存於各種矛盾衝突的克服中，意識生活的本性就是互相衝突，個人的意識生活就是時時生起的不同意識之間的搏戰，人類的意識就是各種不同的社會思潮之間的搏戰。魯一士說：「總之，在意識生活中，無論何處，意識總歸是各種互相衝突的目標、心意、思想、激動的一個聯合，一種有機組合。」❹又說：

> 我們的精神永遠在戰鬥，自我意識是絶對不安息的，我們的自我分化得越多，我把這些矛盾就克服得越徹底。我現在力求用絶對自我來提高我的靈魂，我發現絶對自我是一個真正的自我，唯一的自我。這個絶對自我的存在，就是靠它的那種克服一切矛盾的威力。❺

就是說，意識的本性是戰鬥的。比如，聖潔的意思絕不是否棄塵

---

❹ 《西方現代資產階級哲學論著選輯》，洪謙編，頁117。
❺ 同上。

世，而是戰勝塵世，英勇鬥爭，與罪惡血戰，與魔鬼對壘，能够抓住魔鬼，扼住他的咽喉，與他肉搏苦鬥，取得勝利。這就是聖潔的眞正含義。也就是說，聖潔就在於意識到罪惡而又戰勝罪惡。社會思潮的不斷戰勝敵手的總過程，就是絕對精神的勝利。而絕對精神就是走完了這長歷程的戰將：

> 黑格爾《精神現象學》中的絶對並不是什麽擺出來看看的絶對，並不是什麽躲在雲霧和黑暗中的上帝，也不是一個潔身自好的存在，安息在不可捉摸的無限中不問世事。黑格爾的絶對乃是一個鬥士，他的身上佈滿了人類精神生活世世代代的風塵和血跡；他遍體鱗傷地向我們走來，但是高奏凱歌——這位上帝是征服了各種矛盾的，他就是全部精神意識的總和，表明了、包括了、統一了、享受了我們人類的忠誠、堅毅和熱情所締造的全部財富。❻

這是黑格爾的思想，魯一士大大地發揮了。他把絕對精神擬人化爲一個戰將，突出了他的自動的、奮鬥不息的精神。

賀麟對魯一士的這一點，是深有所得的，在以後講學中曾多次提到。他把這一點作爲大至宇宙觀小至個人生活態度的哲學基礎。比如，在自由問題上，他提出「自由是自覺的理性自主的努力爭得的」。他不喜抽象的自由，認爲不經困心衡慮努力奮鬥得到的自由，不是現實的人所擁有的眞正的自由。眞正的自由乃是出發於內心的深處，是自覺的理性努力爭得的成績，不是盲目

---

❻ 《西方現代資產階級哲學論著選輯》，洪謙編，頁119。

的、偶然的外界賜予的恩惠。又如在眞理問題上，他認爲眞理是通過克服一系列錯誤而曲折達到的，沒有現成的，不與錯誤作鬥爭而得到的眞理。精神、意識不斷地犯錯誤，又不斷地糾正錯誤，借以提高自己，向前發展。錯誤的發生及克服的過程，就是作爲全體的眞理被獲得的過程。所以在哲學史中，最先出現的哲學體系是最貧乏、最不完整的，最晚出現的哲學體系是最具體、最豐富、最全面的，因爲它克服了前此的錯誤，吸收了過去的成果。這一哲學觀點體現在學術研究上，便是在局部上重視具體分析、細密考察；而當上昇到總體層面時，又是健動不息、不斷昇進的。

### 3. 實體即主體

絕對精神是鬥士，同時也就意味著絕對精神是能動的。能動性是主體最基本的特徵。絕對精神同時又是實體，它不是赤裸裸的精神，而是合邏輯與實在爲一體的存在。邏輯是體現在實在上的理則，它的每一個推演都是這理則的表現。實在是邏輯理念的外化，自然、歷史的每一事件，無不是理則的具體例證。實體與主體合二而一，平行共進。實體即主體的思想，也有一個演化的歷史。斯賓諾莎提出實體，但他的實體還是客體，是主體認識的對象，是主體的外在。康德有兩種實體，自我具有給予物自體以我性的能力，但物自體只是被動的受動者，我性與物自體還是兩截，還沒有達到實體即主體的眞正統一。費希特認爲康德只有消極的批判而無積極的建設，他沿著康德實踐理性優於理論理性的路子，以行的哲學爲主體注入了自動性，但他的主體無客觀性，謝林的同一哲學以藝術的眼光把實體與自我看成同一的，但這種統一是混沌的，神秘的，沒有指出現實的、具體的同一性。黑格爾以其邏輯與實在一致的基本原則，用邏輯統御實在，用實在註解邏輯，把實體和主體統一起來，把邏輯和實在作爲實體的兩個方面，成立他的心（邏輯、理則）物（歷史、自然）不二的哲學體系；邏輯是體，歷史、自然是用（應用邏輯學），成立他的體用不二的體系；邏輯是知行的本體，自然、歷史是知行的實在，合邏輯與實在爲一的絕對精神就是知行合一體，成立他的知行合一的體系。

魯一士特別發揮了黑格爾實體卽主體的思想，他把黑格爾《精神現象學》中經歷各種意識樣法、社會思潮而達到絕對精神的「宇宙魂」稱爲「大我」或「普遍自我」。在他看來，這「大我」或「普遍自我」是宇宙的主人，一切歷史的變遷、人事的更迭都好像爲它而起，它以歷史人事的變遷爲自己的眞實生活。它是個浪遊者，從古至今以至無窮，所以，宇宙的本體不是埋藏著的，而乃表現在現象界的激烈流變中。他說：「因爲眞正的本體就是自性，就是主體，就是活動的、生生不息的天道。哲學家的職責，就在指出這健動不息的道體。」❼

絕對精神是個鬥士，實體卽主體的思想，對賀麟影響極大，可以說是他終生服膺、老而彌篤的。他從新黑格爾主義吸收的東西主要在此，他以西方哲學融會中國哲學，也主要本於此。他把「實體卽主體」與中國儒家「天行健，君子以自強不息」的動的宇宙觀結合起來，以成立他的健動不息的宇宙觀；並根據天人不二的原則，以成立他的人生觀。他把「實體卽主體」中蘊含的知

---

❼《黑格爾學述》，頁31。

與行的統一發揚開來，以成立他的知行合一觀。他把實體卽主體中的主客合一吸收進來，以成立他的心物合一觀。他把實體作爲包籠任何相對而又不離任何相對的絕對，以成立他的天人合一觀。心物、知行、天人，無之不一。賀麟的這諸多合一，就是他的哲學思想的基本點。他認爲，這些合一是德國古典哲學和中國陸王心學的共同特點，是「西哲東哲心同理同的」。這些當在後來的敍述中展開。

### 4. 辯證法旣是方法，又是直觀

矛盾法（後譯辯證法）是黑格爾全系統的方法論基礎。上述數點，若究其根本，必溯至矛盾法。黑格爾精神現象學中諸意識樣法、社會思潮的演變，都貫穿著矛盾法，都以矛盾爲變遷的動力。《精神現象學》之所以爲黑格爾全系統的導言，就在於它確立了矛盾法的方法論基礎。而後來的邏輯學，純爲一矛盾法則的形上系統；歷史哲學、法哲學、藝術哲學、宗教哲學等「應用邏輯學」，莫不以矛盾法爲貫穿始終的命脈。魯一士也認爲矛盾是意識生活最深切的本質，他稱矛盾法爲「感情的邏輯」，矛盾不是人造出來爲方便而用的工具，而是貫徹於理性非理性、奔突衝撞於意識生活的全體的眞諦。不過魯一士只認矛盾爲意識生活的本質，而不以矛盾爲自然事物的本質。這是他的矛盾觀不同於黑格爾的主要之點。

賀麟對於矛盾法，不僅承襲了黑格爾、魯一士，而且有深刻發揮。他在《黑格爾學述》譯序中，一開頭便將矛盾法醒豁提出：「黑格爾哲學最大的特點就是他那徹始徹終貫注全系統緊嚴精到的哲學方法——這就是他的矛盾法。」並且指出，黑格爾的矛盾法，是從謝林混沌囫圇的合一中別出一途徑。混沌的神秘的同一只是詩人的直觀，而具體的、分析的、能從一中知多、分中知合的具體共相，纔是哲人所要求的。經過艱苦磨練、矛盾衝突，能調和極生硬極不相容的矛盾現象，使成爲有機的統一，纔是眞實的。賀麟將黑格爾的矛盾法，概括爲三方面：第一，矛盾的實在觀，「凡是實在皆經過正反合的矛盾歷程以達到合理的有機統一體」，意謂凡是實在的東西皆是包含矛盾的。不包含矛盾的，只是理智的抽象物而非客觀實在。第二，矛盾的眞理觀，即「眞理是包含有相反的兩面的全體，須用反正相映的方式纔能表達出來。」第三，矛盾的辯難法，「其妙用乃在分析宇宙人生、意識經驗之矛盾所在，指出其共同之歸宿點」❽。

在《黑格爾學述》譯序之後十餘年，賀麟又專門撰寫一文〈辯證法與辯證觀〉，對矛盾法進行了遠比譯序中所論深刻得多的闡發。這時的賀麟，不僅有魯一士的影響，而且匯入了其他新黑格爾主義者如拉松、哈特曼、克洛那諸人的思想。在這篇文章裏，他提出了自己關於辯證法的根本觀點：

> 總起來，我們可以說，黑格爾的辯證法本身就是一個對立的統一，是形式與內容的統一，是天才的直觀與謹嚴的系統的統一，是生活體驗與邏輯法則的統一，是理性方法與經驗方法的統一。❾

這篇文章的精義在於：第一，論述了西方哲學史上幾種典型

---

❽ 《黑格爾學述》譯序。
❾ 《哲學與哲學史論文集》，頁234。

的辯證法——辯者、蘇格拉底、柏拉圖、黑格爾的辯證法，特別是詳細地比勘了柏拉圖和黑格爾辯證法的異同。賀麟指出，辯者的辯證法，即在雙方辯論時，盤詰對方，使對方陷於自相矛盾因而推翻對方的論據的辯論方法。這個方法是辯論的利器，常爲哲學家所採用。但它只能提出疑難，不能揭示客觀的眞理。這只是形式的、外表的、抽象理智的、消極的辯證法。蘇格拉底的辯證法，是道德教訓的方法。他用此法教導青年反省自己，喚醒良知，得到道德知識。柏拉圖的辯證法是求形而上學知識的方法，這個方法在諸對話中側重點不一。在〈斐多〉篇中爲權衡矛盾雙方而得統一的方法，在〈辯士〉和〈斐利布士〉篇中是觀認萬殊歸一理、一理統貫萬殊的方法，在〈筵話〉篇中是從形而下的現象界求形而上的本體界，即由用求體、棄俗歸眞的純思方法，而在《理想國》裏則是以理推理、以理釋理，研究純理念或純範型間的有機關係使成爲一個體系的邏輯學或形而上學。至於黑格爾的辯證法，與柏拉圖一樣，亦是破除有限事物以達到有機統一、絕對理念的方法。賀麟在比較對勘了二人的辯證法之後，指出黑格爾超出柏拉圖的地方在於：第一，柏拉圖尙未確立正反合三連的辯證格式，而在黑格爾的系統裏，正反合的架格是整個系統的骨骼經脈。第二，柏拉圖注重主觀辯證法，而黑格爾認爲矛盾即客觀地存在於事物本身，事物都是「自相矛盾」。事物就在不斷地陷於矛盾、克服矛盾的昇進過程中顯示其存在。第三，黑格爾異於柏拉圖最主要的地方，即柏拉圖的辯證法與文化歷史無任何關係，而黑格爾的辯證法乃是文化歷史發展之命脈。就是說，柏拉圖的辯證法是思辯的、超越的、只論理念不論實在的，而黑格爾的辯證法是亦超越亦內在的。柏拉圖的辯證法是純理性的，而黑格爾的辯證法是亦理性亦經驗的。

這些分析和議論甚精，非深研西方古典哲學不能出此。這些議論，是當時對比柏拉圖和黑格爾的有數文字之一。在他後來寫的〈康德黑格爾哲學東漸記〉中亦認爲這些是他介紹黑格爾的重要方面。

這篇文章的另一精義在於，賀麟吸收了德國新黑格爾主義者克洛那、哈特曼等人的觀點，認爲黑格爾的辯證法既是一種方法，又是一種直觀。辯證法與辯證觀是合一而不可分的。

賀麟贊同哈特曼等人對於黑格爾辯證法的兩點認識，這就是；其一，黑格爾的辯證法是天才的直觀，有藝術的創造性；其二，黑格爾的辯證法，不是抽象的、形式的理智方法，而是忠於經驗事實，體察精神生活、欣賞文化寶藏的理性體驗。他認爲，這些看法，糾正了認黑格爾爲純理性主義或泛邏輯主義者的偏誤，而還黑格爾注重體驗，在歷史文化的寶藏中作天才直觀的眞面目；把黑格爾說成亦理性亦經驗的、亦詩人亦哲人的，不僅把黑格爾看成乾枯精嚴的邏輯學的作者，也把黑格爾看成有血有肉的文化歷史哲學家。賀麟同意克洛那的一句話：「黑格爾是理性的神秘主義者」，認爲這句話是以上新黑格爾主義的觀點的概括。既道出了黑格爾辯證法精密謹嚴的理性特點，又道出了它的親切體驗和天才直觀的「神秘主義」特點。他說：「辯證法一方面是求形而上學知識的思辯方法或理性方法，但一方面又是忠於客觀事實的經驗方法或體驗方法。它是理性方法與精神生活的統一。」⑩賀麟並且解釋說，他之所以這樣看，是因爲黑格爾的形

⑩《哲學與哲學史論文集》，頁231。

上學的邏輯概念並非抽象縹緲的幻影，而是實際事物的核心、命脈、本質。因此，愈能忠於經驗，親切體驗，便愈能把握形而上的邏輯概念。兩者是骨骼經絡和血肉的關係。賀麟還指出，把黑格爾的辯證法說成同時是一種天才的直觀，似乎有神秘的成份；但神秘的並非反理性的，因爲黑格爾主張對知性的分別作用所認爲孤立的、互相反對的概念作具體的統一，而這一步非知性的分別作用所可爲功。黑格爾本人也指出哲學方法的性質應分兩方面，一方面方法與內容不可分，此即體驗方面；另一方面由內容的自身去決定此內容發展過程的節奏，此即邏輯方面。

賀麟以上觀點，雖可以說取自德國新黑格爾主義，特別是哈特曼和克洛那。但也是他國學學養有以使然。中國人的思維方法中重悟性、輕理性，重詩人式的親切體驗神秘直覺、輕哲人式的抽象思辯、細密分析的根本特點，可以使他自然地、順理成章地接受德國新黑格爾主義的以上觀點。比如他論宋儒的思想方法，就認爲程朱陸王兩派皆是理性與直覺的結合，不過一爲「先理智的直覺」，一爲「後理智的直覺」而已。他欲以中國哲學融會西方哲學的理想，也使他與新黑格爾主義以上觀點不謀而合。賀麟曾自道他的爲學宗旨說：「我自小深受儒學薰陶，特別感興趣的是宋明理學。我認爲治哲學應以義理之學爲本，詞章經濟之學爲用，哲學應當與文化陶養、生活體驗相結合。」⑪由此看，他之認黑格爾辯證法爲理性方法與天才直觀，實是中西學養綜合的產物。

---

⑪《五十年來的中國哲學》，頁117。

## 二、賀麟與黑格爾

如上所述，賀麟研究、接受黑格爾，是從新黑格爾主義入手的。留學歸國後，他又轉向黑格爾邏輯學的譯述，邊研究，邊翻譯，邊講課。他關於邏輯學的第一篇系統著作是《黑格爾理則學簡述》。這篇長文對黑格爾《小邏輯》作了詳細介紹和發揮，是他一生研究黑格爾最有力的著作。這篇文章是他盛年所作，又是發揮黑格爾的純哲學系統並以之融會宋明理學，所以創發力特強，許多精義發前人所未發。這裏只選擇他有較多發揮並對自己思想發生影響的幾點加以說明。

### 1. 概念即自由，理學即心學

概念自由，是黑格爾一個很重要的思想。黑格爾說：「概念是自由的原則，是獨立存在著的實體性力量。……概念無疑地是形式，但必須認爲是無限的有創造性的形式，它包含一切充實的內容在自身內，並同時又不爲內容所限制或束縛。」⑫賀麟對這一觀點進行了解釋和發揮，並把它和中國哲學命題相融合。

賀麟認爲，黑格爾的概念是存在與本質的統一，它不是抽象概念，而是包括了豐富內容在其自身內的具體概念。在具體概念中，自我不是爲他物規定的，不是由因推出的果，而它自身就是它的本質或曰本性所內在的；它不是強迫的被決定的，而是自我發展的。從這一意義上說，它是自由的。概念的因是自我，果是

⑫ 《小邏輯》，1981年版，頁327。

自我的實現，它是以自己的活動爲原因爲結果的，它在一切運動中仍保持著自己。因爲這一切運動不過是潛伏在自身內的東西的發揮和實現。賀麟據此對自由下了一個界說：「自由就是自己的活動以自身爲目的，自由就是在一切外在的運動的影響中仍能保持自己。」⑬在賀麟看來，概念的本性可以概括爲三個方面：精神、自由、主體。概念是精神性的，它本質上是思維範疇，它不是客觀實在。但它是有力的、自動的、有意志的。意志是精神的品格。概念又是自由的，這個自由不是任性，它仍有必然性，自由的意思是說，它以自身爲目的，它在外界影響下仍能保持自己，它是必然性的眞理。它又是主體，因爲它是自因，同時又是自由的，出於自因的自由是主體的基本性質。從這一點可以看出從斯賓諾莎出發經由康德發展到黑格爾的線索。從這一點也可以看出黑格爾的哲學是包含了斯賓諾莎和康德的。用中國哲學的話說，黑格爾哲學是卽理學卽心學的，是心學理學合一的。這一點在賀麟初接受黑格爾時就已認定了。在1931年寫的《德國三大哲人處國難時的態度》中，賀麟說：

> 黑格爾的理則學（按卽邏輯學），乃是研究純粹理念的本體論或道體論，我們也可以稱之為「理學」或「道學」。他的理則學裏的最高範疇就是他所謂絶對理念或絶對精神，也就是他所謂「太極」。而太極就是絶對眞理，同時也就是「心」或絶對意識。因為黑格爾從認識論的立場，根本認為心與理一，心外無理。所以黑格爾的理學，同時又是「心卽理也」的「心學」或唯心哲學。

⑬　《黑格爾哲學講演集》，頁184。

在《朱熹與黑格爾太極說之比較觀》裏，他也談到這一點，認爲朱熹的太極卽理卽心，黑格爾的太極（絕對精神）也是卽理卽心的。從這裏看，賀麟這個觀點是前後一貫的，從他受魯一士《近代唯心主義講演》和狄爾泰《青年黑格爾的歷史》的影響確立這一觀點後，隨著學養的醇厚，這個看法越來越強固，越來越理論化、精密化。

由「理學卽心學」，便自然地推出「向外格物窮理卽向內明心見性」的結論。因爲黑格爾的概念不是抽象的知性概念，而是具體的理性概念。這樣的概念是包括了具體的豐富性的概念，是包括了雜的純，包含了多的一。概念的本性又是發展的有力的，概念的發展是概念中的潛存發揮和實現的過程，潛存每展現一步，都是對於它本身的認識和揚棄，而這同時就是概念的展開和自覺。認識和揚棄越接近絕對理念，展開或自覺就越接近全部本性。也就是說，思想把自己外化得越充分，則見到的自己越眞實。思想在自己的外化中發現自己、建立自己、實現自己。所以賀麟說：「思想擴充了自己的範圍，實現了自己的本性，這豈不就是說向外格物窮理卽向內明心見性？概念式的思想卽是此種自由的思想。」又說：「概念式的思想是無外無內，卽外卽內的。」⑭「無外無內，卽外卽內」是黑格爾的重要思想，也是賀麟的重要思想。

### 2. 本體論證明，理性的卽是現實的

黑格爾在概念的推論中，講到本體論證明，黑格爾說，本體

---

⑭《黑格爾哲學講演集》，頁195。

論證明的意義在於「理解概念作爲概念本身所應有的規定性，並且單就概念本身所應有的規定性來看這規定性能否並如何過渡到一種不同於屬於概念並表現在概念中的規定性的形式」⑮。經院哲學家安瑟爾謨第一個提出本體論證明：「我心中有上帝的觀念，而上帝是最完滿的，所以上帝存在。」後笛卡兒又提出：「我們對於上帝的圓滿性有一個清楚明白的觀念，所以上帝存在。」斯賓諾莎對本體論證明的貢獻在於區分了三種存在：（一）本質不包含存在，如方的圓形；（二）本質包含存在，如上帝；（三）有限事物之本質與存在不符合。黑格爾認爲，安瑟爾謨不管出現在有限事物中那樣的統一，而宣稱唯有最完善者纔不僅有主觀方式的存在，而且同時也有客觀方式的存在，這確有相當的道理。但安瑟爾謨等人所提出的最完善者或眞知識的統一體（指上帝）只是預先假定的、潛在的、抽象的同一。安瑟爾謨等人的本體論證明只是說出了有限事物具有這樣一種客觀性，這客觀性與它的目的、本質和概念並不同時相符合，而是有了差異的，這種差異只有過渡到「客體」這個更高的範疇中纔能同一。就是說，黑格爾論述本體論證明，重點是在說出，有限事物與它的理念的同一，只有在「客體」中纔能完成。

賀麟在分析黑格爾的概念推論時認爲，概念的客觀化便是概念的推論，概念的推論就是本體論證明。不管安瑟爾謨，還是笛卡兒、斯賓諾莎，他們的證明都是：（一）從上帝的觀念證明上帝的存在，從思證有；（二）從本質證明存在，因絕對圓滿、自因等皆是上帝的本質；（三）從上帝觀念的合理性來證明上帝存

---

⑮ 《小邏輯》，1981年版，頁373。

在，這就是從理性來證實存在。他認爲，本體論證明的關鍵是說「凡理性的就是現實的」。這思想包含有思有合一，本質與存在合一，體用合一。他認爲這思想有相當的合理性，並用它來解釋中西哲學史的一些命題。如《中庸》的「不誠無物」，賀麟說，《中庸》裏的「誠」，主要的意思是指眞實無妄之理、道、本體，「不誠無物」是說沒有本體、理、道體就沒有具體物。反過來說，「誠則有物」，由本體、道體，必能推出具體物之存在。這可以說是由體推用，由理證物、由源證流。又如西方哲學史上「思想是事實之母」，就是指「當思想更透徹、更貫通的時候，思想就包含了存在。眞觀念所指示者必是事實，有了眞的思想纔可表現爲事實，發揮爲事實」⑯。這就是說，思想、理念是最高的，因爲它捨棄了具體事物的不確定性、偶然性，直接從事物的本質、根據著眼，而且本質、根據就邏輯地包含著存在。

賀麟還提到現象論證明，卽以現象證本質的方法。不過他認爲，本體論的證明是直接證明，現象論的證明是間接證明，間接證明不如直接證明，因爲現象論的證明只能證明潛在著的實體，這種論證是不必然的，因爲本體的部份表現不能證明本體的全部內涵。而且從思維方式上說，間接的證明是理智的證明，也是外在的證明，而直接證明「在某意義下不是推論，也不是證明，而是一種直覺或體驗。直證上帝、直證本體都是超理智的」。

從這裏可以看出賀麟一個重要思想，卽他認爲「凡是合理性的就是現實的」，只要是合天理、合理念的，終將成爲實在；卽使由於目前條件不具備而不能表現，但隨著天理天道的運動展

⑯《黑格爾哲學講演集》，頁194。

開，它的實現是必然的。所以他教人認取的黑格爾處國難時的態度便是：「注重理性的無上尊嚴有征服一切不合理的事物的最後能力的理學，與從內心深處出發以創造自由的理想世界的心學。」⑰所以他相信「抗戰必勝、建國必成」。這可以說是他從本體論證明裏得到的最主要之點。而他認爲對於本體、上帝等等超驗的東西最終只能靠直覺、體驗的觀點，明顯是得自新黑格爾主義的。

### 3. 理念不是主客的平分體

黑格爾說：「理念可以理解爲理性（即哲學上眞正意義的理性），也可以理解爲主體——客體；觀念與實在，有限與無限，靈魂與肉體的統一；可以理解爲具有現實性於其自身的可能性；或其本性只能設想爲存在著的東西等等。因爲理念包含有知性的一切關係在內，但是包含這些關係於它們的無限回復和自身統一之中。」⑱

賀麟把理念歸結爲六個合一：（一）主客合一，理念是客體，又是主體，所以它能製造工具（概念範疇）利用工具以實現其目的；它是概念，但又能客觀化自己。主客合一是意識，同時又是對象。（二）理想與現實的合一，即應該與完成此應該的合一；單純的應該，不是眞實的本體。（三）有限與無限的合一，理念是無限，理念的表現是有限，理念是眾多表現的貫穿與統一。（四）身心合一，理念是本體，這個本體既有理性、思想、目的（心），又有存在、形體（身），理念是一個身心合一的生

⑰《德國三大哲人歌德、黑格爾、費希特的愛國主義》，頁20。
⑱《小邏輯》，1981年版，頁400。

命。（五）知行合一，理念是能動的理性，能動的精神，又是現實的表現、現實的過程；理性在過程中實現，過程正所以表現理性。（六）動靜合一，理念是生命，是過程，是進展，是有力的，所以是動；而理性本身又是靜的，它是思想、是觀念、是理想。這些合一表明，知性思維、抽象思維所認爲矛盾的、孤立的東西，在理念中得到了統一。如果借用佛教的話說，便是「破執顯眞」——破除知性邏輯執著爲偏、爲區分、爲分立的觀念，而顯統一、全體的眞理。賀麟說：

> 辯證邏輯始終在於破執，因為單純的主體和單純的客體都不是真的，只有在對立統一中纔能看到全。所以凡是兩個相反的東西，合一便並存，相離則俱妄。所以理念本身便是一個破執顯真的矛盾進展，在統一階段顯露真相。⑲

賀麟在理念這主客合一體中復有輕重厚薄之別，這一點，也是有取於黑格爾的。黑格爾說：「在理念的否定的同一裏，無限統攝了有限，思維統攝了存在，主觀性統攝了客觀性。」⑳賀麟區別了兩種合一：一種是中和的合一，神秘的合一。如謝林的同一哲學便是這種合一。另一種是統貫的合一，所謂統貫卽統轄、主導之義。黑格爾哲學就是這種合一。統貫的合一不是無分別的合一，而是有主從之別、隱顯之別的合一。賀麟主張，理念以主觀性爲主，以客觀性爲從，主觀性統貫客觀性。他說：

---

⑲ 《黑格爾哲學講演集》，頁203。
⑳ 《小邏輯》，1981年版，頁403。

> 理念不是思有、主客的中立體、平分體或混一體。理念之主客合一是主包含客、心包含身、無限包含有限，主不沉溺於客中。主客合一之目的在充實主，思有合一之目的在發展思。㉑

在主客、思有、有限無限的統一裏主張主觀、思維、無限的統攝、主宰，這在賀麟前期思想裏是一貫的。這決定了他主客關係上的唯心主義、知行關係上的重知主義、歷史觀上的「理性的機巧」等等。這一點，是賀麟思想的特色，也是他所謂「新心學」所自來。他的心學，不是貝克萊式的，也不是柏拉圖式的，而是黑格爾式的，確切說是經過新黑格爾主義改鑄了的黑格爾式的。把握不住這一點，便是錯會了他。這一點，是他融會宋明理學的基礎，是他新心學的命脈。這一點使他既不陷入機械論、實在論、唯我論，也不陷入二元論。這一點使他的思想充滿了自由創進的激情，但又不出理性矩矱。

### 4. 理性的機巧

「理性的機巧」是黑格爾歷史哲學的一個重要思想。魯一士在《近代唯心主義講演》中有發揮，賀麟不僅對黑格爾這一思想從理論上作了闡發，而且用這一思想來分析中國哲學家王船山的歷史哲學。

賀麟解釋「理性的機巧」說：

> 這些偉大的世界征服者（指凱撒、亞里山大、拿破崙）

---

㉑《黑格爾哲學講演集》，頁203。

結果都成為世界精神的工具。而理性則借他們的活動表現出來了。所以從全體來看，情慾的特殊利益的滿足與理性法則是不可分的。特殊的、個別的利益滿足了，立刻也就被否定了，留下來的只是普遍原則的實現。歷史公道的發展借個別情慾與個別情慾鬥爭，在鬥爭中互有損害，互有得失，而普遍的理性並未牽涉其中。這就是理性的機巧。㉒

對比黑格爾的《小邏輯》和賀麟的《黑格爾理則學簡述》中關於「理性的機巧」的闡述，可以看出，賀麟的發揮著重在以下幾點:

第一，理性是宇宙的主宰。理性是有目的的，它按自己的目的統御著、驅迫著自己的材料（世界），材料只是理性的注腳，是理性實現自己的目的的工具。沒有理性，世界是盲目的，當然沒有世界，理性也就是空的。但這兩者中，理性是根本，世界是枝葉，理性是本質，世界是現象。理性是世界的眞理，是它的所以然之故、所當然之則。

第二，理性是自動的、有力的，不需要外在的條件。這種有目的、自發的力量，可以比作亞里士多德的「隱得來希」和柏拉圖的愛（eros）。亞氏之「隱得來希」是萬然追求範型的動力，是物之希天、物之盡性的動力。就是說，內在的生命力是理性具有的。所以賀麟認為，黑格爾的理性有力量、自動之說，是繼承了亞氏。

---

㉒ 《黑格爾哲學講演集》，頁201。

第三，不合理的事物是理性以資征服，從而實現自己的目的的手段。賀麟說：「從全體來看，罪惡絕不能與理性並立，罪惡是被理性征服的。」㉓這裏，賀麟實際上是對黑格爾的一句名言「凡是現實的是合理的」下一轉語：現實的惡終將被戰勝。從歷史發展的長河看，現實的惡作了理性戰勝攻取的資藉，現實的善以更高的形式，成了理性的有機組成部份，現實的善惡俱往矣，而最終的結果是絕對的善——理性。所以理性是藉慾濟理，藉私濟公，藉惡濟善。這裏表現了賀麟一個很明顯的思想，卽道德史觀：惡是歷史發展的槓桿，最終的結果是善戰勝惡，這是歷史的必然。世界歷史所昭示我們的，不是善惡的俱分進化，也不是惡的統治確立，而是善的最終勝利。紛紜複雜的歷史舞臺，經過無數廝殺，最終確立的，是絕對的善。這是賀麟的一個重要思想，同時也是他爲現代新儒家的確證。

第四，「理性的機巧」同時是黑格爾的戲劇觀。賀麟從形式和內容兩個方面作了說明。從形式方面說，「沒有假藉，便沒有曲折，沒有意趣，太單調，因而不美。有假藉之後，世界纔富於戲劇趣味。」㉔就是說，逕情直遂、一覽無餘的事物是淡而無味的，戲劇就是要一波三折，就是要跌宕起伏。美就在這些曲曲折折的形式中、斑斕紛呈的色調中。所以賀麟在論德國三大哲人處國難時的態度時，說歌德是詩式的，黑格爾是散文式的，費希特是戲劇式的，因爲費希特的一生曲折多變，富於傳奇色彩。

從內容方面說，「理性的機巧」是黑格爾的悲劇觀。悲劇是非常人物的非常事變，結局往往是驚心動魄的慘痛。悲劇主要是

---

㉓　《黑格爾哲學講演集》，頁200。
㉔　同上，頁202。

衝突，悲劇人物都是代表倫理觀念的一個片面，悲劇就起於兩種片面的、互相排斥的倫理力量的鬥爭。在悲劇的全部過程中，理性通過對片面的否定而得到實現。儘管悲劇的結局是悲痛的，但它正顯示了理性的力量。理性使英雄人物一個個悲壯地死去，而自己則在一個個死中獲得永生。這裏，理性在施他的狡計，悲劇人物正是這些狡計的犧牲品。從賀麟這裏的發揮看，他也同他褒揚的黑格爾一樣，是贊成公理說的，是承認天理昭彰，毫髮不爽的。

賀麟不僅在理論上發揮黑格爾的「理性的機巧」，而且用它去分析中國哲學家。他在分析王船山的歷史哲學時說：「船山的歷史哲學之富於辯證思想，最新穎最獨創且令我們驚奇的，就是他早已先黑格爾提出『理性的機巧』的思想。」㉕

賀麟認爲，「理性的機巧」表現在歷史和人物方面，就是藉個人的私心以濟天下的大公，藉英雄的情慾以達到普遍理想的目的。理性一方面假藉非理性的事物（如私心、情慾等），一方面又否定非理性的事物以實現其自身。在王船山的歷史哲學裏，只消將黑格爾的理性或上帝換成王船山的天或理就可以得到印證和發揮。

王船山在《宋論》中說：「天因化推移，斟酌曲成以制命。」又在《讀通鑑論》中評論秦始皇說：「秦以私天下之心而罷侯置守，而天藉其私以行其大公，存乎神者之不測，有如是夫！」賀麟認爲，王船山這些思想，就是黑格爾「理性的機巧」的思想。王船山所舉秦始皇、漢武帝、武則天、宋太祖等人，就是黑格爾

---

㉕　《文化與人生》，1988年版，頁267。

所謂具有大慾或權力意志的英雄」。這些人物在歷史上的一些措施，目的本是爲私，如秦始皇之罷封建、立郡縣，漢武帝之開邊等，但因與天的意志吻合，作了天道的代理人。天的目的，假手這些時君智力之士以成。就這些時君智力之士來說，費盡心機，以償自己的大慾，但最終被天理所拋棄。王船山這些思想正契合黑格爾「理性的機巧」。賀麟復從王船山的評論中引申出幾點深刻的思想：第一，「天」是全體。王船山說：「天者，合往古來今而成純者也。以一時之利害言之，則病天下；通古今而計之，則利大而聖道以宏。」㉖賀麟認爲這一思想含有黑格爾「眞理是全體」的意思。就「天」的內容說，它是古今中外一切事變的總括；就理則說，它不是事變本身，而是事變所體現的「理」或「道」，理或道卽「純」。這很像黑格爾所謂「理性」。評論歷史事件，不但要從歷史人物的動機看，還要從其效果看；不但要從一時一地的效果看，還要從長遠的歷史效果看，要超出具體的時空限制，從天、從理的角度看。如秦始皇的罷封建立郡縣，從其利於鞏固自己的君主地位說，是私；從其抵禦異族入侵說，是公。從秦始皇殘民以逞說，是病天下，是害；「通古今而計之」，則是利天下，是公。某些方面，在個人則爲私、爲罪，在天則爲得爲功。天是「純」，是「全」。許多歷史事件從「全」的角度，纔能看得更爲通透。

第二，「天之所啟，人爲效之」。賀麟欣賞王船山的一段話：「時之未至，不能先焉。迨其氣之已動，則以不令之君臣，役難堪之百姓……天之所啟，人爲效之，非人之能也。」㉗賀

㉖ 《讀通鑑論》卷三。
㉗ 同上。

麟認爲王船山的這段話，在英雄與理性的關係上，既注重聖賢英雄時君才智之士在歷史演變上的地位，又不陷於英雄主義的歷史觀。英雄是順應歷史潮流，對於理性的運行方向有知幾察微的先見之明。所謂英雄，就是能把這種「幾微」擴成風氣，蘊成潮流的人物。一種時代潮流的形成，一是由於各種現實趨勢組成的合力已經開始萌動，此卽船山所謂「時已至，氣已動」，一是由於英雄人物對於這種趨勢的推波助瀾，卽船山所謂「天之所啟，人爲效之」。無理性則無具體事變的動力、方向、節奏等內在因素；無英雄則無理性的手段、工具、效應等外在因素。賀麟的這種分析，不僅把「理性的機巧」的意蘊全面道出，而且對英雄與理性的關係，作了精細說明。

第三，超出狹義的道德觀念。賀麟認爲，一般宋明理學家都持狹義的道德觀念，指責秦皇漢武好大喜功，殘民以逞，而船山獨能超出這種偏見，認爲「通古今而計之，則利大而聖道以宏」。這就是不僅以動機來判斷歷史事件的價值，而且以歷史眼光來看事件的價值。這種富於歷史眼光的人，是有近代精神的人，因爲近代哲學的突出特點，就是它的包籠涵蓋古今中外的弘大規模。賀麟不僅讚揚王船山的歷史識度，而且也說：「我是個有歷史感的人。」這是他特別發揮「理性的機巧」的一個原因。

第四，「亂士」和「貞士」之別。賀麟讚揚王船山在被理性的機巧所利用的悲劇人物中區別了「亂士」和「貞士」。船山說：「亂士不恤其死亡，貞士知死亡而不畏其死亡也。」㉘卽「亂士」只是盲目的不怕死，不惜以死來博取功業。「貞士」則慷

㉘《讀通鑑論》卷五。

慨赴死，甘願以身殉道。這兩種人中有爲公爲私、主動被動的區別。王船山說：「陳涉吳廣敗死而後胡亥亡，劉崇翟義劉快敗死而後王莽亡，楊玄感敗死而後楊廣亡，徐壽輝韓山童敗死而後蒙古亡。然則勝、廣、玄感、山童、壽輝者，天貿其死以亡秦隋；而義也、崇也、快也，自輸其肝腦以拯天之衰而伸莽之誅也。」㉙賀麟對於船山所論「亂士」、「貞士」作了發揮，認爲陳勝、吳廣、楊玄感等死是出於自私的目的，他們的死是被天利用或假借作爲達到滅亡秦隋的理性目的的工具，他們的死是被動的。但翟義、劉崇等起義誅莽則不然，他們是基於自動自發，他們的死是「自輸其肝腦以拯天之衰」，使正義伸張出來。前者是理性用機巧假藉他物，後者是基於理性的道德律令而自發的行爲。不惟不是被動的爲天所假藉利用並加以否定的工具，而乃是理性自身的支柱、直接的表現。這種人是負延續道統、學統使命的人，「當天下紛崩、人心晦否之日，獨握天樞以爭剝復」的人，是天理的負荷者、護持者、拯救者，其自身卽是目的。前種人只是被理性利用假藉，同時又懲罰廢棄的工具。兩種人差別是很大的。

賀麟借王船山所謂「亂士」、「貞士」所發的議論，對於「亂士」、「貞士」各自在「理性的機巧」中所扮演的角色的分析，表現出他用儒家思想融會黑格爾的努力，卽負荷天理，延續國命的人，其肉體雖可逝去，但其功烈卻滙進永恆的、絕對的善中，他們以其道德長存於天地之間，他們是民族的脊梁，是理性的支柱。天理、道統賴他們而不墜。船山在明亡之後呼籲貞士「拯天之衰」，賀麟在抗日戰爭中表彰貞士，謀民族文化的復興，都是

㉙《讀通鑑論》卷五。

有著「獨握天樞，以爭剝復」精神的。

賀麟從留學美國至今，研究、翻譯、講授黑格爾達六十年之久，一生學問精神皆貫注其中。對照賀麟前後期（以四十年代末期爲分界線）的著作，可以看出一些很明顯的特點：第一，前期專注於精神現象學、邏輯學的研究，而對自然哲學、精神哲學以及「應用邏輯學」如歷史哲學、法哲學、宗教哲學、藝術哲學用力較少。五十年代中期以後，他寫了〈黑格爾的時代〉、〈黑格爾的早期思想〉以及論述黑格爾的方法論、黑格爾的自然哲學、法哲學、藝術哲學的論文二十幾篇，譯出了《精神現象學》、《哲學史講演錄》、《黑格爾早期神學著作》，補足了前期未研究和研究較少的方面，使黑格爾的研究全豹斑斕。他用自己的不懈努力，實踐了他對黑格爾全體系的看法。這說明，賀麟是一個嚴肅的、負責的黑格爾學者，他對黑格爾有譯有著有紹述有發揮，他奉獻給中國學界的，是立體的黑格爾、全部的黑格爾。

第二，前期著作比後期著作創穎活潑，前期著作「有我」、「有我的時代、我的問題、我的精神需要」㉚。無拘無束，自由發揮，後期著作主要是客觀介紹，很少發揮自己的思想。尤其五十年代的著作，依傍蘇聯哲學教科書的觀點，思想上有框框。當然這是那個時代的學者共有的一段經歷。就對黑格爾的態度言，前期對黑格爾全面肯定，後期有小心翼翼的批評；既想努力跟上當時的思想潮流，又怕碰破了黑格爾一點皮。前期是黑格爾思想的大膽改鑄者，後期是黑格爾思想的冷靜紹述者。

第三，前期著作中對中國傳統哲學有援引、有分析、有融

㉚ 《文化與人生》原序。

會，凡是聽過他的課、讀過他的著作的，都可以強烈地感到他「中西結合、融會貫通」的特點，都對這一點交口稱讚。後期著作中這一特點消失了。前期賀麟大膽地自由地鎔中西哲學於一冶，後期賀麟不越黑格爾雷池一步。前期主要是自著，以翻譯爲自著的預備、補充；後期主要是翻譯，以著作爲翻譯的撮要敍述或入門導言。前期思想容量大，單是中國古代哲學家就提到過孔、墨、老、莊、申韓、諸葛亮、王安石、朱熹、魏了翁、陸九淵、王陽明、陳白沙等，後期則較單一，中國古代哲學家提起者極少，卽西方古代哲學家，也只提起與黑格爾有關的。單是這一點，就可看出他前後期思想的大變化。這裏，時代的原因居多，思想戰線上的一些過火批判，對舊社會過來的知識分子的某些不諒解態度，都使得賀麟越來越退守到狹窄的一隅，富有神采、暢論古今的筆調變得越來越拘謹。但由於研究的範圍較限定，所以對黑格爾哲學的一些特定方面，如辯證法與辯證邏輯、思維與存在的同一性、本體論認識論邏輯學三者一致等問題，越來越精熟，越來越深入。

賀麟早在三十年代就提出他研究黑格爾的方法論，他說：

研究黑格爾有兩條走不通的路：第一，就是抽象的附會的路，只是抽象地將黑格爾哲學中幾條空洞的方式，如對立的統一，否定之否定，質量的互轉，或「有」「無」的對立其合為「變」等，赤裸裸地從他全系統中硬拉出來，用科學的常識和自己偶然的感想，加以附會解釋，說這就是黑格爾哲學，全不從黑格爾哲學的淵源、文化背景、和他全系統的有機性去了解它。第二，就是呆板的教本式的路，只知死板地逐章逐段依照黑格爾原書的次第加以字面的解釋，每每對於黑格爾的晦澀處，仍保留其晦澀；而對於原書有深刻豐富意義的地方，反解釋成淡薄無味。㉛

賀麟的黑格爾研究，自覺避免了他所指斥的這兩種弊病，是深入黑格爾的堂奧，把握黑格爾的精髓，全面、具體地介紹給中國學界。特別他的《黑格爾理則學簡述》，保持了黑格爾推理嚴密、說理透闢的風格。每一概念的內涵規定得清清楚楚，每一環節的過渡交代得明明白白，即黑格爾原書中生硬、牽強的地方，也剴切指出，不留餘地；而對黑格爾原作中精彩的地方，則痛徹發揮，特別是概念論數章。《理則學簡述》可以說是賀麟學問的「經」，《文化與人生》可以說是其「緯」，「經」重在立理，「緯」重在言事，其合則以理則御事實，以事實注理則，根幹堅固，枝葉扶疏。

## 三、賀麟與康德

1930年秋，賀麟從美國到德國柏林大學。這時他感到，要把握黑格爾哲學，非要先研究康德不可。他認為，康德是黑格爾哲學的源泉之一，要理解黑格爾，必先從康德哲學出發，治黑格爾哲學的人，沒有不先治康德哲學的。但康德哲學最後必然邏輯地發展到黑格爾哲學上來。這一觀點是賀麟學習德國古典哲學自得的見解，也與新黑格爾主義者克洛那《從康德到黑格爾》一書的結論正好吻合。從此他大量閱讀康德著作。三十年代中期以後，

㉛ 開爾德《黑格爾》譯序。

賀麟發表了〈康德名詞的解釋與學說的大旨〉、〈時空與超時空〉等，集中展示了他對康德哲學的吸收與融會。

賀麟對康德的發揮着重在時空問題上，他提出自己對時空的見解：「時空者心中之理，心外無可理解的理，心外無時空，心外無（經驗中的）物。離心而言時空，而言時空中物，乃毫無意義。」㉜賀麟自己說，他這個見解是對康德的發揮。他認為，康德的時空觀是主觀的時空觀，所謂「主觀的」是說：第一，時空有理想性，它不是離意識獨立存在的事物或「物自身」，它是主體所設定的。第二，時空是屬於主體方面的認識功能或理性原則，而非屬於客觀對象方面的性質或關係。第三，時空的主觀性學說，正是要為時空在經驗方面之所以是普遍、必然而有效準的原則奠立基礎，而不是主觀的意見或幻想。賀麟接受了康德這一思想，並對之進行了補充與發揮。他的補充在於，將時空區分為三種：第一，無定的時空，即不確定的存在的持續，可稱為綿延，不確定的存在的體積，可稱為廣延。無定的時空是感覺的對象或內容，綿延和廣延是可以加以衡量但尚未經衡量的量。第二，確定的時空，即衡量綿延和廣延的尺度。確定的時空是整理或排列感覺材料的形式或準則，是理智的產物。第三，無限的時空，無限的時空不是無定的時空，也不是無窮的時空——無窮的時空表示有限時空的無窮伸展，只是直線式的、想像作用的無窮推論。無限時空指普遍性或永恆性。普遍即超空間，永恆即超時間。無限的時空是理性的直觀。

從賀麟對三種時空的區別與規定可以看出，他是受了黑格爾

㉜《哲學與哲學史論文集》，頁142。

正反合三分方式的影響。無定的時空是綿延、擴張，是感覺的對象，感性的直觀，是未經整理的混沌，是具體的。確定的時空是理智制定的尺度，是知性的直觀，是抽象的共相。而無限時空，是前兩者的綜合，是理性的理念，是理性的直觀。它不是混沌，也不是條理，而是統一，即此兩者之合。它是超出主客對立的，它是綜合了具體事物和抽象共相的具體共相。

基於以上分類和解釋，賀麟提出了他關於時空的思想。他的思想，分開說可用四個命題表達，合起來說，可用一個命題表達。四個命題是:（一）時空是理；（二）時空是心中之理；（三）時空是自然知識所以可能的心中之理或先天標準；㈣時空是自然行爲所以可能的心中之理或先天標準。若用一句話，則可以說:「時空是自然知識和自然行爲所以可能的心中之理或標準。」㉝這裏，我們須注意賀麟對於「理」的定義，對於「理即心中之理」的推論，對於時空何以是「知識、行爲的先天標準」的說明。

賀麟說:「理是一個很概括的名詞，包含有共相、原則、法則、範型、標準、尺度以及其他許多意義。」㉞理是中國傳統哲學一個非常重要的範疇，對於理的界說，以宋理學家朱熹最爲精當。朱熹所謂理，即「所以然而不可易，所當然而不容已者」，也即有普遍性、必然性的原理、準則、規律等。原理、準則又可引申爲理想、共相、範型、尺度等。所以，賀麟這裏討論的問題，是康德提出的；給出的回答，是中西合璧的。就理之爲普遍性的概念言曰共相，就理之爲解釋經驗中的事物之根本觀念言曰原理，就理之爲規範經驗中事物的有必然性的秩序言曰法則，就

㉝ 《哲學與哲學史論文集》，頁149。
㉞ 同上，頁147。

理之為理想的模型或範式言曰型式，就理之為經驗中事物所必遵循的有效準則言曰標準，就理之為確定不易但又為規定衡量經驗中變易無常的事物的準則言曰尺度。「時空是理」就是說時空是共相、原則、法則、範型、標準、尺度。這一推論未免過於寬泛，但賀麟趕緊回到康德：「我們說時空是理時，我們比較着重時空之標準或尺度二義。」㉟這一界定避免了理滑入客觀性的危險，因為法則、範型等可以是客觀的、不在心內的，如新實在論的理、共相等。而標準、尺度則必然是主觀的、心所設立、規定的。

由於標準、尺度的主觀性，賀麟認為，「時空是理」必是心中之理，是主體用以規定、衡量經驗中事物的先天法則，不是從經驗中得來的。從這個方面說，理是心的一部分。賀麟說：

> 理是思想結晶，是思想所建立的法則，是思想所提出來自己加給自己的職責，不是外界給予的材料；理是此心整理感官材料所用的工具，是此心用先天工具在感官材料中所提煉出來的超感官的本性或精蘊。㊱

理是思想結晶，是此心的建立，先天的工具，故賀麟認為「心外無可理解之理」。㊲不過末後句「超感官的本性」已有亦主亦客之意了。

賀麟揭出「心外無可理解之理」可以說是他用康德哲學融會

---

㉟　《哲學與哲學史論文集》，頁147。
㊱　同上，頁148。
㊲　同㉟，頁147。

宋明理學的結果。按康德的意思，時空爲心中固有的感性直觀形式，範疇爲心中固有的知性形式，時空、範疇是此心的建立，不是外界的給予，經時空、範疇整理過的知識，帶上了普遍性、必然性等「理」的內容。心中固有的感性、知性形式與經過陶鑄後的事物的形式是同一的。對於此知識來說，可謂「心卽理」、「心外無理」。陸九淵有「心卽理」之說，王陽明有「心外無理、心外無物」之說。陸王雖並稱，但兩人學說的理論重點實不同。陸九淵的「心卽理」實際上是說，宇宙之理卽人心中之理，宇宙的法則卽我心中的道德原則，所謂「至當歸一，精義無二，此心此理實不容有二」㊳，就是說，陸九淵並不否認心外之理，不過認爲心外之理與心中之理是一個，「至當」、「精義」指理，也指心，「歸一」、「無二」指兩者本是一個東西。由這一點看，陸九淵不似康德，而似黑格爾，因爲黑格爾的哲學是主客合一，「絕對理念」旣是宇宙的根本法則，也是主體的精神法則，兩者是一個東西。絕對精神的卽主卽客的性質決定了它是卽心卽理的。

而王陽明則更近於康德。他的「心外無理、心外無物」重點在說道德行爲的意義在於道德主體的動機、意志。道德行爲之所以是道德的，是由於推致自己的良知的結果。從本體論說，宇宙萬物所體現的條理秩序正是心中的條理秩序的反映，卽王陽明所說：「草木瓦石的良知卽人的良知，若草木瓦石無人的良知，不可以爲草木瓦石矣。天地無人的良知，亦不可爲天地矣。」㊴這一點正與康德認爲人先天本有的感性純形式、知性純範疇是宇宙萬象所以成立的條件、前提相仿。當然康德和黑格爾的差別要比

㊳〈與曾宅之書〉。
㊴《傳習錄》下。

陸九淵和王陽明的差別大得多，但在理論的主要形態上可有以上的比較。

賀麟對陸王少有辨析，但對於朱熹卻有一明顯的趨勢，即把朱熹說成黑格爾式的「心與理一」的哲學家。他的〈朱熹黑格爾太極說之比較觀〉中，即已把朱熹的太極與黑格爾的絕對理念相比擬。而在〈時空與超時空〉中，也把朱熹哲學說成心理合一的。這是他調和心學理學或說盡力縮小、泯除心學理學差別，以與黑格爾的即心即理哲學融會的一個例證。賀麟自己說，他對於理是心中之性的論證，「皆採自朱子的說法」。㊵人皆熟知朱熹主「性即理」，即人物之性，皆來自獨一無二之太極，所謂「人人有一太極，物物有一太極」。太極即宇宙萬物根本之理，太極在具體事物上的表現即此物之「性」。此性是同一與差異的統一。從人物之性皆不同說，是異；從人物之性皆是同一的太極說，是同。同的方面即理一，異的方面即分殊。朱熹的「理」，在邏輯上可以先於、外於天地萬物，即朱子所謂「且如萬一山河大地都陷了，畢竟理卻只在這裏」。㊶這就是後來批評新實在論「滿坑滿谷死無對證之理」所自出。賀麟通過把實在論的「理」換作唯心論的「理」，把朱熹拉入心學之內。賀麟說：理既是普遍概念，概念當然是意識內的概念而不是意識外的茫昧；理即是理想的範型，必是心中的範型；理既是規定經驗中事物的必然秩序或法則，既是衡量經驗中事物的尺度，則必是出於經驗的主體。他說：「吾心掌握著時空中事事物物的樞紐。」㊷賀麟這裏所謂

---

㊵《哲學與哲學史論文集》，頁148。
㊶《朱子語類》卷一。
㊷同㊵，頁151。

理，皆是康德所謂理，不是朱熹所謂理。朱熹說「性卽理」，賀麟說性必是心中之性，理必是心中之理。賀麟這裏與其說是論證，不如說是獨斷，因爲他是從共相、法則、範型、標準、尺度等皆是心所建立這個前提出發，又論證這些都是理，從而推出「心卽理」的。這樣必然把朱熹和陸王的差別縮小，把他們說成同是心學或卽理卽心的，爲他的理想唯心論找中國例證。

此外，賀麟把朱熹拉入心學，是因爲他認爲：

> 由「物者理也」、「天者理也」、「性者理也」的思想，進而發展到「心者理也」的思想，是先秦儒以及宋明儒的大趨勢。中國哲學史如此發展，西洋哲學史發展的次序也並無二致。㊸

他認爲，在中國，「物者理也」，「性者理也」這些見解，都已在先秦儒家典籍中隱約地、渾樸地、簡賅地具備了，到了宋儒才將這些偉大的識度重新提出來，加以精詳發揮，朱熹對於心與理的關係問題，頗費躊躇。而陸象山揭出「心卽理也」一語，貢獻尤偉。自陸象山揭出「心卽理」，哲學乃根本調一方向，心旣是理，理卽在心內，而非在外，則無論認識物理也好，性理也好，天理也好，皆須從認識本心之理著手。不從反省本心著手，一切都是支離騖外。心卽是理，則心外無理，心外無物，而宇宙萬物，時空中的一切也成了此心之產業，而非心外之儻來物了。在西方，希臘哲學起先是以物釋物，蘇格拉底方轉而由對萬物的研究發展到對內心的研究。柏拉圖、亞里士多德因之，更研究理性、

㊸《哲學與哲學史論文集》，頁152。

靈魂、上帝等。近代笛卡兒提出物與理、性與理、天與理、心與理的關係，斯賓諾莎給出了天者理也、性者理也的答案。英國經驗主義自洛克到休謨，是離理而言心的，是從意識現象、經驗等去研究物性、天、理。康德崛起，一方面把握住理性派的有普遍性必然性的理；另一方面又採取了經驗派向內考察認識能力的方法，以先天邏輯學代替了心理學方法，對人的純粹理性、實踐理性、判斷力加以批判地考察，建立了他的「心卽理」的心學。他指出時空是心中固有的感性的純形式，範疇是知性的純形式，萬事萬物皆逃不出此心此理的宰制，認識自我是認識宇宙的前提，這是康德的集大成處。

由此簡單的回顧，賀麟證明中西哲學史都是由研究外到研究內，由心理分而爲二到合而爲一、卽心卽理、卽內卽外的過程。就是說，哲學必至於心學而後完滿。他說：「若果我們要領取哲學史的教訓，我們必須承認時空是心中之理的說法是有深厚基礎的眞理。這就是我所謂以哲學史的發展以證時空是心中之理的論據。」㊹

綜觀賀麟對康德時空學說的發揮，可以說，他是緊緊抓住康德時空不是外界的客觀實在，而是心中固有的作爲自然知識和自然行爲所以可能的先天條件這一點，集中闡發了自己的心學思想。賀麟說康德和斯賓諾莎是通向黑格爾的兩條線，就是認爲，康德哲學所表明的，是心的能動性、創發性。斯賓諾莎哲學表明的，是實體的理則性。這兩條線歸到黑格爾，就是卽心卽理、卽主卽客、卽知卽行，無之不一而集其大成。不過賀麟在其論證

㊹《哲學與哲學史論文集》，頁153。

中，有時以康德釋黑格爾，把黑格爾說成主要是主觀唯心論者，在心物二者的合一中，主張心是主動的、主要的，物是被動的、次要的；心是本體，物是表體；心是目的，物是工具等。有時又以黑格爾釋康德，把康德說成主張「心與理一，性與道俱」的哲學家。

賀麟對時空問題的闡發是富於創新精神的。他把中國傳統哲學概念「理」引進康德哲學，用「理」的多義性去發揮康德學說。如他賦予理以共相、原則、法則、範型、標準、尺度等意義，把康德的感性純型式的時空，即主要是範型（陶鑄性）、尺度（量度性）的時空，塡充了法則（必然性）、原理（內發性）、共相（普遍性）等內容。使康德主要是整理、量度感性材料的時空，變爲具有必然性、普遍性、內發性的「理」。使時空這一範疇的內容，越出了康德原有的範圍，再利用康德的時空的主觀性，把上述理的義涵，變爲心的義涵。而所謂共相、法則、原則等既有實在論的品格，又有唯心論品格的範疇，又使得康德的心學具有卽心卽理、合心理爲一的特徵，賀麟通過改鑄康德，闡發了自己的卽心卽理、合心理爲一的哲學思想。

此外，中國哲學的範疇多是籠統的、涵蓋面廣的，如道、理、德、性、天等，而且多是本體論、道德論的，很少西方那樣的認識論範疇，這就給解釋者的發揮留下了餘地。賀麟的一個特點，就是用中國哲學範疇去融會西方哲學範疇，他曾說過：「我覺得用中國名詞去解釋西方名詞，是一個好辦法」，又說：「我們不但可以以中釋西，以西釋中，互相比較而增了解，而且於使西方哲學中國化以收融會貫通之效，亦不無小補。」[45]賀麟就是

[45] 《哲學與哲學史論文集》，頁269。

用「以西釋中、以中釋西」的方法，發揮自己的哲學思想。不過他的解釋絕非漫無邊際，而是基於中西哲學的深厚學養厚積而發的。他的比較不是斤斤的字面比附，他的議論不是淺薄空疏的膚廓之論，而是在人們習見的材料中更深入開掘一層，常使人有酣暢淋漓之感。當然他的最基本的觀點還是得自黑格爾的絕對唯心論，不過是新黑格爾強調主體的能動性、強調心的創發精神的唯心論。在這一點上，又與康德一致了。就是說，賀麟把絕對精神看作一個自由的主體的觀點，和康德把主體看作能動的這一點相通了。他的唯心論又是參證、融會了程朱陸王的理學心學的唯心論，是合心理爲一，合程朱陸王爲一的唯心論。

## 四、賀麟與費希特

賀麟既認爲康德是通向黑格爾哲學的源泉，康德哲學必然邏輯地發展到黑格爾哲學，那麼，他就不能不碰到康德、黑格爾的中間環節費希特和謝林。

賀麟對費希特的介紹，先注重其愛國主義精神而後及於其哲學思想。在《德國三大哲人處國難時的態度》中，賀麟把費希特、歌德、黑格爾的性格和行事作了比較，認爲歌德浪漫高雅，富於藝術意味，是詩式的；黑格爾腳踏實地、平淡無奇，是散文式的；費希特則「富於驚心動魄的情節，有壯闊的波瀾，令人精神與奮緊張」㊻，是戲劇式的。從賀麟有趣致、帶感情的敍述中，我們可以看出：第一，他對費希特一生所體現出的理想主義、勇往直前的頑強精神是敬佩的，對費希特壯烈的愛國行動是讚許

㊻ 《德國三大哲人歌德、黑格爾、費希特的愛國主義》引言。

的，認爲這是處國難時人人皆應懷抱的態度，人人皆應趨赴的路向。第二，他對費希特欲以學術爲德意志民族奠立精神基礎的努力是嚮往的，他在抗日戰爭中所寫的一系列文章，都是欲爲抗戰期的中國人，奠立抗戰必勝、建國必成的信念。第三，他對費希特以健行爲根基，以自由爲目的，以知行合一爲特徵的哲學思想尤其服膺有心得，這在他的思想中是前後一貫的。

賀麟對費希特的哲學思想，主要注重其知識學中體現的主體自由能動這個方面。賀麟認爲，知識學是費希特的純哲學，但並非討論狹義的認識問題，知識學是從知識論出發討論形上學問題。費希特的知識學即是他的哲學。費希特不滿意康德，認爲康德哲學重在討論理性的性質和限度，他只給人以消極的批判，而未給人以積極的建樹。他循著康德自我爲知識所以可能的條件、自我爲自然立法的思想，對自我作了進一步的發掘和高揚，成立他的更加主觀化、以健行爲理性的本體、經驗世界爲幻像的一元論哲學。對於康德哲學，費希特有一轉折，康德以知爲重點，而費希特以行爲重點。知的自我是不能獨立不依的，它必須靠知的對象、靠外物保持其存在。知失其對象，便失去自身存在的理由。能知必以所知爲前提，所以「知」不是自我的本質。眞正的自我乃是行爲的、健動的。行爲與對象的關係和知識與對象的關係不同，在行爲中，自我創造對象、陶鑄對象。所以，在行爲中，自我是第一位的，它是能創造的、能產生的，非我是被創造、被產生的。非我同自我的關係不似康德哲學中物自體與認識主體的關係，而是非對等的。這樣，康德的二元論便被費希特的一元論所代替。

賀麟認爲，費希特的一個創造就是把行爲和事實區別開來，行是「動」，物是「有」；行是一個過程，物是一個存在。自我不是物，而是一個行爲、一個活動。行外無物，行外無有。若套用笛卡兒的「我思故我在」，可以說費希特的實質是「我行故我在」。「我行」之中卽邏輯地包含「我在」，而我在不能邏輯地包含我行，因我行必有行的對象。我行亦邏輯地包含我思，因爲我行的「行」，是知行合一之行。

賀麟認爲費希特的知識學的精髓就是「自由」一概念。他說：「費希特的知識學雖未用自由一名詞，但處處都在爲自由建立理論基礎，繞許多彎子去發揮自由概念。」[47]因爲健行的自我是絕對的自我，它對於理論自我所建立的非我有絕大的影響力，它本身就是一種掙扎、征服。絕對自我完全是自爲的，它的行爲以自身爲目的，不爲外在的功利。它是自由的。絕對自我的自由不是斯賓諾莎的把握了必然的自由，而是絕對自我的無限的健動必將征服任何外來阻力的健動健行本身。自然界只是此自由的健動施行的場所。所以費希特哲學以自由爲體、爲目的，以自然界的客體、對象，爲用、爲材料。自由概念是費希特最重要的概念，他的自由不是無律則性的任意妄爲，而是自創律則，是積極地超出因果律的自由。在他的倫理學中，健動是最高的善，自由是最可嘉許的品格，放棄行動，懶惰、怯儒就是惡。賀麟評述費希特，緊緊抓住絕對自我的健動這一本質，認爲這是自由最深厚的基礎，是自由問題上的形上學。

賀麟的自由觀，吸收了費希特的健動自主精神，又吸收了斯賓諾莎「把握必然就是自由」的理性精神，並融會了程朱陸王的

---

[47] 《哲學與哲學史論文集》，頁285。

一些思想，表現出既不陷於主觀任性，又不陷於消極被動的特點。他認爲，自由可從兩個方面去看。從科學的、機械的立足點來看，萬物皆不自由；從理想的、形上學的眼光看，萬物皆自由。而中和的看法，即認爲自由既是經驗中的事實，又是超經驗的理想。一方面是人人皆有，與生俱來的本性；一方面又是一生所追求不到，望之彌高，鑽之彌深的理想。

斯賓諾莎認爲萬物皆不自由，人與物皆受因果律的支配，每一個思想，皆可用因果律找到其根源；每一個動作，皆可用機械性解釋，甚至人的情緒、意念等皆可當作幾何學上的點線面一樣的東西去研究，皆可找出其因果律的說明。後來行爲派的心理學家，也認爲人的行爲皆有機械的原因可循，人是不自由的。這是機械論的看法。這種看法可使我們惕然自省，處處皆知遵循律則。

反之，若用詩人的審美眼光，和形而上學家超功利、忘物我的識度來看宇宙和人生，便又感覺到萬物皆依其本性自由自在的生活。在詩人眼裏，宇宙間萬物皆生意勃發，意趣盎然，程顥詩：「萬物靜觀皆自得，四時佳興與人同」，便是道出了這種萬物自在自得、隨意適興的自由，也道出了詩人與此境界同一的體驗。《易傳》所謂「天行健」，所謂「生生之謂易」，也是這種自由觀的寫照。從這一眼光看，人與萬物皆有其內在目的，皆不受外在的束縛。這種看法可以令我們爽然自釋，襟懷宏闊。

在賀麟看來，藝術的、形上學的自由觀，可以給我們樹立一自由的理想，可以給我們追求的境界，但現實中的我們，要得眞實的自由，必須經過困心衡慮、自覺的奮鬥。現實的自由在於心與理一，能擇（心）與所擇（理）的合一。賀麟解釋說：「能擇者良心，而所擇者不背良心；能擇者眞我，而所擇者足以實現眞我，擴充人格，才可以算作意志自由。換言之，必能擇者爲不失其本心的『道德我』，而所擇者又是實現此道德我的道德理想或道德律，方能滿足意志自由的條件。意志自由建築在能擇的道德我及其所具之道德理想或道德律上。」㊽賀麟這一觀點，是吸收了康德、費希特的思想，也與王陽明的思想吻合。康德認爲人有選擇的自由，人不屬於現象世界無休止的因果聯繫的連鎖，人屬於理智世界，人有按自己的理性指令選擇的自由。康德同時也認爲，人的選擇，應該不是基於個人慾望的選擇，受個人慾望支配的選擇與動物的選擇沒有多大區別。人的選擇是理性自身的道德律令發號施令從而必定要戰勝慾望的強制性選擇。理性作爲統帥這種強制的選擇，正是自由，正是作爲理性存在的人的自由。就是說人有能擇的意志自由，他的所擇應該是能够成爲普遍立法原則的「天理」。費希特也認爲，行爲本身卽是善，行爲就是自由的表現。但費希特所謂行爲，是實現自己的天職的行爲，這樣的行爲是眞正意義的行爲，是道德的，是有價値的。而賀麟所謂「能擇者良心，所擇者不背良心」正是王陽明「良知」的兩個方面的說明。王陽明說：「知善知惡是良知」，又說：「爾那一點良知，是爾自家的準則。它善便知善，惡便知惡，一些兒瞞它不得。」㊾這是說，良知是能擇的主體，善惡現前，良知自能辨別。另一方面，良知又是天理的體現，是人性的自覺，是心理的本能，良知是至善，是宇宙根本法則的凝聚與顯露。此卽王陽明所謂「良知卽天」。總起來說，良知是合「性」、「天」、「心」

---

㊽《哲學與哲學史論文集》，頁315。
㊾《傳習錄》。

爲一的，「良知是天理之昭明靈覺處」。即是說良知是能擇與所擇的合一。

賀麟提出的自由的兩個方面——能擇的意志與所擇的天理，前者要通過在實際行爲中的鍛鍊而愈益敏銳，後者要通過在實際行爲中的擴充而愈益眞切。能擇與所擇靠「行」合而爲一，就是說，自由既是人生俱來的本性，又是人通過行爲而追求的理想。在行爲的末端，本性與理想重合了。賀麟的自由觀，是理學心學的合一，而最終歸於心學。這是與他諸合一中最終注重主體的思想一致的。他所提出的擴充自由本性實現自由理想的途徑，不惟思想是心學的，即名詞也是心學的：

其一，「求放心」。意志之所以不自由，即由於本心在外，內無主宰。思的方面，是別人的意見；行的方面，是私慾的奴隸。賀麟提出：

> 欲求放心，知的方面，必須隨時隨地提醒自己超經驗的真我，行使自己先天的知識範疇，以組織感官的材料而形成真知識。行的方面，必須本著自己與人格俱來的意志自由的本性，於複雜的意念與慾望中抉擇其能發展自性、實現真我者而行。[50]

總的方面，「求放心」即陸象山「收拾精神，自作主宰」，費希特的「自由」；知的方面，即康德的先驗理性；行的方面，即程朱的「存理去慾」，王陽明的「致良知」。

---

[50] 《哲學與哲學史論文集》，頁319。

其二，「知幾」。《易傳》有「知幾其神乎」，周敦頤有「誠神幾曰聖人」之語，都指見微知著，見隱知顯之意。賀麟說:「自由卽是主動，被動就不自由。知幾就可以先物而主動，不致隨物而被動。」[51]賀麟特別指出，他的「知幾」的方法，得自中國古籍者少，得自柏格森者多。柏格森曾以欣賞藝術的經驗來說明意志的自由。如欣賞歌舞時，總能感覺到一種精神的自由，因爲欣賞者能審知其節奏，預推其發展，不期然地與之諧和。這也是知幾。推演此義，宇宙歷程人事變遷，無論如何複雜，但總有規則、節奏爲人所知，只要心思沒有被利害物慾所蒙蔽，總能掌握事物的規律與節奏。

其三，「盡性」。盡性實際是知幾的發展。知幾是見性之端倪，盡性是順其理而壯大。卽依其本性的必然性而活動，使性質中潛存的豐富內容全部展現出來。盡性也就是自我實現。盡性必邏輯地蘊含「性卽理」之義。萬物莫不各依其理，各遂其性，各極其長，這在萬物就是自由。賀麟引歌德「難道你禁止蠶吐絲嗎」一語，說明依本性的必然性活動就是自由，在任何情形下我們做我們不得不做的事便是自由之意。他說:「行乎其不得不行，止乎其不得不止，純出於本性之必然，依天理之當然，就是自由。」[52]純出於本性的必然，在物就是按自己內在的必然性發展，在人就是順人的本性。按賀麟的意思，人的本性就是創造眞善美，創造眞善美就是盡人之性；自覺人的這種本性，知道自己在宇宙中的地位，在社會中的天職，就是知命。內心中純以這種天性天命做主宰，就是良心。賀麟在論述自由問題時，把人與天聯

---

[51] 《哲學與哲學史論文集》，頁320。
[52] 同上，頁322。

繫起來，把心、性、天打通。與天理相合，與本性爲一，內盡本性、外極天理，就是自由。

綜觀賀麟對費希特的論述，可以看出，他是以自由爲康德、費希特哲學的內涵，再用斯賓諾莎「知天理行天理」中和之，以成立自己的自由觀。他的自由觀以統合天人、統合理慾、統合知行爲根本內容，以盡性、循理爲現實途徑，具有理論上有淵源、實踐上切實可行、形式上中西兼容的特點。

## 五、賀麟與謝林

賀麟對謝林哲學的吸收與發揮，主要在兩個方面:

### 1. 靈魂裏放光明的自然

費希特的理論重心在其「自我」的健動性、絕對性。費希特爲了擡高自我，而把自然貶抑到無足輕重的地步，把客體說成主體想像力的結果，這是沿著康德的路徑出發而偏到一邊去了。謝林的同一哲學正所以糾正費希特的偏失。謝林認爲，世界的本體是主體與客體的絕對同一，此絕對同一是最高的原則，主客絕對同一外無實體。一切存在，皆莫非主客同一體，但此主客同一體中又有對立，在其自我實現的過程中，有時客體佔優勢，有時主體佔優勢，但此種優勢只有量的差別，而無質的不同。謝林哲學由此分成自然哲學和先驗哲學。在自然哲學中，精神是昧覺的，客體是彰顯的，自然哲學就是研究客體中的精神由昧覺到自覺的過程。而先驗哲學中，精神是彰顯的，自然是隱匿的，先驗哲學就是由精神原則推出昧覺的自然事物。在謝林的自然哲學中，自然是亦精神亦物質的，心靈是亦物質亦精神的。他不像斯賓諾莎哲學那樣，把心物作爲「絕對」的兩個屬性，而是認爲絕對本身亦心亦物，心物的關係不是平行的，而是同一的、不可分的。在謝林哲學中，自然和精神、主體和客體的輕重軒輊調解了。謝林不是把自然當作本身無目的的，而是自然本身卽目的，自然的目的就是精神的目的，兩者是不可分的。而同時精神的特性又因其與自然的絕對同一，而使自然也具有了精神性。也就是說，實體是亦主亦客的，絕對是亦精神亦物質的。這一點，爲黑格爾所直接繼承。黑格爾的絕對精神吸取了謝林「絕對」的亦主亦客的品格。新黑格爾主義又回到康德和費希特，強調「實體卽主體」，而修正了謝林和黑格爾。

賀麟雖然強調「實體卽主體」，但自然在他的哲學裏有相當的地位。他認爲費希特偏重道德的哲學有弊病，他說：「費希特重道德輕自然，重人爲輕自然，對自然未給予適當地位，此爲其偏處。」[53]賀麟欣賞謝林自然和精神並重的思想，他最看重者在謝林「一貫地注重自然，使人能欣賞自然的有生命方面和精神性」。[54]他反對機械主義眼中的「死物質」，贊同謝林的「生機原則」，贊同謝林「大自然中千奇百異的自然形態，亦不過此同一精神曲折迂迴以求自覺的表現」的有機觀。賀麟提倡人返歸自然，他所謂自然，指具體的、有機的、美化的、神聖的自然，是與人類精神相通的、有生命、有靈魂的自然。這樣的自然，是人的精神的反映，是人的精神的外在的記號、象徵。周敦頤之愛蓮，陶淵明之愛菊，林和靖之愛梅，都是在花木中找到了知己，

---

[53] 《哲學與哲學史論文集》，頁290。
[54] 同上，頁309。

在對象中寄托了志向。自然界的浩浩星空、滾滾江河、灼灼花木、離離野草，都是人志意的寫照。這種對自然的看法，是人格化自然的看法，是詩的、美學的看法。

謝林的主客同一，精神與物質不可分判爲德國浪漫派提供了藝術哲學，也爲賀麟提供了「靈魂裏放光明的自然」。自然在賀麟這裏，是神聖的、美的、精神洋溢的。回復自然，卽所以充實人生；仰慕自然，並非埋沒自我、喪失主體，而正所以發展自我，提高主體。這都是得益於謝林「自然應該是可見的精神，精神應該是不可見的自然」的同一哲學的。

## 2. 直覺與理智

謝林認爲，哲學的本體——主客觀的絕對同一是不能用概念來描述，也不能用概念去理解的，對它的把握只能是直觀。他說：「絕對單純、絕對同一的東西是不能用描述的方法來理解或言傳的，是絕不能用概念來理解或言傳的，這個東西只能加以直觀。」[55] 在謝林看來，絕對本體是混一的，它具有藝術品的品格，它不能分成部分，一切概念、名言都只能是對它的近似的描述。它的出現是整個的，不能零碎地宰割。對它的直覺，猶如宗教上的神契，只能與之直接爲一，不能用概念分離地認識，對本體的認識只能是非邏輯的、藝術的直覺。

謝林的這一理論，受到了黑格爾的批評。黑格爾認爲「絕對」可以用概念去把握，不過這種概念是流動的、由低向高發展的。謝林的這種混一是「夜間觀牛，其色皆黑」，而它自己的方

---

[55] 《先驗唯心論體系》，頁274。

法是愼思明辯的，是分析和綜合結合的。最高的本體——絕對理念就是三個一串的概念由低到高拼成的一張網，這張網與宇宙運行、歷史發展的總過程所呈現出的律則、節奏是一致的。這種方法是邏輯的、理智的。賀麟認爲，這兩種方法是可以並行不悖的，各有各的適用範圍。哲學是理智的、邏輯的，但不排斥直覺的、非邏輯的成份；藝術是直覺的，但不排斥其中的邏輯分析。直覺和邏輯分析都是人常用的思維方法，不能執其一而否定另一。他在講到思維方法時，把人們常用的思維方法分爲三種：邏輯的方法，即數學的演繹方法；體驗的方法，即忘懷自我，投入對象之中深切體察的方法；玄思的方法，即「由全體觀部分，由部分觀全體」的方法。並且特別說明：「此處所謂體驗，實包含德國治文化哲學者如狄爾泰等人所謂『體驗』和法國柏格森所謂直覺。」[56]

賀麟的直覺法，吸收了謝林和柏格森的直覺說，也吸收了梁漱溟的直覺說，是一種中西合璧的直覺法。

謝林已如上述。柏格森的直覺，也是一種把握本體和眞我的方法。他的思維方法，源於他的形上學。柏格森的形上學是生機主義的。在他看來，宇宙是一個不斷發展變遷的大流，無時或停。這個大流中的萬物互相滲透，互相糾纏，互相影響，沒有任何理智的法則，不受任何拘囿。這個創化的大流的最高表現就是生命力，生命力不斷衝創發展，而其物質外殼則是其阻礙甚至使其死滅。生命力必須把物質的抵抗征服，才能向上發展。在柏格森的本體論裏，最根本的哲學概念是生命和物質，但其實唯有生命的衝力才是眞實的，惟有創化的活動才是本體。這種本體是變

[56]《文化與人生》，1988年版，頁179。

化無方、活潑健動、不間斷、無縫隙的。而所謂眞我、本心，就是他所謂內在的自我之流，也就是萬千意識狀態的交融貫通，你中有我，我中有你。每一個意識狀態都包括了過去的所有意識狀態，也蘊含了它後面的意識狀態的產生。整個的意識是一個無間斷的大流，不停地向前延伸。這就是柏格森所謂眞實的意識狀態，就是他所謂綿延。對這種本體、眞我的把握，只能用直覺。如果用名言去分析，用概念去把握，則原來強烈的淡化了，五彩繽紛的褪色了，特有的共有了，滲透的孤立了。就是說，概念分析的結果，動的、豐富的、具體的沒有了，只剩下靜的、抽象的、單純的。一落言詮，便乖本質。這是柏格森的直覺。

梁漱溟的直覺是一種生活態度。他從研究中西文化出發，對西方人的生活態度和中國人特別是儒家的生活態度作了比較，從中得出結論說：西方人的生活態度是「直覺運用理智的」，中國人的生活態度是「理智運用直覺的」(57)。所謂「直覺運用理智」，卽崇尙理智或以功利爲主導。而儒家反之，儒家的人生態度是反功利的，不算帳的，不計較利害得失，遇事不問爲什麼的，它只憑直覺去行動。梁漱溟認爲這種直覺就是孔子所倡導的「仁」。達到了仁的境界就是大無畏的、剛強的，心中充滿浩然之氣的境界。有了這種境界就會靜虛動直，隨感而應，活潑潑地而無拘縶。

賀麟集中了謝林、柏格森和梁漱溟的觀點，提出了他對於直覺的看法：「直覺是一種經驗，復是一種方法。」(58)這裏他不言「直覺是一種生活態度」，是因爲他的「經驗」包括了生活態度。

---

(57) 《東西文化及其哲學》，頁158。
(58) 《哲學與哲學史論文集》，頁179。

他解釋說：「所謂直覺是一種經驗，廣義言之，生活的態度，精神的境界，神契的經驗，靈感的啟示，知識方面的當下的頓悟或觸機，均包括在內。」[59] 賀麟這裏所謂「經驗」，是概括了三個方面：梁漱溟的「生活態度」、「精神境界」以及德國柏林大學哲學教授亨利希·邁爾 (Heinrich Maier) 的「神契經驗」、「靈感啟示」——亨利希·邁爾在《五十年來的德國哲學》（有賀麟中譯）中說到：「整個宇宙之爲一大個體，有如一切個體，只爲直觀所可達到，而非概念的知識所能把握。直觀乃是憑一種直接的透視以窮究自然世界和精神世界之最深邃的本質。要求神契經驗的驅迫力，乃徹始徹終是一種直覺的力量。」還有認識上所謂頓悟或觸機。這裏，「生活態度」是倫理上的直覺，「神契」是宗教上的直覺，「頓悟」是認識上的直覺。

關於直覺是一種方法，賀麟說：「所謂直覺是一種方法，意思是謂直覺是一種幫助我們認識眞理、把握實在的功能或技術。」[60] 這種技術雖與理智方法根本不同，但不能說它是無理性或反理性的。善於應用直覺法可以使之謹嚴而合於理性。如何應用得好？賀麟這裏借用了斯賓諾莎的思想，即認識的眞觀念越多，則我們求知的方法越完善，積理越多，學識越增長，涵養越醇熟，則方法亦隨之越完善。由此，賀麟認直覺法爲一種基於天才的藝術，他說：「直覺法恐怕是一種基於天才的藝術，而此種藝術的精粗工拙仍須以訓練學養之醇熟與否爲準。故直覺雖是方法，亦有因運用得不精巧醇熟而發生危險的可能。」[61] 這裏所謂

---

[59] 《哲學與哲學史論文集》，頁179。
[60] 同上。
[61] 同[59]，頁180。

天才，不是說天生便具備的能力，而是說運用直覺是創造性的，非徒呆板模仿所能得。其間有利鈍、巧拙、精粗、深淺的差等。

賀麟所謂直覺是不排斥理智的。他認爲理智分析，矛盾思辯法、直覺法是任何哲學家通用的，三種方法不可缺一，只不過各個人偏重略有不同罷了。他把直覺法分成先理智的直覺和後理智的直覺兩種，他說：

> 直覺方法一方面是先理智的，一方面又是後理智的。先用直覺方法洞察其全，深入其微，然後以理智分析此全體，以闡明此隱微，此先理智之直覺也。先從事於局部的研究，瑣屑的剖析，積久而漸能憑直覺的助力，以窺其全體，洞見其內蘊之意義，此後理智之直覺也。直覺與理智各有其用而不相背，無一用直覺方法的哲學家而不兼採形式邏輯及矛盾思辯的，同時亦無一理智的哲學家而不兼用直覺方法及矛盾思辯的。[62]

在賀麟這裏，理智分析是見「分」的方法，直覺是見「全」的方法。單是分析，絕不能達到對整體的認識，對整體必須借助直覺的助力，方可把握。所謂分析與直覺相結合，即分析用直覺法得到的對於整全的印象，及至部分的分析到了面面俱到的程度，又借直覺之助，對於整體有更新更深的認識。「全」是分之「全」，「分」是全之「分」。故直覺中不能無分析，分析中不能無直覺。

---

[62] 《哲學與哲學史論文集》，頁181。

觀賀麟將分析與直覺對言，可知他所謂直覺絕不等於綜合。綜合是對於局部的相加、統貫、籠括等，但整體絕不僅是部分的相加、統貫，整體有整體的功用、性質。相加等等是機械的、量的，直覺則是有機的、質的。綜合是科學方法，直覺是藝術方法。如整體純是局部的相加、統貫等，則從頭到尾皆是一理智的活動，無所用直覺。賀麟認爲對於「全」的認識，只能用藝術的直覺方法。這裏絕不能說賀麟是神秘主義者。他認爲直覺與理智是同一思想歷程的不同階段或不同方面，兩者根本不衝突。並且他認爲，「近現代哲學的趨勢，乃在於直覺方法與理智方法的綜貫」[63]。

賀麟自己講，他之所以要發揮出「前理智的直覺」與「後理智的直覺」，是「要把直覺從狂誕的簡捷的反理性主義救治過來，回復其正當的地位，發揮其應有的效能」[64]。這裏，賀麟道出了他的思維方式的強烈傾向——理性主義。謝林的直觀是有意識的理智消除必然的自然與自由的精神的對立，從而返歸本原的手段。他是要否定邏輯，用非邏輯的東西代替邏輯的東西，最後達到絕對同一體。柏格森的直覺也是摒棄理智的。賀麟接過了柏格森、謝林的直覺，又羼入了黑格爾、斯賓諾莎的理智，成立了他的理智中不廢直覺，直覺中不廢理智的直覺學說。根據這一學說，他對於謝林和柏格森兩人皆有批評。他評論謝林說：「他的思想一貫地注重自然，使人能欣賞自然的有生命方面和精神性。其同一哲學合物我、一天人，消除自然與精神的界限，審美態度貫徹始終，實不愧爲當時德國浪漫主義的高潮和哲學上的代言人。他的

---

[63] 《哲學與哲學史論文集》，頁183。
[64] 同上。

著作中頗富於詩人的穎思和創見，但尚欠邏輯的發揮。」[65]他讚美謝林的審美態度，但對謝林的非邏輯非理智的方法是不贊同的。對柏格森的批評也主要在這一點，他說：「我們認爲他的尊崇直覺、鄙棄理性的說法只是得理性之一偏的理論。理性是要認識全體的，良心、直覺等等都是這一方面的表現。但理性不只求認識全體，它另一方面又是規模、法度、理則、眞理的建立者。理性的這一方面的意義就被柏格森忽略了、鄙棄了。於是他的滔滔清辯只不過引人進入神秘境界之中，變成了探求禪意的言詞。」[66]柏格森在事物不斷發展變化上，在事物的無限聯繫上，承受了黑格爾；但他貶抑理性、反對事物發展中的理則、法度等等，則是背離了黑格爾。賀麟正是用黑格爾的理性主義，糾正謝林、柏格森的非理性主義。

如果要確切指出賀麟融合直覺與理智的哲學的直接理論淵源的話，恐怕要算他在美國留學時親炙過的懷特海。

懷特海是現代過程哲學的大師，他的哲學的一大特色就是調和西方現代哲學中勢如水火的兩大派——分析學派和思辯學派。懷特海以其既是數學家因而著重邏輯分析又是形而上學家因而著重抽象思辯這樣的雙重身份，試圖消除現代西方哲學這兩大營壘的嚴重對峙和門戶之見。懷特海認爲：「完善詞典的謬誤把哲學家分裂成爲兩個學派，卽拒絕接受思辯哲學的『批判學派』和接納思辯哲學的『思辯學派』。批判學派把自己局限於『詞典』的範圍內進行語句分析，思辯哲學則訴諸直觀，並進一步援引有助於這種特殊直觀的情勢，藉以指明這種直觀的意義。」[67]所謂

[65] 《哲學與哲學史論文集》，頁309。
[66] 《現代西方哲學講演集》，頁20。
[67] 轉引自《懷特海哲學演化概論》，陳奎德著，頁233。

「完善詞典的謬誤」，懷特海指人類有意識地相信可應用於經驗的所有觀念，甚至相信人類語言能用單詞和短語來表達這些概念這樣一種謬誤。分析學派特別是維也納學派相信這一點，而思辯學派則完全拒斥它，認為形上眞理、大全等絕不能用邏輯思維的名詞概念去把握，而要靠思辯想像。對思辯學派的「冒險」，懷特海批評它們常常忽略了對思辯想像的制動機制，任憑思辯力任意馳騁而無規範制約，也即「讓詩人的想像當權」。思辯哲學家常常獨斷地提出自己包羅萬象的體系，不肯俯就邏輯規範，甚至也蔑視經驗。結果，他們的哲學體系常常是建築在沙灘上的大厦，經不起邏輯與事實的檢驗。而批判哲學則常常對事物進行靜態研究，他們的概念是靜態的，缺乏歷史感；他們着眼於個體，忽視了整體；他們的方法是否定性的，沒有積極的建樹。這種方法對思辯想像的弱點的糾正方向是對的，卻走入了另一個片面。懷特海欲集兩大學派之長：既要思辯學派的整體性、想像力豐富、藝術的審美境界；又要分析學派堅實的邏輯基礎與事實基礎。他得出的新方法是邏輯分析與思辯想像並舉，有強烈的東方意味。

賀麟非常讚賞懷特海這種方法論，他認為這種方法就是對柏格森的思辯的想像和詹姆士的徹底的經驗主義的救治。柏格森有一設定：「不能用固定的現成的概念建立活生生的實在。」[68]對之可以注入理智分析方法，使其有邏輯的確定性。詹姆士的三條公準[69]:「在哲學家中間唯一可以展開辯論的東西將是可以從經驗中抽出來的項加以說明的東西」，「事物之間的關係比起事物本身

[68] 《現代西方資產階級哲學論著選輯》，洪謙編，頁147。
[69] 《徹底經驗主義》，頁4。

來，同樣是屬於直接個別經驗的東西，不多不少恰好就是這樣」，「直接把握的宇宙不需要什麼外來的超經驗的連接性的支持」，對之可以注入抽象思辯使之跳出經驗的甲殼。賀麟認爲，由於懷特海哲學的兼容並包，他的哲學究屬哪一派就成了有爭議的問題。懷特海自稱他是新實在論者，但他又承認他的思想和新黑格爾主義者布拉德雷相近。賀麟在介紹懷特海時，既介紹他反對抽象和孤立，主張玄思、主張用直觀去把握亞里士多德所謂「第一原理」的形上學，又介紹他站在理性主義立場反對「心理附加」的自然哲學思想。對於前者，賀麟認爲「可以把懷特海看作新謝林學派」[70]；對於後者，可以看作「接近新實在論」[71]。

賀麟吸收了懷特海的思想，結合中國哲學重體驗、重整體把握的特點，提出他的又一關於直覺的思想：「可以簡略地認直覺爲用理智的同情以體察事物，用理智的愛以玩味事物的方法。」[72]這一定義，可以說是爲中國哲學家特別是宋明理學家的思維方式寫照。不管是注重向外格物窮理的程朱學派還是注重向內明心見性的陸王學派，認識外界的物理物性，可用透視式的直覺；反省自己的本心本性，可用反省式的直覺，無論透視式還是反省式，都是「用理智的同情以體察事物，用理智的愛以玩味事物」。理智的同情、理智的愛是一種態度、一種懷抱，體察、玩味事物是一種方法，所以賀麟這一定義可以看作他所謂「直覺既是一種態度，又是一種方法」這兩種意義的綜合。據以上定義，賀麟認爲朱熹和陸象山的認識方法都是直覺方法，不過一爲透視式的直

---

[70] 《現代西方哲學講演集》，頁117。
[71] 同上。
[72] 《哲學與哲學史論文集》，頁184。

覺，一爲反省式的直覺。

陸象山的直覺法有正負兩面，負面的爲「不讀書」。「不讀書」一半爲矯正程朱學派埋頭書册，殫精竭力於傳注，爲書本所繫、爲文字所累的弊病而發，卽陸象山所謂：「聖人之言明白，何須傳注。學者疲精神於此，是以擔子越重。到某這裏，只是與他減擔」之意。這種「不讀書」的方法，可以保持學者心靈的貞操，赤地新立，一切由自己的「眞我」作主，不做權威、偶像、書本的奴隸。另一半也是陸象山一貫的思想，反對著書，「六經注我」；反對空講論，要求切己實行。正面的卽陸象山的「回復本心」的根本方法。所謂回復本心，第一步功夫先要「收拾精神，自做主宰」、「先立其大」，以直覺方法頓見本心之全，然後再以細密工夫分析、體察。這就是「先理智的直覺」。朱熹一派的方法，先格物窮理，向外透視，然後積理既多，豁然貫通，達到「物之表裏精粗無不到，吾心之全體大用無不明」的境地。這是先以細密功夫見其分，後以直覺功夫見其全，可以說是「後理智的直覺」。不管哪種直覺方法，都是「用理智的同情以體察事物，用理智的愛以玩味事物」，都有直覺和理智兩個階段，不過運用的方向正好相反。就是說，宋儒的思想方法是直覺法，此直覺法是包括理智分析的。從這裏可以看出賀麟明顯的調和中西思維方法的對立，調和程朱陸王理學心學對立的企圖。他之特別表彰懷特海之意也在此。他要以懷特海兼容並包的氣度，超越分析學派和思辯學派、調和自然科學和人文科學兩種方法論的襟懷爲模範，在中國走出一條調和唯心論與實在論、理智與直覺、程朱理學與陸王心學，建立一種新的兼容並包的哲學的道路。

# 第二章　賀麟與斯賓諾莎

斯賓諾莎是賀麟終生傾注心力的哲學家。1926年，賀麟到美國奧柏林大學留學，從耶頓夫人處初次接受黑格爾、斯賓諾莎哲學。從此時起，他對斯賓諾莎產生了濃厚的興趣。1930年，賀麟到德國，以一篇研究斯賓諾莎身心平行論的文章，見知於斯賓諾莎專家、《斯賓諾莎全集》拉丁文及德文本編訂者猶太人格布哈特。格布哈特邀他到家裏做客，陪他遊覽，還介紹他參加了國際斯賓諾莎學會。從留學美國開始，賀麟寫了〈斯賓諾莎哲學的宗教方面〉、〈斯賓諾莎身心平行論的意義及其批評者〉、〈大哲學家斯賓諾莎誕生三百年紀念〉、〈斯賓諾莎的生平及其學說的大旨〉、〈怎樣研究邏輯〉、〈斯賓諾莎哲學簡述〉等論文，翻譯出版了斯賓諾莎的重要哲學著作《知性改進論》❶、《倫理學》，並在北京大學、清華大學講授斯賓諾莎哲學。可以看出，賀麟對斯賓諾莎是有研究、有譯介、有講授的，並且終身以之，沒有間斷。甚至晚年到國外講學，還講斯賓諾莎。對斯賓諾莎哲學的諸方面，他都有親切的接受和出色的發揮。

---

❶ 此書1943年由賀麟翻譯出版，名《致知篇》。1960年由譯者作了修訂，改爲今名。

## 一、斯賓諾莎與黑格爾哲學的關係

賀麟曾說過:「要把握黑格爾哲學，非要先研究斯賓諾莎和康德不可。斯賓諾莎和康德是通向黑格爾的兩條路線。」在賀麟看來，斯賓諾莎的「實體卽自然」與康德的「實體卽主體」，正好是黑格爾的「絕對精神」的兩個方面。從絕對精神是自然界、人類社會歷史的抽象，絕對精神必表現爲自然界、人類社會歷史來說，黑格爾是斯賓諾莎的後繼者;從絕對精神是能動的、有力的，是具體事物的邏輯秩序的給予者來說，黑格爾是康德的後繼者。賀麟「斯賓諾莎和康德是通向黑格爾的兩條路線」這一觀點，表明他所認爲的黑格爾，是主客合一、心物合一的。他復由主客合一、心物合一來批評斯賓諾莎哲學的不足。他認爲，斯賓諾莎的本體是「內在的必然，自性的必然，自身的根據」，但他關於本體的思想有三個最主要的缺點:第一，斯賓諾莎過於強調實體，他只把萬物看作實體的無獨立自足性的樣式。他過於強調本體，壓抑萬物;過於注重一，而忽視了個別事物的多。黑格爾則避免了這個缺點。黑格爾哲學是一多相融的，旣重視絕對精神的性質，又重視個體事物的作用。個體事物是絕對精神的現象，是其表現。無現象也就無本體可言。第二，斯賓諾莎所謂本體只是實體，還不是主體，不是精神;斯賓諾莎只是理性主義者，但不是唯心論者;只是理學而非心學。而黑格爾的絕對精神是卽主卽客、卽心卽理的。第三，由於斯賓諾莎的實體不具主體性，所以它不是創造具體事物的力量，反而是壓抑、掩蔽、消滅具體事物的力量。它是以具體事物的虛幻來證本體的眞實，他的本體是靜止的、僵死的本體。

從這裏可以看出，賀麟把斯賓諾莎哲學看做通往黑格爾的兩條路線之一，黑格爾在更高的層次上包括了斯賓諾莎，斯賓諾莎必然要邏輯地過渡到黑格爾。實在論必然要過渡到超越實在論唯心論兩派對立的哲學，理學必然要過渡到卽心卽理的哲學。而黑格爾哲學是近代哲學的高峰，它包括了它以前的哲學的主要精神。它也是近代哲學的終結，不能在它之外另有更高、更全面的哲學了。哲學只能另闢蹊徑，或者在局部方面發揮黑格爾，不能在總體上超越黑格爾。

## 二、「從永恆的範型下觀認萬物」

賀麟不僅認爲斯賓諾莎的「實體卽自然」是黑格爾的理論先驅，而且認爲斯賓諾莎的「自永恆的範型下觀認萬物」，是黑格爾「眞理是整全的」這一思想的先導。斯賓諾莎說：「神不唯是萬物存在的致動因，而且是萬物的本質的致動因。而這種本質必須通過神的本質纔能被認識，並且必須通過某種永恆的必然性纔能被認識。而這種概念必然存在於神內。」❷斯賓諾莎認爲，具體事物的存在因和本質因都來自無所不包的自然本身，具體事物的本質在自然總體中都有一永恆的範型，此永恆的範型亦卽此事物的「性」。只有把具體事物放在自然總體中，放在永恆的範型下，纔能被完滿認識。賀麟認爲，斯賓諾莎的這種方法，是從全體的本質來看個體的本質，不僅僅能得到具體事物的特質，而且能在熟悉普遍規律或全體的基礎上，對個體的本質有直接的正確

❷《倫理學》，頁236。

的直觀。賀麟對斯賓諾莎這方面的論述有三點可注意者：第一，「從永恆的範型下觀認萬物」是一種直觀。這種直觀不同於知性知識。知性知識是知道具體事物的特質，對之形成正確的觀念，但這種觀念還是抽象的、一般的。個體事物的本質只有在對自然總體的全部瞭解中纔能直觀到。直觀是對於總體的具體把握，高於知性的、對個體的抽象把握。第二，他同意斯賓諾莎的這一看法：個體事物的眞理性，若離開了總體，則不能得到完滿的說明。或說，個體事物若孤立地、抽象地去看，則不成其爲眞理。眞理是整全的。賀麟在談到斯賓諾莎的方法論時說：

> 以局部真理與全面真理比，則局部的真理以全面的真理為標準，人所達到的真理愈全面，則他的方法越完善，真理標準愈可靠。他已經由自明説的知識標準達到貫通説的知識標準了。❸

這裏所謂貫通，即超越具體事物的視角，從更高層次、更大範圍來看具體事物的性質，這已經向黑格爾「眞理是全體」的思想靠近了。第三，他認爲斯賓諾莎所謂「具體事物的本質只有通過某種永恆的必然性才能被認識，而這種概念必然地存在於神內」的說法，包含著事物之性超時空、永恆的意思。斯賓諾莎不僅認爲具體事物存在於自然內，而且理則、性質、範型也存在於自然內。這個範型是陶鑄具體物的，這個理則是超時空、超物我、永恆存在、不生不滅的。對事物的理則、範型的直觀把握，就是眞觀念。從這裏看，賀麟也同斯賓諾莎一樣，承認有超時空的範型

---

❸《哲學與哲學史論文集》，頁641。

與理則。在他看來，萬物莫不有性有命，性是超時空的理則、規律，命是據其性不得不然的具體存在，時空的形式只涉及事物的命，不涉及事物的性，「性」是永恆的、超時空的，必自超時空的觀點或從永恆的形式下觀認方可把握。就萬物之有命有存在言，莫不在時空中；就萬物之有性或有理言，莫不超時空。從這裏看，賀麟又是實在論的。不過他的根本宗旨是卽心卽理、卽主卽客的，理學必須同時是心學。他的根本宗旨中並不絕對排斥實在論。

賀麟把斯賓諾莎「從永恆的範型下觀認萬物」的直觀法，稱作形而上學家所用的羅盤針、望遠鏡或顯微鏡，認爲掌握了這種方法，就可以遨遊於天理世界。他把這種直觀法比做佛家「以道眼觀一切法」的「道眼」或「慧眼」，莊子所謂「以道觀之物無貴賤」的「道觀法」，也是朱熹所謂「以天下之理觀天下之事」的「理觀法」。佛家一般認爲，世間一切事物，無論精神或物質，皆是虛幻的假有，其眞實本質是「空」，能見得眞空假有就是「道眼」或「慧眼」。就是說，「空」是佛家從一切事物直覺到的眞實本性，從「空」這個永恆的範型之下觀認萬物，纔算眞正把握了事物的本質。莊子從「通天下一氣」的本體論和齊是非、齊生死、齊貴賤的認識論出發，認爲「以物觀之，皆自貴而相賤；以道觀之，物無貴賤」。莊子所謂道，類似斯賓諾莎所謂「實體」、「神」；「以道觀之」，就是「從永恆的範型下觀認萬物」。朱熹的「理觀法」就是認爲，人、物皆有理，此理就是此物之所以存在的根據，卽「所以然之故」，也是此物所遵循的準則，卽「所當然之則」。從一物之理觀認此物，也就是從此事物的永恆本性、從此物之所以爲此物者著眼。所以賀麟說，從永恆的範型下觀認萬物是「以形而上的眞理爲對象，以生活的超脫高潔，心靈之與理一、與道俱爲目的」。

賀麟認爲，「從永恆的範型下觀認萬物」是絕對的客觀法，亦是絕對的主觀法，亦是超主客的直觀法。他的這一觀點是與斯賓諾莎的前驅培根和伽理略、笛卡兒對比而言。培根在斯賓諾莎之前，提出獲得知識的「新工具」——歸納法，攻擊四種偶像，目的在廓清我執我見，以求得客觀眞理。但他的歸納法，只能得到無普遍性無必然性的實用知識，實際上仍不能擺脫我執我見。理性派人伽理略、笛卡兒修正歸納法，提出數學方法，但沒有解決數學的前提的來源問題。斯賓諾莎取同樣的途徑，乃提出他的從超時空、超物我的立腳點或說從永恆的範型下觀認萬物的直觀法，以此種直觀知識爲自明的定則，爲數學推論的前提。賀麟認爲，斯賓諾莎這種直觀法是比培根的歸納式的客觀、伽理略的數學的客觀更爲根本，更爲超脫我執法執的絕對客觀法。而因爲這種直觀知識是對於最高眞理的自知自明，不是借外物以推論或證明的，所以又可叫做絕對的主觀法。他說：

> 斯賓諾莎由培根之提出客觀，乃更進而求出絕對客觀；由培根之反對主觀，乃更進而尋出絕對主觀以代之。必須這樣比擬陪襯，才可以反映出斯賓諾莎的知識方法論與標準論之深邃處，與直證知識之來源處。❹

這裏，賀麟又一次顯出了他的根本特點：調和唯心論與實在

---

❹ 《哲學與哲學史論文集》，頁252。

論，調和主觀論與客觀論，融合成一種即心即理、即主即客或說超主超客的圓融理論，他處處都在吸收理性派與經驗派的長處，處處都在試圖建立一個既有理性的普遍性與必然性，又有經驗的實在性的哲學，處處都在尋求宇宙根本法則與客觀經驗的統一。雖然這種努力不是以建構一種理論體系，而是在對西方和中國諸哲學家的評述中體現的。

## 三、數學方法與邏輯演繹

斯賓諾莎構築其哲學體系的方法，是幾何方法，甚至他最重要的著作《倫理學》就是用幾何方法寫成的。賀麟在介紹斯賓諾莎哲學時，也重點介紹斯賓諾莎的方法。他的用意在，不但「鴛鴦繡出從教看」，而且「要將金針度於人」。賀麟認爲，邏輯方法的本質就是數學方法，他總結邏輯的性質和效用說：「(一)，邏輯是一種修養或訓練——精神的訓練，一如體操之爲身體的訓練；（二），邏輯是一種工具——精神的工具，精神交通和鬥爭的工具，一如輪船火車飛機等之爲物質上交通和鬥爭的工具。」[5]受過體育訓練的人舉動活潑敏捷，受過邏輯訓練的人思想明晰、條理清楚。經過邏輯組織過的思想有系統、有根據，把握本質，絕不同於原始本能所發出的感情、慾望、臆想、意見。賀麟在強調邏輯的重要性時甚至認爲精神爲物質之本，物質爲精神之用，精神的工具——邏輯是物質的工具之本。這裏他明顯地有取於黑格爾的思想。黑格爾的泛邏輯主義把邏輯看成先於客觀事物而存

[5] 《哲學與哲學史論文集》，頁211。

在，客觀事物皆不能逃出邏輯框架爲它規定的路向。絕對精神可以邏輯地推演出現實世界的一切發展過程。邏輯是「先天而天弗違」的。雖然黑格爾是辯證邏輯，不同於斯賓諾莎所講的形式邏輯。但賀麟顯然認爲，形式邏輯的規律、法則也是先天的，是人們的正確思維所必須遵循的。邏輯是思維的法則，思維是物質的根本，所以邏輯是物質的根本。

賀麟從邏輯上溯到邏輯的本質——數學方法，他說：「數學公認爲科學之科學，要想任何學問成爲科學，最要緊的就在於使該項學問受數學的洗禮，採數學的方法。」❻認數學爲科學之科學，卽認數學爲一切科學的基礎，爲一切科學所應該運用的手段。一門學問只有達到了能運用數學的程度，才算成熟了。用這個標準衡量中國當時各門學科，賀麟得出結論說：「中國之缺乏科學，根本卽由於缺乏數學。」❼中國人的思維方法，注重事物的實用、目的、結果，而不注重其學理上的性質。所以中國缺乏純邏輯、純哲學、純科學。他提出了救治這一偏頗的方向，認爲：

> 這種重目的、重效用不重本性的思想習慣不打破，則知的方面，只問本質、只重原理的純邏輯、純哲學、純科學永不會產生；行的方面，「正其誼不謀其利，明其道不計其功」的高潔行為、純粹道德亦將永遠不能產生。以數學為模範，只問本性，不問效用，實走入純邏輯的主要關鍵，而且是企求純道德的入德之門。❽

❻ 《哲學與哲學史論文集》，頁211。
❼ 同上。
❽ 同❻，頁214。

這裏，賀麟對中國古代理論科學落後原因的分析是中肯的、有說服力的。有一點要注意的，就是這裏所謂純邏輯，主要不是指形式邏輯。賀麟不贊成形式邏輯，認爲它脫離內容。他提倡人們研究的純邏輯，實際上是黑格爾的邏輯。「純」即排斥實用的功利目的，並非無內容。他注重的是形式與內容不可分，注重的是以內容充實形式，以形式駕馭內容的黑格爾式的邏輯，並非排斥作爲一門獨立學問的、有訓練思維的價值的形式邏輯。

賀麟提出，要以數學方法去研究邏輯。用數學方法研究邏輯並非要將邏輯數學化，像數理邏輯那樣，而是要將數學精神貫注於邏輯中。數學有兩個基本特點應該爲邏輯所採取：第一，只研究本性，不問目的如何、實用與否。數學只問理論上的由來，不問事實上的由來。本性是有普遍必然性的，實用價值只是偶然的、個別的、因人因地因時而異的。從所得結果是否具有數學的確定性和必然性爲標準，賀麟比較了培根、洛克、康德的方法論。

他認爲，培根只研究知識的效用及獲得知識的途徑，所得無普遍性、必然性。洛克只從心理經驗中去分析知識的起源與限度。而康德則從邏輯的立腳點，去研究知識的本性和構成知識的前提或基本條件。所以知識問題到了康德手裏，由實用問題、心理問題變成了邏輯問題。康德之集大成在此，康德之開認識論的新紀元在此，康德之爲治哲學的典範亦在此。

從對以上三位哲學家的抑揚褒貶可以看出，賀麟雖欲建立既有數學的普遍必然性，又有經驗的實在性的理論，但從根本上說，他是崇奉理性，貶抑經驗；崇奉心的創造，貶抑外來知識；崇奉眞理本身的科學性而貶抑其實用性。康德之高於洛克、培根，在於他的先天邏輯。數學之勝過其他科學，在於數學是理智所要求的確定性、完備性、系統性的最高代表。

其次，賀麟認爲數學必須爲邏輯所採取的第二個基本點是公理方法，他說:

> 數學上有所謂「公則的方法」，也可以說是數學的直觀法。此法在尋求清楚明晰不待證明的基本觀念或公則，以做推論的基礎，而組成嚴密的系統。換言之，此法以界說、公則或公設為基本，循序演繹，以推論出新的命題或定理。❾

這就是數學的精神，斯賓諾莎哲學體現了數學精神。形式上，《倫理學》的方法，就是這種公理的方法。不過他據以推論的界說、公則是自己規定的；內容上，斯賓諾莎牢牢把握「據界說以思想」的規則。賀麟解釋說，「據界說以思想」，界說就是本質，據界說以思想就是根據對於事物的本質的知識來思想。而事物的內在本質乃是固定永恆的共相，也可以說是深藏於事物之中，爲事物所必須遵循的律令。無此內在的本質，事物旣不能存在也不能被認知。賀麟這裏，是以程朱一派的思想來解釋斯賓諾莎的。程朱認爲「性卽理」，性、理卽此物所以存在的根據，此根據規定了此物一切變化發展的範圍和趨向，此理爲事物必須遵循的律令，卽「所當然之則」。賀麟的新心學是融合了理學的新心學。他的理學的來源，在西方是斯賓諾莎，在中國是程朱。他

❾《哲學與哲學史論文集》，頁214。

的心學的來源，在西方是康德和費希特，在中國是陸王。最後歸結爲黑格爾。斯賓諾莎和康德在黑格爾哲學裏聚首了。中國的程朱陸王在賀麟這裏聚首了。他嘗說：「唯心論卽唯性論，心學卽理學，亦卽性理之學。」⑩賀麟是以西學爲基本，以融合了斯賓諾莎、康德和費希特的黑格爾思想爲基本，回過頭來融會程朱理學和陸王心學。關於這一點，徐梵澄在評論《近代唯心論簡釋》時說：「整個地看，著者實是深研費希特、黑格爾、康德、斯賓諾莎諸人的哲學，又研究宋明理學，其努力求融會貫通中西哲學，顯而易見。」⑪

賀麟不僅把斯賓諾莎「從永恆的範型下觀認萬物」看做「據界說以思想」的數學方法，而且把康德的純粹理性和實踐理性的學說也看做此種方法。他說：

> 至於康德所謂先驗邏輯，更是充滿了自數學，特別是自伽理略、牛頓的數學、物理學得來的敎訓。康德的道德學說，一言以蔽之曰：「本通則以行為」；康德的邏輯學說，一言以蔽之曰：「依原理以求知」。行的方面，以人人應當奉行的無上律令為準則，使自己的意志遵守自己制定的律令，而形成純義務的道德。知的方面，依知性的純概念或先天原則以組織感官經驗，使經驗遵循先天的範疇，而形成科學知識。⑫

在賀麟看來，數學的「據界說以思想」的本質在康德的道德學

⑩《哲學與哲學史論文集》，頁134。
⑪ 同上，附錄。
⑫ 同⑩，頁218。

說裏就是「本通則以行爲」。這個通則是實踐理性自己建立的，也就是道德律：「要這樣做，永遠使你的意志的準則能够同時成爲普遍制定法律的原則。」道德律是實踐理性的根本大法，是無上律令，道德領域的一切據此律令以思想或行動。這是判斷思想行爲善惡的標準。意志執行這個命令、據此界說或準則以行動是無條件的、絕對的。這是道德領域的「據界說以思想」。在知識領域，就是「依原理以求知」。人人皆依知性的純範疇組織感官經驗，知性的純範疇就是界說、原理。感官經驗若不經過它的安排、整理，就是一堆雜亂無章的材料，不會成爲有普遍必然性的科學知識。感官材料必須在這些先天範疇中就位，一如遵循原理、原則。並且，這些範疇是自明的，好像數學中的公理。這是知識方面的「據界說以思想」。

斯賓諾莎的這一方法，對賀麟影響甚大。他的「繹理」功夫，就是得自斯賓諾莎的數學方法。賀麟善長繹理，即根據一個命題的前提，紬繹出它的全部含蘊，有似魏晉玄學所謂「辯名析理」。他對前人講過的許多問題，都有獨到的發揮，所用的利器就是繹理。許多前人已經作出的結論，而根據其前提尙應有更深廣的挖掘、更圓融的說明的，他都一一闡幽發微。他闡發的，是題中應有之義，是理中有而文中無的。他之見別人所未見、道別人所未道，都是用繹理的方法，根據本性的必然性推出的。他的繹理的本領，一是得自他深厚的中西學養，一是得自斯賓諾莎的數學方法。如對知行問題，他從孫中山「知難行易」中推繹出「能知必能行」和「不知亦能行」兩原則，並且認爲這兩原則較之知難行易說的本身尤爲重要、尤爲根本且較深於學理基礎，較便於指導生活，較能表現近代精神。又比如，他論「五倫」，在舊禮教的核心「三綱」說中，發現了與西方正宗的高深的倫理思想和向前進展向外擴充的近代精神相符合的地方。韋政通在談到賀麟的〈五倫觀念的新檢討〉這篇文章時，也嘆服「在賀麟的討論範圍內，自知不能比他說得更好」，並且大段引用賀文，而自己不贊一詞。認爲賀文對五倫內涵的分析「不但態度客觀，且確已把握到傳統倫理的本質，尤其對等差之愛的補充，以及對三綱的精神，更是作了頗富創意的闡釋，很能表現一個哲學學者的思考訓練」⑬。這些都可以見出他得於數學方法的受用處。

## 四、《致知篇》與「致良知」

賀麟復在中國哲學家中，找到了據界說以思想的例子，這就是王陽明。這一點表現在他對斯賓諾莎的重要著作《知性改進論》的譯名上。此書賀麟於1943年翻譯出版，定名爲《致知篇》。之所以這樣定名，是因爲賀麟認爲，此書的全部宗旨，合於王陽明的「致良知」。不過斯賓諾莎是認識上的致良知，王陽明偏重於道德上的致良知。也就是說，王陽明的爲學之方，是把人天賦的「良知」，或說孟子所謂「四端」、陸象山所謂「本心」作爲開端，然後將此良知長養擴充，由火之始燃、泉之始達，培養爲「溥博天淵」地位。而斯賓諾莎的哲學方法，在於以「眞觀念」爲推論的根據，從中演繹出事物的全部內涵。王陽明的「良知」和斯賓諾莎的「眞觀念」都不由推論而得，而是一種天賦、直觀。有似幾何學裏自明的公理。以眞觀念爲前提推出結論的方

⑬《文化與人生》新版序言。

法，是斯賓諾莎方法論的本質。斯賓諾莎說：「方法從眞觀念開始，這就是說，我們一有了眞觀念，像幾何學上的公理那樣的觀念，我們就開始有了方法。知識的積累，知識的推論與演繹，以至成爲體系，達到智慧的頂點，都從具有眞觀念開始。」⑭斯賓諾莎從眞觀念開始，王陽明從良知開始；眞觀念是直觀的理智認識，良知是直觀的道德意識；王陽明的良知是道德方面的眞觀念，斯賓諾莎的眞觀念是知識上的良知，兩人的方法都是「據界說以思想」。賀麟把《知性改進論》譯爲《致知篇》，就是把斯賓諾莎和王陽明的方法看作同一的，眞觀念即良知，依眞觀念去認識就是致良知。

另外，賀麟譯《知性改進論》爲《致知篇》，還有以「據界說以思想」反對經驗派的方法論的意思。斯賓諾莎認爲知性本身自足，培根則與之相反，認爲知性有病，須加救治。救治知性的良方在對經驗進行歸納，從中找出確定不易的原則。所以培根的《新工具》中常有「純化知性」、「校正知性」等語。而斯賓諾莎認爲，知性是自然之光，本身無病，只須擴充，不須救治。所以賀麟認爲，《知性改進論》應譯爲《致知篇》，方能顯出知性自足之意。他說：

> 斯氏本篇之旨，在敎人如何消極的勿爲起自身體的感受的、想像的、混淆的，違反我們意志的感官知識所囿，積極的獨從吾人本性之必然，絶對依憑我們自己的力量，以求得明晰清楚的觀念。蓋斯氏不惟認道德非外鑠我，且認

---

⑭ 《知性改進論》譯序。

真理亦非外鑠我，其說與宋明儒之言致知，亦有吻合處。⓯

這段話，除了清楚地表明他譯《知性改進論》爲《致知篇》，以期與宋明儒的良知說脗合的本意外，且復有深意在：第一，他指出依眞觀念以認知和致良知兩者都必須破除感官的局限，這表明他的理性主義的思想特色。第二，賀麟認爲致良知之「致」，眞觀念之演繹，皆出於理性的必然，理性自己的力量，也就是說，「據界說以思想」之「界說」，本身包含有促使其內涵全部展開的邏輯力量。理性自身是有力的、自動的，不管是道德理性還是理論理性。第三，斯賓諾莎的眞觀念和王陽明的良知都是「心與理一」的。眞觀念從其爲觀念說，是心；從觀念與本質符合說，是理。良知從其爲「天理」說，是理；從其爲「心之本體」說，是心。兩者都是理與心的統一。

## 五、身心平行論

身心平行論，是賀麟從斯賓諾莎那裏得到的最主要之點，它與賀麟思想的許多方面，特別是他的「知行合一」說密切相關。從入奧柏林大學，師從耶頓夫人學斯賓諾莎起，身心平行論始終是他研究的中心問題。他幾乎全盤接受了斯賓諾莎的身心平行論，忠實信從，並且同攻擊、批評身心平行論的論敵勇猛交鋒，不少假借。

---

⓯《致知篇》備考。

賀麟之所以從早年起就重視身心平行論，是基於這樣的認識：

> 身心關係問題是機械論和目的論、決定論和意志自由論的焦點。因此，如何正確理解和評價斯賓諾莎身心平行論的問題，是一個有關斯賓諾莎哲學根本性質的問題，也是涉及心理學、知行合一、道德實踐，以及神人合一等認識論、思辯哲學方面的爭論問題。⑯

既然身心平行論是斯賓諾莎哲學的關鍵問題，是賀麟關注的首要問題，那就必須首先弄清身心平行論的眞實意謂。

斯賓諾莎在《倫理學》中，對身心關係有很多明確的說明，如：「物體不能限制思想，思想也不能限制物體。」「身體不能決定心靈，使它思想，心靈也不能決定身體，使它動或靜。」「凡是決定心靈使其思想的，必是一個思想的樣式，而不是廣延的樣式。」「凡是發生在身體方面的，必不能起源於心靈，而心靈乃是思想的一個樣式。」又如：「觀念的次序和聯繫與事物的次序和聯繫是相同的」，「心與身乃是同一的東西，不過有時藉思維的屬性，有時藉廣延的屬性去理解罷了。爲此，不論我們藉這個屬性或那個屬性去認識自然，事物的次序與聯繫卻只是一個。因此我們身體的主動或被動的次序就性質而論，與心靈的主動或被動的次序是同時發生的。」斯賓諾莎的身心平行論繼承了笛卡兒的兩種實體說，但兩人絕不同。笛卡兒認爲有物質和心靈兩種實

---

⑯《哲學與哲學史論文集》，頁613。

體，且又持身心交感說。兩種實體既彼此獨立又互相作用，是一種典型的二元論。而斯賓諾莎是把物質和心靈看成同一個實體的兩種屬性，世界只存在一個實體卽自然，這個實體是自因的，心靈和物質只是這唯一實體的兩種屬性，是用兩個屬性表示同一的東西。而且這兩屬性各自成一因果系列，不能發生常識認爲的互相作用。因此斯賓諾莎不是二元論，而是一元論。

賀麟據以上對身心平行論的理解批評了「副象論」和「心理一元論」。副象論認爲心理現象只是唯一實在的和起作用的物理現象的毫無意義的伴隨。物理現象是實在的，心理現象是它的影子。就如人走路，物理現象是眞實的，起作用的，走路時所投下的影子則對走路不發生影響。心理一元論是它的反面，認爲一切都是心靈的運動，物理運動也是心理運動的反映。賀麟認爲，這兩種理論各得身心平行論的一偏，是柏格森所謂「不完全的斯賓諾莎主義」。

賀麟總結斯賓諾莎關於身心平行論的學說，得出五點結論：（一）斯賓諾莎反對身心交感論，理由是身心不同類，彼此無共同之點；（二）實體是一個統一體，實體表現在思想和廣延兩屬性中；（三）沒有廣延就沒有思想，反之沒有思想就沒有廣延，因爲兩者是一體的兩面，缺一面，另一面就失其所以存在的理由。就是說，思想廣延不可分；（四）身心平行就是身心同時發生，就是說，觀念的次序和聯繫與事物的次序和聯繫是相同的；（五）廣延的領域和思想的領域皆存在一必然的因果系列。每一思想、一物體必有另一思想、物體爲其原因。而且這兩個因果系列的次序和聯繫是同時發生的。不僅人的行動必然是由原因決定的，就是人的情感慾望，也是可以用幾何方法當作點、線、面積去研究的。這就是斯賓諾莎的徹底的決定論。

賀麟據以上關於身心關係的基本論點，批駁了幾種對身心平行論的反對意見。

他先批駁了泰勒（A. E. Taylor）和羅素關於身心平行不符合普遍經驗的觀點。泰勒和羅素都認爲，在經驗中，在現實生活中，心和身、思想和身體的動作是互相影響的。這是人們的常識，是不容置疑的。賀麟認爲，在哲學上，理論的建立要經過學理的考察，絕不能建基於常識之上。從嚴格的哲學思辯看，人們所習見的一些觀念恰恰是錯誤的。泰勒和羅素及其他身心交感論者的錯誤，在於把身體的運動看作純物理事件，把目的、興趣、意志、理解等心靈的運動看作純心理事件。在身心平行論者看來，身體的運動和心靈的運動都是心——物事件。在這些事件中，心理系列的次序和聯繫與物理系列的次序和聯繫是同時發生的，是同一個心物事件的兩個方面。區分心理事件和物理事件，純粹是方便的說法。從心——物事件的本來面目說，本不可作這種區分。常識所說的從思想過渡到行動，實是因爲思想不純粹是心理的，行動不純粹是物理的，而是一個心身合一事件。正因爲是心身合一體，所以無論是心理的還是物理的都能產生心理的和物理的雙重結果。他解釋說：

> 心和身的交感作用如果正確理解的話，就是抽象設想為心的心——身事件作用到另一個抽象設想為物的心——身事件，或者抽象設想為身體的心——身事件作用到另一個抽象設想為心靈的心——身事件。這觀點相當重要，因為它不僅答覆了身心交感論者的反對意見，而且也真實闡明了

身心交感論的實際身心兩面統一於一體的具體客觀過程。⑰

這一觀點到了〈知行合一新論〉中，就是「知行同爲同一生理心理活動的兩面」、「顯知隱行、顯行隱知」、「知行本來合一的體段」等思想。

賀麟也批評了羅素反對身心平行論的觀點。羅素認爲心理世界的因果律和物理世界的因果律是不同的。心理世界的因果律具有隨感而應的性質，也就是說，心理上的任一刺激的反應都是隨情況而變易的，心理世界的規律是無普遍性、必然性的。而物理世界則沒有隨情況而變化的因果律，物理世界的規律是確定的，有普遍必然性的。這兩種不同的因果律絕非身心平行論所說的「觀念的次序和聯繫與事物的次序和聯繫是相同的」。賀麟認爲，羅素的批評顯然是誤解了身心平行論，因爲身心平行論者是把心和物看作同一東西的兩面，所謂心理世界和物理世界都是同一心——物事件的兩種表現，絕沒有無心理的物理，也沒有無物理的心理。羅素實際上是把兩者決然相分了。

柏格森對身心平行論的批評也是賀麟所不同意的。柏格森承認大腦和精神狀態有緊密的聯繫，兩者相互依存。但他反對兩者等同的觀點，認爲心理的事實是附在大腦狀態上的。但不能因爲兩者有依賴關係就說兩者也是平行的。不能從大腦的解剖研究中得出心理內容，就如不能從掛衣服的釘子的形狀得出衣服的形狀。賀麟認爲柏格森也誤解了身心平行論。身心平行論的眞正主

---

⑰ 《哲學與哲學史論文集》，頁621。

張是思想和廣延是同一實體的兩面，心理狀態和物理狀態是分不開的。柏格森釘子和衣服的比喻是不恰當的，因爲釘子和衣服是同類的兩個東西，而心物是同一個東西的兩個性質不同的方面。心物關係的最好比喻是彈琴和琴聲的關係。彈琴的運動次序和聯繫與琴聲的次序和聯繫是相同的。聾子能觀察彈琴的物理運動但不知其音，瞎子能聽見琴聲但不見彈奏運動。副象論者好似聾子只知物理運動，心理一元論者好似瞎子只知心理運動。身心平行論者則像一個聽覺視覺都健全的人。他可以觀彈琴運動而知音，也可以聽音樂而知彈奏運動。所以，副象論者和心理一元論者是「不完全的斯賓諾莎主義」。

賀麟還批評了邏輯實證主義者的觀點。邏輯實證主義者從其「經濟原則」出發，排斥形而上學，所以他們認爲斯賓諾莎的「實體」是不知道的，是假定。原則上不可知的東西必須作爲毫無意義的東西被拋棄。不需要任何「中立的第三者」。他們不反對心理事實和物理事實，卽人的直接經驗同神經過程的同一。他們承認認識論立場的身心平行論，承認「一方爲心理概念系統，一方爲物理概念系統之間的一種認識論的平行論」，但反對「一個實體的兩個屬性的平行論」。就是說，如果擯棄了「實體」概念，斯賓諾莎的身心平行論是可以接受的，而且是有科學根據的。賀麟認爲，這樣一來，斯賓諾莎就成了實證主義者了。抽去了實體，屬性就成了馬赫的「經驗的要素」、羅素的「中立的感覺材料」。斯賓諾莎之爲斯賓諾莎，就在於他的實體（卽神）的概念及由此概念的規定邏輯地推出的屬性、樣式。離開了實體概念，斯賓諾莎哲學的一切推論就都不能成立。

## 六、決定論和自由意志

與身心平行論緊密相連的是斯賓諾莎的決定論。斯賓諾莎認爲，人的每一觀念都是實體的思想屬性的一個樣式，人的身體的每一個動作都是實體的廣延屬性的一個樣式。因此人是自然的一部份，是實體的一個樣式，受自然整個規律的支配。人的每一個觀念、意志、情感都是一系列心理原因的結果，每一個身體的活動都是一系列生理原因的結果。就是說，人的一切活動都是有原因的，被決定的，沒有所謂自由意志。斯賓諾莎的決定論是純出於理智的，他的決定論是爲他的自由論服務的：既然每一個活動都是被決定的，合乎規律的，那麼，人的理智就可以通過認識其原因而得到結果，就可以通過認識規律、掌握規律、按必然規律來行動而得到自由。也就是說，自由只能通過徹底的決定論而獲得，服從自然的必然律纔能够控制自然。這就是斯賓諾莎的卓越思想：自由就在於認識必然。

賀麟對於決定與自由的問題進行了長期研究。在奧柏林大學時期寫的〈斯賓諾莎哲學的宗教方面〉裏，賀麟指出，斯賓諾莎的決定論是「要使世界成爲理性的或理智的世界」，因爲他設想一切東西（除神而外）都有一個原因和前提，一切東西都是其前提的必然產物。賀麟認爲，以歷史觀點研究精神現象發展的黑格爾歷史哲學和以歷史觀點研究自然現象發展的達爾文進化論，都與斯賓諾莎有某種聯繫。因爲歷史的觀點即因果律的觀點，決定論的觀點。黑格爾的精神現象學，是把精神現象如意識、自我意識、理性的發展及各種意識樣法的演變遞嬗當作有規律可循的，其間的過渡都是受其本性的必然性支配不得不然的，是決定論而非自由的，是受因果律制約，不是盲目的、突然的。達爾文進化論也如此，物種的形成決非如突變論所言，而是受遺傳和變異的規律支配的。他們的方法論原則是斯賓諾莎的決定論：「斯賓諾莎以其決定論使我們確信，理性可以被用來探究實在的每一個方面，對每一件事物的原因和前提進行追索就是獲得眞知的鑰匙。」⑱

此外，賀麟認爲，在道德領域，決定論教人們遵從自然的命令：按照事物的因果法則認識事物，按照神（實體）的法則認識神，按照情感的法則認識情感，這是獲得高潔生活的根本方法。賀麟總結說：「思考、認識、遵循理性的指導，欣悅地服從本性的命令，就是斯賓諾莎的愛神知神，就是他的解脫道路。」⑲

賀麟研究了斯賓諾莎的決定論，也研究了與決定論相反對的目的論，考察了兩派哲學的理論基礎——機械論和生機論，而讚同調和機械論和生機論的新機械主義。新機械主義看到兩者各有所偏，也各有所長。它不欲偏袒任何一方，自揭一種折衷的新說。它主張，機械主義是一種方法論而非本體論，以機械觀爲有用的方法而不以機械主義來解決形而上的問題。也就是說，可以把機械主義作爲一種分析具體問題、尋求前因後果，探求實用眞理的方法，而不能說事物本來就是這樣，也不能說這種方法可以解決宇宙人生的一切問題。康德所謂上帝、世界、心靈等「物自體」，只能讓玄學家去思辯地解答，不能由科學家實證地解答。所以，主張新機械主義的德國哲學家羅宰（Lotze）說：「只要單限於

⑱ 《哲學與哲學史論文集》，頁64。
⑲ 同上，頁65。

考察事物之相互關係，並推求其源流變遷，我們當十分信任機械主義，但是若不認機械主義爲研究的工具，而欲用以解釋一切事物的最終原理，則我們絕不敢承認這種權威。」⑳就是說，羅宰認爲科學與哲學各有其用處，各有其限制，兩者可以並行不悖。英國哲學家、科學史家李約瑟也說：「不妨把機械觀當作極正確的方法論，可應用來解釋一切現象。但是若當作形而上學的原理便無何價值可言。」㉑也區分了科學和哲學，限制了機械觀的適用範圍。

賀麟接受了新機械主義的觀點。他在討論意志自由時，也區分了理智的立腳點和詩人的審美眼光、形而上學家超功利忘物我的態度。也就是區分了科學和玄學。他說：

> 我們若是從理智的立脚點，用科學的機械方法或是斯賓諾莎的幾何方法來研究宇宙和人生，我們便不能不坦白地承認萬物皆不自由。不論你用演繹的幾何方法來研究意志自由問題也好，不論你用實驗的動物學的方法來研究意志問題也好，只要你徹底用理智用科學方法，你就可以發現人的意志之絕對不自由。不惟人的意志不自由，卽神的意志也不自由，簡言之，萬物皆不自由。假如我們用詩人的同情的審美的眼光，或形而上學家超功利忘物我的識度來觀察宇宙人生，我們又不禁感覺到萬物莫不各遂其性，各樂其生，而享受一種令人不勝羨慕的自由。所以我們只須換一副眼鏡，由理智的科學的觀點改變為同情的藝術與形而

⑳《哲學與哲學史論文集》，頁381。
㉑ 同上。

上的觀點，我們便不難由令人感覺得侷促不安的萬物皆不自由的決定論而轉到令人覺得爽然自釋的萬物皆自由的目的論。㉒

賀麟這種調和科學和玄學的對立，可以說是對二十年代中國學術界的一次著名論戰——科玄之爭的回應。以張君勱爲首的玄學派認爲科學不能解決人生觀問題，因爲人生是主觀的、直覺的、綜合的、意志自由的和個別的，而科學則是客觀的、邏輯的、分析的、受因果律支配的、有共通的規律的。科學是向外的，是把人生當作機械來研究的。但人生的基本問題如精神現象、愛，及社會歷史問題、價值觀等，是不能用機械方法來研究的。而以丁文江爲首的科學派則認爲一切問題都可以用科學方法及機械論、因果律來解決。科學無所謂外內，無論什麼問題都可以用因果律來分析。科學萬能，科學的威力無限。科學派所用的武器是決定論，玄學派所用的武器是意志自由。玄學派的理論依據是柏格森、倭鏗等人的生機論，科學派則相信馬赫、孔德的實證論。科學派雖因當時中國人對於科學萬能的虔信，對於理性的、有嚴格因果律可循、有明明白白的實證根據可依的東西的嚮往而占了上風，但玄學派所提出的問題並沒有從根本上解決。

賀麟對科玄論戰的回應就是限定兩者的理論所適用的範圍：在現象領域，一切問題可用因果律、決定論來解決；在本體領域，只能是意志自由起作用。把一切可見可觸的實證的東西，都當作現象，用科學的理智的方法去解決。把一切不可見不可觸、

㉒《哲學與哲學史論文集》，頁315。

只能用思辯去把握的形而上的東西，都當作本體，放在玄學方法統轄之下。人生旣可當作現象，當作有普遍性必然性的東西來研究，也可提高到本體領域來研究。立腳點不同，所得各異。但從根本上說，兩者並非水火不相容，而是可以各行其道並行不悖的。

賀麟的這種調和，是當時的必然趨勢。因爲雙方的觀點都有相當多的信徒，都有西方哲學流派做根據，論爭的結果必然是各不相下，最後的結局只能是調和，承認各自的眞理性，而限制其適用範圍。賀麟早期的思想，旣有黑格爾的成份，也有斯賓諾莎的成份；旣有唯心論的心理附加，又有實在論的因果決定。比如他在作於留學期間的〈論自我〉中就持這種明顯的調和論：

> 說自我不過是一架機器，未免過於自貶；但說自我是絕對自由的，又未免是一種過於自傲的表達。為了方便起見，我們把自我暫時分成兩個部份，卽現實的自我和理想的自我。前者是自我的現實化和占有空間的部份，後者是一個目的系統，是未決定的和無條件的。

這裏所謂現實的自我卽現象界，理想的自我卽本體界，前者是被決定的，後者是自由的。人旣不是如機器一樣毫無自由可言，也不是絕對自由的。

有一點須得注意的，就是賀麟在機械論和目的論、決定論和自由意志這個問題上的搖擺態度。他旣有斯賓諾莎的學養，又有康德、費希特的學養；旣有程朱的理學，又有陸王的心學。他的根本哲學旨趣是卽心卽理的。他時時欲強調心的創發性、無拘縶性，但又怕墮入任性、誇大、離性離理而言心的坑塹。他時時欲強調性和理的主宰作用、決定作用，但又怕失掉心的活潑創穎、拘縶無方的品格。所以他有時以新黑格爾主義之強調主觀糾黑格爾刻板、拘縶之偏，有時又以斯賓諾莎的決定論糾新黑格爾主義強調主觀之偏。後一方面到晚年愈甚。比如，新黑格爾主義者魯一士認爲，所謂目的論和決定論，都只是人對自然的解釋，自然本身並無所謂決定和自由。他認爲世界是精神的意義或目的的漸進的表達，但這種意義或目的只是在解釋或洞察中纔能看得出來。精神的意圖是不能用知覺或概念想像的。他說：「世界是一個進步的解釋的共同體。」又說：「人並非他自己所認爲的那種短暫的生物，而應被理解爲一個自然的解釋者。他完全具有探討時空之深奥的能力，而且能構造需要花費幾個世紀進行驗證但又確能爲大量事實所驗證的假說。」㉓魯一士認爲，解釋涉及三重關係：被認識者——具體事物，認識的工具——知覺概念，解釋者——知覺概念之外的解釋功能。世界的精神意義只能在解釋中被理解，而不能在知覺概念中被理解。因爲知覺概念只能分辨事物，但不能獲得事物的意義。分辨認知是用知性的方法，不涉及價值、意義等理性纔能把握的東西。知性的方法是科學的、因果律的，意義、價值等精神方面的東西是自由的、非決定的。魯一士輕視所謂絕對意義的認知，而高揚解釋的價值，即人賦予自然事物以精神意義的價值，因爲這會增加人的思維的廣度，尋求人的心靈的更大容量、求知慾的更高滿足。魯一士說：「在我們這個時代，概念經常被斥責爲無效用的，知覺就其本身來說，也確

㉓ 《哲學與哲學史論文集》，頁76。

實過於枯寂了。每一種以知覺爲唯一原則的哲學都邀我們到不存在神和人的孤寂的荒野去住。而解釋是在尋求眼所未見、耳所未聞、心所未思的東西，卽人對人的有效果的解釋。」㉔在魯一士，這種解釋是一種洞察、一種創造性的直觀。在這種直觀中，匯集了諸多心靈儲備的、累積的意義，這種直觀就是把這些意義給予被解釋者。而這一功能，知覺和概念是不具備的。我們的解釋能力是怎樣的，我們眼中的世界就是怎樣的。這一點類似柏格森的記憶說。賀麟早期對魯一士這一點是贊同的，他在介紹魯一士的目的論時未加任何評論，不像他對亨德森（L. J. Henderson）所持的嚴厲批評態度。但晚年賀麟曾評論魯一士這一點說：「魯一士特別強調解釋而不用理性一詞，也似乎太偏了。」㉕就是說魯一士的康德意味、柏格森意味太強，過於強調心對物的附加，從黑格爾、特別是斯賓諾莎的路子上偏離了。從這裏可以看出賀麟晚年更加傾向於斯賓諾莎的機械論、決定論，越來越放棄了早年得於魯一士的高揚自由精神、主體能動性的思想。

---

㉔　《哲學與哲學史論文集》，頁77。
㉕　同上，頁4。

# 第三章　新心學的哲學思想

賀麟是個東西方學養兼具的學者。自1931年留學歸國後，他一直從事黑格爾和斯賓諾莎的研究、翻譯、教學工作，同時寫了大量哲學論文，主要收在《近代唯心論簡釋》、《文化與人生》兩書中。這些文章的突出特點便是融合中西，調和實在論與唯心論、理學與心學。他的前期思想，主要表現在這些文章中。他的思想，在當時被稱爲「新心學」。這一稱號是相對於馮友蘭的思想被稱爲「新理學」而起。但馮友蘭嘗自稱他的哲學爲新理學，而賀麟則從未稱自己的思想爲「新心學」。他嘗說他的思想「如從學派的分野來看，似乎比較接近中國的儒家思想，和西洋康德、費希特、黑格爾所代表的理想主義」❶。這是他唯一明白自述自己的思想歸屬的地方。另外，他把自己前期思想的代表作定名爲《近代唯心論簡釋》，其內容也主要是據德國理想唯心論闡發他自己的思想。其實「理想主義」與「唯心主義」在英文中是同一個詞，賀麟用「理想主義」主要是爲了免遭誤解。❷據此，我們可以把他歸入心學範圍。但須知他的心學是心物合一、體用合一、知行合一、理勢合一的心學。其中理勢合一（「理性的機巧」）前面已經討論，知行問題下章詳述，本章只討論其心理、

---

❶ 《文化與人生》原序。
❷ 《哲學與哲學史論文集》，頁416、421。

心物、心性、體用諸合一。最後歸到他的哲學思想的本質——理想唯心論。

## 一、「心卽理」

賀麟在《近代唯心論簡釋》首篇卽開宗明義說：「心有二義：一，心理意義的心；二，邏輯意義的心。邏輯的心卽理，所謂『心卽理』也。心理的心是物，如心理經驗中的感覺幻想夢囈思慮營爲，以及喜怒哀樂愛惡慾之情，皆是物，皆是可以用幾何方法當作點線面積一樣去研究的實物。」❸這一段話，是賀麟關於「心」最明確的說明。心理意義的心，是經驗的事實，是人通過內省可以確知的，是可以當作客觀對象來研究的。按賀麟的體用之分，這些是用，是現象，卽賀麟所謂「被物支配之心，心亦物也」之物。邏輯意義的心，是「心卽理也」的心。這個意義的心卽能主宰、統攝、組織、排列感覺經驗，能支配行爲，能評斷價值的主體。賀麟說：

> 邏輯意義的心，乃一理想的超經驗的精神原則，但為經驗行為知識以及評價之主體。此心乃經驗的統攝者，行為的主宰者，知識的組織者，價值的評判者。自然與人生之可以理解，之所以有意義、條理與價值，皆出於此「心卽理也」之心。故唯心論又嘗稱為精神哲學。所謂精神哲學卽注重心與理一，心負荷真理，理自覺於心的哲學。❹

---

❸ 《哲學與哲學史論文集》，頁131。
❹ 同上。

這裏對心的界說，是用康德思想來發揮的。這裏的精神原則，即康德哲學的主體。這裏的心，包括了康德的三大《批判》所含容的知情意三個方面：經驗的統攝者，知識的組織者，即康德的純粹理性，行爲的主宰者即康德的實踐理性，價值的評判者即康德的判斷力。所以賀麟的「邏輯意義的心」，是康德的精神原則、主體。知情意是其分而用之的表現。也就是說，精神原則用在知上就是純粹理性，用在行上就是實踐理性，用在審美上就是判斷力。這個精神原則的內容就是「理」，心與理一也即精神原則的內容與形式的統一。心負荷眞理、理自覺於心就是精神原則的內容顯現於形式，形式承載內容。邏輯意義的心，是自然與人生的意義、條理、價值之所自出。沒有邏輯意義的心、「心即理」的心，則自然與人生皆爲混沌不可知的「物自體」。所以賀麟說：

> 普通人所謂物，在唯心論者看來，其色相皆是意識所渲染而成，其意義、條理與價值皆出於認識或評價的主體。此主體即心。一物之色相意義價值之所以有其客觀性，即由於此認識的或評價的主體有其客觀的必然的普遍的認識範疇或評價準則。若用中國舊話來說，即由於「人同此心，心同此理」。離心而言物，則此物實一無色相、無意義、無條理、無價值之黑漆一團，亦即無物。❺

賀麟的心學思想，也是對中國自孟子以迄王陽明諸心學家思想的繼承。孟子的四端，陸象山的本心，王陽明的良知，其宗旨

---

❺《哲學與哲學史論文集》，頁131。

皆不出「心即理」三字。但中國哲學以倫理道德爲理論重心，心學諸家所謂「心即理」，多指心中本具天賦道德意識。如孟子「仁義禮智根於心」，陸象山「當惻隱時自惻隱，當羞惡時自羞惡」，王陽明「見父自然知孝，見兄自然知悌，見孺子入井自然知惻隱」等等，皆道德意識。而所謂「萬物皆備於我」、「宇宙即是吾心，吾心即是宇宙」、「良知即天」等等，只不過將心中的道德意識投射到宇宙萬物，認爲宇宙萬物皆具道德意味，宇宙的法則與人心的法則根本上是同一的。人心即宇宙之心，宇宙之心是人心的放大，人心是宇宙之心的具體而微。所以，中國心學所謂「心即理」之心，是倫理的，心學家的修養方法皆是內省的，如孟子的「求放心」，陸象山的「切己自反」，王陽明的「致良知」等。心學對於古來的學術文化，皆本「六經注我」的精神，以文化學術爲心的表現、闡釋，所謂「五經者，吾心之記籍」是也。賀麟對於中國心學諸家有繼承，有改造。他所繼承的，是心學的精神原則，心學對自我的高揚；他的改造，主要是用康德、費希特、黑格爾浸透了理性的愼思明辨精神，主要是認識論的學說，來改造中國心學主要是倫理學的學說。就是說，他不滿中國哲學主要是倫理學，其他方面皆是倫理精神的投射這種運思方法，而要把西方具有強烈理性色彩的，主要是「知」的心摻加進來，構成另一種品格的「心即理」。這是賀麟思想裏極其明顯的意向。

## 二、心物合一

賀麟雖主「心即理」，但並不排斥其他哲學主張，他對於歷史上的哲學體系，並不十分著重其唯物論唯心論的區別，並不認爲唯物論唯心論勢同水火，不可相融。在賀麟看來，唯物論和唯心論的分歧，是學術上的不同，不是政治傾向上的不同；即在學術上，也是觀察問題解釋問題的著眼點不同，側重點不同。如，唯物論接受科學研究的結論，用科學研究的結論來解釋觀念、思想。唯心論則注重考究科學結論據以成立的前提，科學定律之所以有效的原因，並限制科學方法科學知識的範圍和限度。如康德哲學是唯心論，他所做的工作就是考察人所據以進行種種活動如認識、倫理、審美等的主觀因素，以人先天具有的純形式、純範疇作爲認識的前提條件，以人的主體原則爲科學定律所以有效準的原因，以上帝、世界、靈魂爲人類理性達不到的自在之物。又如，在外物和精神、理性何者爲本、爲決定者的問題上，唯物論以時間上在先的外物爲本，唯心論以邏輯上在先的精神或理性爲本。在心物關係上，唯物論離心而言實在，離理而言實在，離價值而言實在，唯心論則合心合理合意義價值而言實在。賀麟以上分析意在說明，唯心論唯物論兩派，其分派固源遠流長，但並非不可調和，一部哲學史實際上就是這兩派分而復合、合而復分的歷史。這樣的分合正是推動學術前進的力量。

即在唯心論內部，賀麟對於主觀唯心論、客觀唯心論，也特別注重它們的融和。他認爲，主觀唯心論注重心靈之自由創造，及自我的剛健本性，西方以柏拉圖、康德、費希特爲代表，中國以孟子、陸象山、王陽明爲代表。客觀唯心論注重宇宙秩序（天理或天道）的神聖性，及自然與人生的諧和性，西方以亞里士多德、斯賓諾莎、歌德、懷特海爲代表。賀麟所謂客觀唯心論，實際上即唯物論與唯心論的融和。他所舉的代表人物，皆是注重天理人心、宇宙秩序和精神理性融和的哲學家。如斯賓諾莎主心物平行，其實體、上帝卽心卽物。歌德、懷特海注重過程、注重生命，而生命、過程則既有精神的驅動，又有物質的展開；既可看作宇宙的實在，又可看作心靈的運作。賀麟更把黑格爾看作主客合一的。從其絕對精神的外化來說，是物；從物中所體現的邏輯法則說，是心。但由於賀麟特別注重邏輯法則的最終決定的、絕對的意義，所以他認爲黑格爾「稍偏主觀」。對於孔子和朱熹，賀麟也注重其哲學的折中、調和性質。他認爲中國主要的儒道墨三家中， 道家與墨家各偏於一邊， 儒家則持中。 如在天道人事上，道家重自然，墨家重人爲，儒家則調和兩者，既重視人倫道德義務，又尊重自然無爲的天。在對鬼神的態度上，墨家信天明鬼，持有神論，道家不信鬼神。儒家一方面歌頌鬼神之德，相信天意天命，但又重生不重死，重事人不重事鬼。朱熹的「太極」，更是理和心的融合[6]。

總之，賀麟要溝通、融合唯物唯心兩派哲學，以之消除一般人把唯心論看作「唯我論」，看作不近情理，狂妄虛驕的哲學的誤解。他的唯心論，是康德、斯賓諾莎的綜合——黑格爾的唯心論。卽他的哲學是體用一如的，既承認心物兩者不可分，又從心的邏輯在先、心的知物用物上強調心的決定意義。他說:

> 嚴格講來， 心與物是不可分的整體。 為方便計， 分開來說，則靈明能思者為心，延擴有形者為物。據此界說，則心物永遠平行而為實體之兩面：心是主宰部份，物是工具

[6] 《黑格爾哲學講演集》，頁630。

部份；心為物之體，物為心之用；心為物的本質，物為心的表現。故唯心論者，不能離開文化科學而談抽象的心。若離開文化的陶養而單講唯心，則唯心論無內容；若離開文化的創造、精神的生活而單講唯心，則唯心論無生命。❼

賀麟這裏很明確，他所講的心，絕不是貝克萊所講的心，也不是柏拉圖所講的心，更不是洛克所講的心。貝克萊主要從認識上講心，把心作爲感覺器官；所謂物，不過是感覺的複合。柏拉圖哲學，嚴格說是客觀唯心論，因爲他認爲在現實世界之外，還有一個理念世界作爲現實世界的原本，理念世界比現實世界更眞實、更完滿因而更根本。賀麟把柏拉圖歸入主觀唯心論，就是側重柏拉圖創造出理念論、創造出高於現實世界的理想世界這種創進精神，就是側重柏拉圖敢於衝破世俗的洞穴，獨與天地精神相往來的孤介氣質。而洛克所謂心只是一塊「白板」，對外界的反映只是在白板上刻下了與外界相同的印記。洛克的心絕沒有天賦觀念，絕沒有主動地整理、給予客觀實在的先天原則。洛克的「白板」說，正是萊布尼茲以迄康德的德國哲學一貫反對的東西。賀麟的根本思想，是合心而言實在、合理而言實在，合意義價値而言實在。不合理性，未經過思考、未經過觀念化的無意義無價値之物，非眞實可靠之物或實在。這一思想，若套用中國古代哲學的話，就是「心外無理」、「心外無物」。所以，中國古代心學家陸象山、王陽明在賀麟筆下，也是合心而言實在、合理而言實

---

❼《哲學與哲學史論文集》，頁132。

在的。如他說:

> 象山雖注重本心，注重理想，然而他仍與朱子一樣地注重理、天理、學問、格物窮理。不過象山根本認為理不在心外，且比較在行事方面，在實際生活方面（而較少在書本章句方面）去求學問，去格物窮理罷了。❽

就是說，賀麟心目中的心學家，絕不是「除了先立其大，全無伎倆」的人。總之，賀麟理想的哲學，是心理合一、心物合一的心學，是在主客合一的前提下更注重心的邏輯在先、心的創穎活潑、心的主宰統貫作用的心學。從這裏說，他是德國古典哲學的眞正意義在中國的代表。

## 三、心性合一

賀麟主「心卽理」，他的「心卽理」是用康德解釋的。而康德的「心」演變到黑格爾那裏卽「性」的能動作用。賀麟的根本思想是黑格爾式的卽主卽客，他不能不持「心卽性」說。

性是宋明理學一個重要範疇。宋明理學家所謂性，多指一事物之所以爲此事物者，一事物區別於他事物的內在本質。本質規定了事物發展的方向、階段、結果等。賀麟對性的理解，基本上與宋明理學家同。他說:

> 性為代表一物之所以然及其所當然的本質，性為支配一物

❽《文化與人生》，1988年版，頁232。

之一切變化與發展的本則或範型。凡物無論怎樣活動發展，終逃不出其性之範圍。但性一方面是一物所已具的本質，一方面又是一物須得實現的理想或範型。⑨

這裏，賀麟說出了他所謂性的兩個方面：所已具的本質和須得實現的理想或範型，也即「所以然」和「所當然」。賀麟這裏的「所以然」和「所當然」，顯然是取於朱熹。朱熹所謂理即「所以然之故，所當然之則」。所以然之故所當然之則指理，也即是性，不過是「在天爲理，在物爲性」。所以然之故卽事物所以爲事物的原因、根據，所當然之則卽事物的理想、範型。不過在朱熹，所以然之故多用來解釋自然事物的理，所當然之則多用來說人的道德準則。

賀麟對於性的界說吸收了朱熹，也吸收了黑格爾的思想。黑格爾的「絕對理念」是其邏輯學的終點，也是其起點。絕對理念有一個從抽象到具體，從主觀到客觀再到主客合一的過程。而絕對理念的所有展開，其各邏輯環節，都是被其本性的必然性決定的，所以有其邏輯的先在性，所謂「萬變不離其宗」。另外，絕對理念是最高範疇，「理念」二字，有濃厚的柏拉圖意味，「理念」諸義如圓滿、理想、目標皆取自柏拉圖。萬物至絕對理念而實現其理想，至絕對理念而展開其全部豐富性，至絕對理念而各歸其位。所以，黑格爾的絕對理念包括了「所以然之故所當然之則」，從這個方面說，黑格爾的絕對理念是「太極」，也是賀麟所謂「性」。從太極本具的推動事物展開、通過矛盾運動而上升

⑨ 《哲學與哲學史論文集》，頁133。

的自求超拔的能動性質說，它是心；從它展開爲外化爲自然之物、社會之物來說，它是物；從太極的展開有其邏輯、有其理則說，卽理；從這些展開無不遵循其本性的必然性，無不趨赴其最後歸宿說，卽性。黑格爾的絕對理念是卽心卽物卽理卽性的。賀麟繼承了黑格爾這一思想，他的心學，卽理學、卽性學。所以賀麟標出「性格卽是命運」，「性格卽是人格」兩句格言，作爲他的卽心卽理卽性思想的概括說明。

從以上的論述可以得出，賀麟所謂「性」是「具體共相」。他說：「本性是自整個的豐富的客觀材料抽揀而出之共相或精蘊。因此本性是普遍的具體的，此種具體的共相卽是理。如人物之性各爲支配其活動之原理。」⑩具體共相是包含了個別的全部豐富性的共相。賀麟長期寖饋於黑格爾所得的學養使他與黑格爾有相同的趨勢，卽不喜抽象，不喜僅從相同事物中抽出共同性，而喜歡共同性中包含差別性，同中有異、異不害同的具體共相。他認爲這是黑格爾的「性論」超出柏拉圖的性論的最主要之點。柏拉圖之本性世界是與現象世界分離的，而黑格爾則本性不離現象。柏拉圖的本性是僵死的、抽象的，黑格爾的則是流動的、具體的。所以賀麟認爲，所謂人物之性，應包括從現象中抽揀出來的永恆本質，也包括它所含具的具體豐富性。如論人性，就應包括人所創造的歷史文化的全部發展，從歷史文化的全部發展中纔能眞正解釋人性，否則就是抽象的人性。所以，在賀麟看來，所謂「性」就是「如煉丹煉鹽般地從文化生活自然現象中抽揀其永恆本質，以得到具體共相。」⑪這個具體共相是理，也是性，

---

⑩ 《哲學與哲學史論文集》，頁134。

⑪ 同上。

「性卽理」。賀麟認爲，黑格爾的絕對理念從其爲純粹的本體、道體說是理學或道學，從它本身是精神性的，是絕對意識，絕對眞理說，它又是心學。道體的全部展開卽心的包蘊的全部發露，向外格物窮理卽向內明心見性。所以黑格爾的理學性學同時是心學。就是說，在賀麟看來，黑格爾不僅主性卽理，也主心卽理、心卽性，心性理在黑格爾是打通的。賀麟接受了黑格爾這一思想，他也是主張心性合一的。黑格爾是西方集理學心學大成的哲學家，賀麟是中國合理學心學爲一體的哲學家，在這一點上，他們是「心同理同」的。

賀麟所謂心、性、理，內容不同於中國心學家，但他接受了心學家籠統不加辨析的思維方式。就是說，內容是黑格爾的，形式是陸王心學的。在陸王心學裏，「理」主要指「天理」，天理的內容主要是人和宇宙萬物所體現的道德意義。「性卽理」是說人和萬物的本性就是這種道德意識。心學所謂「心」就是帶有此道德意識的靈明的主體。心卽理卽性。所以心學一派並不特別明確心、性、理、道的區分，而是籠統地講心卽理、心卽性、心卽天等。而賀麟所謂「心」指主體精神，主體原則，「理」卽理則、邏輯，「性」卽規定了、潛藏了此理則的全部發展的性質。賀麟根本認爲體用合一，主客合一，世界的本體卽主客合一體，此主客合一體的能動方面叫「心」，存在方面叫「物」，條理、法則、理則叫「理」，規定的、主宰的特質叫性。如承認世界的本體是此主客合一體，是此「太極」，則必承認心卽理，心卽性，性卽理。所以賀麟的結論是：「唯心論卽唯性論，心學卽理學，亦卽性理之學。」⑫這些思想都是得自黑格爾的，不過賀麟

---

⑫《哲學與哲學史論文集》，頁134。

是用陸王心學的思維方式、名詞概念將其統貫起來，使之在內容上具更多的心學意味，形式上更中國化而已。

## 四、體用合一

體用合一是賀麟的根本觀念。他所謂體指形而上的本體或本質，用指形而下的現象；體爲形上之理則，用爲形下之事物。體用必然合一而不可分。凡用必包含其體，凡體必發爲其用。無用卽無體，無體卽無用。賀麟的體用合一，是用中國理學家「體用一源，顯微無間」的命題，去發揮黑格爾哲學的內容。這突出地表現在他對王船山的解釋和他的文化觀上。

賀麟認爲王船山是體用合一的哲學家，這首先從他的方法論上就可以看出來。賀麟把王船山的方法論概括爲三點：其一，體用一源的方法，卽「純自一根本原則或中心思想出發，採取以事實注理則，以理則馭事實的方法，藉歷史事實以說明哲學原理，將歷史事實作爲哲學原理的例證或證成」⑬。這裏賀麟認爲王船山的方法是體用合一，「以事實注理則，以理則馭事實」。而其內容卻是以理則爲體，事實爲用，理則是事實的本體，事實是理則的表現。這裏賀麟已把王船山拉入黑格爾或說拉入自己的哲學上來。他所說的王船山從方法到內容都是自己的，也可以說他是藉王船山表達自己的根本思想。

其二，現象學方法。賀麟說：「所謂現象學方法，就是卽用以觀體，因物以求理，由部份以窺全體，由特殊以求通則的方

---

⑬ 《文化與人生》，1988年版，頁259。

法。」[14]這個方法也是體用合一。以理、全體、通則爲體，以物、部份、特殊爲用。不過「以事實注理則，以理則馭事實」是先立一體（理則），以用（事實）說明之，可以說是由體到用，體顯用隱，而現象學方法是卽用觀體，用顯體隱，在運思程序上正好相反。

其三，體驗方法。其實這種方法可歸入現象學方法，因爲體驗方法是由歷史人物之事迹，體驗其心地。也是先假定歷史人物之事迹是他的心地的表現，是體用合一的。不過現象學方法包容較廣，重在理智方面的參證、比較、推究等，而體驗方法包容較狹，重在直觀方面，設其身於古人之地而覺其心。

賀麟把王船山的方法概括爲三點，把王船山的哲學思想歸結爲五個方面：（一）道器合一，（二）心物合一，（三）知行合一，（四）人我合一，（五）體用合一。賀麟認爲這五個方面實際上可歸結爲一個，卽體用合一，因爲王船山的方法論原則是「體用皆有，相需以實」。這裏需要辨析的是，王船山所謂體指物質實體，用指物質實體的效用，他所謂體用卽馮友蘭在《中國哲學史新編》中所舉燭爲體光爲用之體用。但賀麟的體用是黑格爾的絕對精神爲體，絕對精神的外化、表現爲用。賀麟同意王船山的體用合一的方法，但又依自己「心爲體，物爲用」的心學，把王船山哲學說成是心物合一的。這表現出他明顯的調和理學心學的意向。

賀麟言體用合一，莫詳於他關於文化的體與用的論述。賀麟對文化的解釋，借用了朱熹的「道之顯者謂之文」之義，他說：「道之顯者謂之文，應當解釋爲文化是道的顯現，換言之，道是

[14] 《文化與人生》，1988年版，頁260。

文化之體，文化是道之用。」⑮這裏，賀麟所謂體是「道」，用是文化。那麼甚麼是道呢？賀麟說：「所謂道是宇宙人生的眞理，萬事萬物的準則，亦卽指眞善美的永恆價値而言。」⑯在賀麟的文化定義中，最重要的是三個概念：（一）道，卽文化之體；（二）文化，道之顯現，道之用；（三）精神，道與文化之間的媒介。這樣，文化的精確定義應該是「道之憑藉人類的精神活動而顯現者謂之文化。」⑰這三個重要概念若用體用關係去解釋，則有兩個層次：一是道爲體，精神文化爲用；一是精神爲體，文化爲用。前者是他所謂「絕對的體用觀」，後者是「相對的體用觀」。這三個概念中，精神是個重要但又難以確切定義的名詞，賀麟說：

可以簡單地說，精神就是指道或理之活動於內心而言。也可以說，精神就是為真理鼓舞著的心。在這個意義下，精神也就是提高了、昇華了、洋溢著意義與價值的生命。精神亦卽指真理之誠於中形於外，著於生活文教，蔚為潮流風氣而言。簡言之，精神是具體化、實力化、社會化的真理。若用體用的觀點說，精神是以道為體，而以自然和文化為用的意識活動。⑱

賀麟這段話意在說明，不具於心，未經精神陶鑄過的理或道只是抽象的、潛在的、有體無用的。有體無用，就是不眞實的。他反

---

⑮ 《哲學與哲學史論文集》，頁346。
⑯ 同上。
⑰ 同⑮。
⑱ 同⑮，頁347。

對實在論的獨立自存的理。他認爲精神纔是體用合一的。精神以道爲體、以物爲用，這表明他是主張合心與理爲一，合規律與目的爲一的。他認爲眞實的存在，必是合規律與合目的的統一，人的活動，必是上本天理，下遂人心。這樣的活動，纔是眞善美的合一：本天理卽眞，遂人心卽善，而只有旣眞又善的，纔是美的。所以賀麟的「精神以道爲體，以物爲用」，是合眞善美爲一的。他所謂精神，是人的意識對於天理天道的契合，不是魯莽任性、浮躁叫囂的狂妄精神，此卽「意識與眞理打成一片」，亦卽「誠於中」。這樣的精神表現以外，便是生活文教，潮流風氣。實際上，以上三個概念經賀麟心學思想的解釋，只剩下兩個：精神和文化。道的概念已由「心卽理」、「心卽道」、精神合規律合目的而融和於精神之中了。道只是本體，不是主體，而按賀麟得於黑格爾的思想，非主體、非精神貫注其中的本體是抽象的。惟有精神纔是體用合一、亦體亦用的眞實。文化是精神的產物，精神纔是文化眞正的體。文化之體不僅是道，亦不僅是心，而是心與道的契合，意識與眞理打成一片的精神。所以，賀麟的文化定義最後歸結爲「文化是道憑藉人類的精神活動而顯現出來的價值物」⑲。卽是說，心與理一的精神爲體，文化爲用。若再比較兩者的價值，賀麟則曰：「體屬形而上，用屬形而下，體在價值上高於用。」⑳

可以看出，賀麟在文化的體用觀上表現出來的思想，不是中國的陸王心學的，而是西方的黑格爾的。是黑格爾以心理合一、卽主卽客的絕對精神爲體、現實的歷史文化爲用的思想。卽主卽

⑲ 《哲學與哲學史論文集》，頁348。
⑳ 同上，頁346。

客、心理合一的絕對精神，纔是賀麟所謂心的實質。他自己也說，他的文化哲學是「盡力紹述一些黑格爾的思想」㉑。

賀麟還據他的體用合一思想，提出了吸收外來文化的三條原則：

第一，研究、介紹，吸取任何外來文化，須得其體用之全。賀麟明確說：

> 此條實針對中國人研究西洋學問的根本缺點而發。因為過去國人之研究西洋學術，總是偏於求用而不求體，注重表面，忽視本質；只知留情形下事物，而不知寄意形上原理，或則只知分而不知全，提倡此便反對彼，老是狹隘自封，而不能體用兼賅，使各部門的文化皆各得其分，並進發展。㉒

這是深有見地、切中時弊的。中國自明代後期西方傳教士東來，與西方文化發生接觸，向西方學習的先行者首先矚目的，是西方的科學技術，即傳教士帶來的天文、曆算、地輿、炮銃、水利、機械等學科。南懷仁、白晉等傳教士中的科學家受到極高禮遇。鴉片戰爭後，中國興實業、辦洋務，首先著眼的也是西方人的船堅砲利、聲光電化。於是有「中學為體，西學為用」的方針。直到甲午海戰中國慘敗，才知道西方的科學技術後面，還有其政治、經濟、學術、教育等，於是才有嚴復社會科學方面的譯書。按照賀麟的體用標準，中國明代以來向西方學習的，都是用而非

㉑《哲學與哲學史論文集》，頁346。
㉒ 同上，頁351。

體，形下事物而非形上原理，皮毛而非本質。由於中國人只注意到西方人的科學技術，便以爲西方人只有科學技術，便有「西洋文明有用無體」的說法。賀麟認爲，這是狹隘固陋的說法。中國人向西方學習，不僅要學其船堅砲利，還要學習其社會科學。這樣的學習才算得體用兼賅。所以賀麟特別表彰嚴復譯書的卓識：「嚴復不譯科學技術之書，乃根本認定西洋各國之強盛，在於學術思想；認定中國當時的需要，也在西洋學術思想。」㉓嚴復爲中國近世學習西洋第一人，正在於他深切瞭解中國當時一般人見識的狹陋，瞭解中國人思想方法的弱點，瞭解體用之全。賀麟之表彰嚴復，就是要使中國向西方學習，走一條文化學術與實用科技齊頭並進的道路，糾治只重實用、目的、效果，不研究事物本性的體用割裂的思想方法。

第二，「化西」而不是「西化」，「體用合一」而不是「中學爲體，西學爲用」。

賀麟指出，他所說的「得體用之全」並不是主張全盤西化。得體用之全就是體用一起學，全面地、深刻地吸收、融合西方文化。西方文化不能一一照搬到中國來，不顧中國國情地生搬硬套。西方文化的吸收，要有利於中國民族精神的創進與發揚。文化的吸收與消化，必須立足於本民族的文化根基，特別是中國這樣有數千年文明史的大國。賀麟嚴正告誡國人：「假如全盤西化，中國民族將失掉民族精神，淪爲異族文化的奴隸。」㉔所以，中國的文化方針必須是「化西」而不是「西化」。

賀麟不僅批評了全盤西化，而且批評了「中學爲體，西學爲

㉓《論嚴復的翻譯》。
㉔《哲學與哲學史論文集》，頁352。

用」。賀麟爲文化的體用關係規定了三條原則：（一）體用不可分離，（二）體用不可顚倒，（三）各部門文化皆可反映其他部門文化。根據這三條原則，賀麟認爲「中學爲體，西學爲用」的說法不通，因爲中學西學各自成一整套，各自有其體用，不可生吞活剝，割裂零售。中學有中學之體，亦有中學之用；中國不只是道學，西方亦不只是工業、經濟。西方的物質文明，以西方的精神文明爲主導、爲根源。我們要吸收西方的物質文明，也要吸收其精神文明；繼承中國的精神文明傳統，也要保存中國的物質文明成果。

第三，以精神理性爲體，以古今中外的文化爲用。這就是：「以自由自主的精神或理性爲主體，去吸收、融化、超出、揚棄外來文化和以往的文化，盡量取精用宏，含英咀華，不僅要承受中國文化的遺產，且須吸收西洋文化的遺產，使之內在化，變成自已的活動的產業。」㉕「以精神理性爲體」，這個體首先是準則，古今中外一切文化遺產，都要經過「我」的理性準則的審察，由理性決定取捨，不是盲目的、機械地接受。凡精神理性判定爲發揚民族精神，促進人類進步的，是可以吸收的；凡精神理性判定爲低劣蕪濫、蠹國賊民的，皆在排斥之列。「以精神理性爲體」，這個體也是泉源活水，吸收一切優秀的外來文化，目的在於激發民族文化內蘊的生命力。這樣的文化，就不是只有繼承沒有創新、只有被動接受，沒有主動融化、超出、揚棄的文化。以精神理性爲體，就是使文化創造有無窮的活力，永遠趨新。就是擺脫具體的優劣比較、異同參證而直造形上本質。賀麟提出：

㉕《哲學與哲學史論文集》，頁353。

> 文化乃人類的公產，為人人所取之不盡用之不竭的寶藏，不能以狹義的文化作本位，應該以道、以理性、以精神作本位。換言之，應該以文化之體作為文化的本位。我們需要的是有體有用的典型文化，能够載道顯真，能够明心見性，使我們與永恆的精神價值愈益接近的文化。㉖

可以看出，體用合一是賀麟重要的思想特點。他所崇敬的哲學家，是體用合一的哲學家；他所倡導的文化，是有體有用的文化。他所謂體，是精神、理性，他所謂用，是本精神理性而創造的一切現實價值、效用。這使他的思想表現出廣濶的視野和突出的創進精神。

## 五、理想唯心論

賀麟特別重視理想之超越現實與改造現實的作用，他認爲，近代精神的突出特點就是理想主義。他說：

> 唯心論又名理想論或理想主義。就知識之起源與限度言，為唯心論；就認識之對象與自我發展的本則言，為唯性論；就行為之指針與歸宿言，為理想主義。理想主義最足以代表近代精神。㉗

在賀麟這裏，唯心論、唯性論、理想主義是同一學說的不同名

㉖《哲學與哲學史論文集》，頁354。
㉗ 同上，頁134。

稱，也可以說，賀麟的唯心論包括這些方面。在知識的起源與限度上，賀麟的唯心論是康德的，即認知識起源於人心中本具的先天形式和範疇，知識的限度即人類理智無法把握的「物自體」。在知識的對象和自我發展的本則上，賀麟的唯心論是黑格爾的，認識的對象即作爲絕對精神外化的萬殊事物的本性，自我發展的本則即決定自我的全部邏輯展開的先在本性。而廣義的理想主義，則是德國古典哲學的總精神。理想主義在賀麟這裏，有幾個不同的意思：第一，行爲的指針與歸宿。即行爲之前，懸一理想，以作行爲的指導、標準。行爲不循此指導，不合此標準，皆非理想的行爲。賀麟所謂理想，並不是任意定一目的，而是「揆之天理而順，擬諸人心而安」的，實即合規律性與合目的性統一的。他說：「理想爲現實之反映。」就是說，理想是據現實作出的，是反映現實發展方向，代表現實歸趨結果的。這樣的理想，對現實有指導意義，是改造現實的有力幫助。這裏賀麟強調的是理想的力量：理想是改造現實的動力，改造現實的目的是爲了達到理想。理想是現實的動力因。必先有改造現實的理想，才有改造現實的行動。理想越切實，則改造現實越深入；理想越高遠，則改造現實越寬廣。賀麟強調理想指導現實，陶鑄現實的作用，他指出：「理想是征服現實的指南針，理想是陶鑄現實的模型，是創造現實的圖案，是建立現實的設計。現實是理想的材料，是理想實現自己的工具。現實是被動的、受支配的，理想是主動的、支配的。任何人類有價值的政治社會的建樹，文化的創造，都是理想與現實合一的產物。不過在理想與現實的合一體中，理想爲主，現實爲從；理想爲體，現實爲用。」㉘理想與現實的統

㉘《文化與人生》，1988年版，頁104。

一，是與賀麟的主客合一、知行合一、體用合一等思想一致的。在理想與現實二者之中認爲理想更根本，是由賀麟的心學根本思想決定的，是他得於黑格爾的絕對唯心論的必然結論。

第二，賀麟所謂理想，卽「精神」的別名。他在論述宇宙觀之大要時，列舉了機械觀、生機觀、經濟史觀、精神觀或理想觀。他用了「或」字而不用「和」字，就是說，他是把精神觀等同於理想觀的。他解釋精神觀或理想觀說：

> 此卽由對於人類精神生活和文化歷史的研究，不免見得人類文化為人類的精神力量創造而成，因而應用其精神的或理想的觀點以解釋人生和自然，認自然為自由精神的象徵，認歷史的進化為絕對精神的自求發展，認精神有陶鑄物質的力量且必借物質方得充分的表現。㉙

這個「精神」，是與物質相對的廣義的精神，實卽人的知情意的總和，人的心靈的全部含蘊。所以，賀麟的理想唯心論，就是把人的精神力量放在最高的位置，認爲人的精神力量卽創造世界、創造歷史的根本。是眞善美的價値所自出。他的思想，是在主客合一、知行合一、體用合一的前提下強調精神的決定作用。這樣的唯心論，離貝克萊遠，離康德近；離柏拉圖遠，離黑格爾近；離程朱遠，離陸王近。是以黑格爾爲根幹同時又容納了康德和斯賓諾莎，融合了程朱陸王的唯心論，它是西方的，也是中國的。

賀麟的心學並不懷疑物的實在性，不過他強調心物二者中，

---

㉙ 《哲學與哲學史論文集》，頁136。

心最重要、更根本。這裏用「精神」兩字比用「心」字更能代表賀麟的思想。因爲「精神」較「心」字具更多的倫理意味。而賀麟的思想，是中國心學陶鎔過的西方心學。中國哲學家包括唯心論者，都是樸素經驗論者，他們不懷疑物的實在性，他們沒有西方的思辯哲學那樣的思維習慣，通過對某種東西的抽象分析而達到背離常識的地步。中國哲學家中沒有康德的《純粹理性批判》那樣在書齋中靠思辯構造的體系。也沒有人認爲伸手可觸、睜眼可見的實在物爲不眞實的現象。樸素唯物論是中國哲學的特異品格。當然，素樸的東西往往是淺顯的、不深刻的，所以，在一些西方學者眼中，中國幾無哲學。特別是西方近代哲學在認識論方面的突進，更使中國哲學缺乏思辯、認識論不發達的弱點彰明較著。中國的心學不是認識論的，甚至也不是本體論的，而是人生論的。孟子認爲「仁義禮智根於心」，由此推開去便是「萬物皆備於我」，提倡的便是「大丈夫精神」。陸象山高揭「心卽理」，由此推開去便是「收拾精神，自作主宰」，提倡的便是「激厲奮迅，衝破網羅，焚燒荆棘，蕩夷汚澤」。王陽明講「良知是心之本體」，推開去便是「狂者胸次」。至於「舉頭天外望，無我這般人」、「天上地下，唯我獨尊」等驚世駭俗之語，更是王學高揚主體精神的寫照。章太炎曾說：「王學無他，只自尊無畏而已。」賀麟對於中國心學，主要吸收了這種精神高於物質、精神重於物質、精神是物質的主宰的思想；對於德國古典哲學，賀麟主要吸收了精神先於物質、精神陶鎔物質、精神是物質的本質的思想。他的思想中，中西學養兼有，而以西學爲主。他的心學，中西心學兼有，究以黑格爾爲歸。

賀麟所謂「精神」又是「理性」。這裏的「理性」，不是與感性、知性並列的認識階段、認識方法，而是廣義的「理性」，主要指人的思維、人的自覺活動。而思維、自覺活動是人的特異品格，所以賀麟把「理性」作爲人之所以爲人者。他說：「理性乃人之本性，而理性乃構成理想之能力。」㉚又說：「理性是人之價值所自出，是人之所以爲人的本則。凡人之一舉一動，無往而非理性的活動，人而無理性卽失其所以爲人。」㉛這裏所謂「理性」，實卽精神本體之意。在賀麟，「精神」、「理性」、「理想」不甚分別，如果比較他對這幾個詞的用法，則「精神」重在理性洋溢的熱情方面，行爲的動力方面；「理性」重在運思、自覺、有意識方面，「理想」重在範型、目的、標準方面。若從體用上分，「精神」重在用，「理性」重在體，「理想」卽體卽用。所以賀麟的心學，含攝了中西唯心論的多種類型，如貝克萊式的唯心論（心理意義的心，卽物），康德式的唯心論（邏輯意義的心，卽理），柏拉圖式的唯心論（懸一理想於前，爲完滿之標準），費希特式的唯心論（自我的本質是行而非知），黑格爾式的唯心論（理性是動態的，不斷努力以求超拔），魯一士式的唯心論（絕對精神是個戰將），以及陸王的「心卽理」和程朱的「性卽理」。而以黑格爾融攝諸家。黑格爾是在西方唯心論和唯物論都達到相當的發達程度，而以一新的識度去解釋他以前的一切思想體系，並把它們安排在自己的思想框架的不同位置中。而賀麟因無獨立的、成體系的哲學著作，也無意按一個體系的要求去整理、條理化各種唯心論類型。所以對各種唯心論只是在散論中提到，並未把它們作爲一個整全的系統的不同邏輯階段。他甚

㉚《哲學與哲學史論文集》，頁133。
㉛ 同上，頁135。

至說：「我素抱『述而不作』的態度，我只是在譯述中外大哲的唯心思想，我自己的思想是否符合唯心論的準繩，我自己也不知道。」㉜其實賀麟不只譯述，而是有相當多、相當精彩的發揮。他的心學，包容很廣，雖每一個哲學家採擷一點，但皆得其精要，能據以闡發自己許多創穎的思想，絕非「述而不作」。

此外，賀麟認為，唯心論特別適於解釋歷史文化。在他看來，歷史主要是文化的歷史，而文化主要是就精神方面而言的。他對「文化」和「文明」兩個概念的解釋，清楚地表達了他這個觀點。他說：

> 一個民族的精神產物，而能給精神自身以滿足的就是文化。一個民族的精神產物，而能供人實際生活以便利或享樂的，就是文明。文明是一個民族本其精神力量以征服自然世界的成績，文化是一個民族的精神力量自求開拓發展的成績。無論文明的進步也好，文化的發展也好，皆是一人羣一民族辛勤艱苦一點一滴的精神努力的收穫。真美善的種種價值屬於文化的範圍，經濟的或實用的價值屬於文明的範圍。所以從價值的觀點來看，真美善之表現於外，如學術、宗教、藝術即是文化，而真美善之活動於內，如真理的探討、藝術的創造與欣賞，宗教道德的體驗等，亦是文化。㉝

這裏，賀麟仍是以精神理性為體，物質文化為用。在同為人類

---

㉜《哲學與哲學史論文集》，頁417。
㉝ 同上，頁121。

精神努力的收穫這個意義上，文化卽文明。不過文化側重於精神享受這個方面，文明側重於實用價值這個方面。在賀麟，人類的精神努力具有兩個方面的收穫，一是創造出有實用價值的物質產品，一是在創造這些產品的同時，充實了自己的知識，提高了自己的境界，欣賞了自己的藝能，也就是滿足了自己的精神需要。前者的收穫品是物化的，後者的收穫品是心靈的。這裏賀麟實際是把人類精神努力規定爲主客合一的，眞善美合一的，文明文化合一的。人的現實活動不僅僅是實用的，而且有精神價值，這是人和動物的活動的最大區別。動物的活動是本能的、實用的，沒有精神、心靈的享受。從這一點看，賀麟把精神性作爲人之爲人的本質、人與禽獸的根本區別所在是深刻的。賀麟處處強調精神的重要，處處高揚人的精神本質、高揚人的自求開拓發展的內在力量。在他看來，萬惡之首就是汨沒人的精神本性，戕害人的精神力量。在人被外界的物質力量所束縛，所威懾，在人看不見自己的精神力量而自暴自棄時，更應該大聲疾呼提倡精神哲學。西方在遭到中世紀神學的長期壓抑，人的精神力量被神的力量掩蔽不見時，文藝復興、宗教改革所提倡的就是這種精神。費希特在拿破崙重兵壓境、德意志國亡在卽時，冒死作〈告德意志國民〉演講，宣講的就是哲學辭句包裹的這種精神。賀麟在抗日戰爭時期國難深重，人心晦否之時，提倡的也是這種精神。對此，絕不能貶低甚或歪曲。

這裏須得注意的，就是賀麟的論文中，有許多用中國哲學名詞如心、性、理、道、太極等等發揮西方哲學的地方。這在二、三十年代是中國哲學界普遍使用的方法。其中最著者爲馮友蘭和賀麟。他們皆當中國學術界在五四新文化運動之後大量輸入西方學術，思想劇變、交替之時。他們學成歸國之後，經過七、八年的潛心研究，咀嚼消化，皆在三十年代末期，由坐而論道到起而實行，即開始離開被動接受，反芻消化階段，利用他們幼時造就的國學學養和留學西洋所得的新觀點、新方法，在中國當時相對自由的學術空氣裏展開各自的工作。他們接受的西學理論不同，在中國找融會的對象也不同。馮友蘭主要接受了英美新實在論，他自然地找到了程朱理學；程朱理學的中心概念「理」，最適於發揮新實在論的共相，「理」的邏輯在先，與新實在論的共相潛存最易於融通。賀麟留學主要接受了德國古典哲學和斯賓諾莎哲學，其集大成者黑格爾的主客合一、心理合一、知行合一的理論，使賀麟自然地找到了陸王的「心卽理」說。馮友蘭不安於做哲學家，花大力氣構造了「新理學」的哲學體系。他的《新理學》是純粹的哲學著作，有完整的謹嚴的邏輯架構，有據新理學的本體論而構造的人生論、方法論。所以馮友蘭的新理學體系是完整的、獨立的。雖在名詞概念上依傍中國傳統哲學，但在思想上是自成體系的。賀麟以研究、翻譯、介紹黑格爾、斯賓諾莎爲主，並沒打算專門構築哲學體系，中國哲學在賀麟，主要是比較參證之資。所以，從結果上看，賀麟沒有成體系的哲學專著，他闡發自己的思想的，是一些長短不等的論文。這些論文間，並無嚴格的邏輯聯繫，所以我們不能說賀麟有一完整的哲學體系，他的思想，可從這些長短不等深淺各異的論文中窺見。但這些論文中有一個一貫的思想，一個始終不渝地持守的原則，這卻是顯而易見的。在賀麟的論文集中，本體論、人生論、知識論的許多問題都談到了，幾乎包括了一個完整的哲學體系的各個方面，但這些方面並不是按照一個哲學體系的框架邏輯地安放在各自的位置上，而是在散論中談到的。從這個方面看，賀麟沒有一個嚴格意義上的哲學體系，沒有建立體系的專著，但有一個首尾一貫的思想傾向。他的前期思想沒有今日之我和昨日之我的搏戰。他在三十年代後期立起了自己的思想，這就是自康德以迄黑格爾，再由新黑格爾主義者改造過了的德國古典哲學。這就是在主客合一、心理合一、知行合一、體用合一的基礎上，對主體、精神、心靈的強調。這就是賀麟的哲學思想，這就是他一貫持守的原則。

## 六、中國現代哲學是陸王心學的復興

賀麟主張在中國建立一種新哲學，這種新哲學必須是吸收它以前的一切哲學思想的精華又加以創新發展的，必須是中西結合，即以西方的正統哲學柏拉圖、亞里士多德、笛卡兒、斯賓諾莎、康德、黑格爾哲學與中國的正統哲學孔孟程朱陸王融會貫通的。這種新哲學「主張一切建築在理性的基礎上，精神的基礎上；沒有精神，甚麼都沒有，也只有精神的基礎纔是最鞏固的基礎」[34]。這種新哲學的理想人格是孫中山，因爲孫中山的哲學是繼承了中國的正統哲學又吸收了西方正統哲學並加以融會貫通的重視精神、理性的新哲學，是能站在儒家立場適應民族需要和世界發展潮流，處處能代表典型的中國人的精神的新思想。

賀麟不僅提出了他的新哲學的內容，實現新哲學的途徑，而且認爲中國現代哲學的一大趨勢，就是陸王心學的復興，以期爲新哲學的形成造更大的聲勢，爲新哲學的鞏固建立更廣闊的陣線。

賀麟認爲，自戊戌變法之後至四十年代末期這五十餘年，中

---

[34] 《五十年來的中國哲學》，頁74。

國哲學有了極大進步，這個進步的最突出標誌就是：（一）陸王心學得到盛大發揚；（二）儒佛兩家的對立，得到新的調解；（三）理學中程朱陸王兩派的對立，得到新的調解。賀麟在《當代中國哲學》一書中按以上觀點評述了康有爲以迄馬一浮十幾個哲學家。

對康有爲，賀麟據其在萬木草堂課弟子時「教以陸王之學」，據其著書立說皆本「六經注我」精神，及《大同書》中許多大膽激越的思想，晚年又以「不忍」二字名其所辦之刊物，判其爲陸王心學的後繼者。對譚嗣同，也據其《仁學》爲佛家的慈悲、耶穌的博愛、王陽明的良知的糅合，據譚嗣同主張冲決網羅、打破名教世俗的束縛的勇敢精神，判其爲陸王學者，更以譚嗣同立身行事方面毫無顧忌、任性而行，認爲他「近似於王學中泰州龍溪一派，更屬顯然」。但賀麟對於康、譚二人也有批評，認爲二人「皆以氣盛，近於粗疏狂放，比較缺乏陸王反本心性的精微窮理功夫」㉟。這可以看出他心目中的陸王之學了。

梁啟超是賀麟在清華學校時的老師，所以對他極表敬佩宗仰之情。賀麟認爲梁啟超「全部思想的主幹，仍爲陸王」，表彰梁啟超在《清代學術概論》中以絀荀申孟相號召，斥各派經師二千年內，一皆盤旋於荀學肘下。另梁啟超有節本《明儒學案》，而《明儒學案》實際上是王門之家譜。賀麟還認爲其師「終身精神發皇，元氣淋漓，抱極健康樂觀的態度，無論環境如何，均能不憂不懼，年老而好學彌篤」㊱。此皆得力於陸王之學。

對於章太炎，賀麟特別表彰其提倡諸子之學，以諸子之學補

㉟ 《五十年來的中國哲學》，頁4。
㊱ 同上。

充儒家的主張。對章太炎否定一切，打破束縛，同時反對空疏的性理之辯，認爲深得「內斷疑悔，外絕牽制」的王學精神。

對於歐陽竟無，賀麟不述其佛學方面的貢獻，專講其得陸王之學的地方。認爲歐陽竟無是以般若統貫孔學，「般若當下明心，孔學亦主當下明心」。認爲歐陽竟無《論語讀》敍中宗仰陸象山「東西南北海有聖人出，其心同其理同」。指出歐陽竟無以明心見性的功夫爲「誠」，「誠至則生天生地，生物不測；誠不至則一切俱無，心非其心，境非其境，事非其事」得王學精神。

賀麟評述梁漱溟的篇幅最大，說：「他（指梁漱溟）堅決地站在陸王學派的立場，提出『敏銳的直覺』以發揮孔子的仁和王陽明的良知。」梁漱溟對於東西文化問題，有著名的「三路嚮」說，預言西方文化逐漸由向前的態度而趨於中國人折衷調和的態度，最後趨向印度人向後的路嚮。賀麟認爲，這種說法使人對於整個東方文化（包括中國和印度）的前途，有了無限樂觀的希望，不管這種說法有多少正確的成份，都是從綜觀世界文化演變的事實所得到的識見和態度。缺點在於梁漱溟缺乏文化哲學的堅實基礎，就是說，他的結論基於具體事例，對文化的本質缺乏哲學的說明。他指出：「新文化運動以來，倡導陸王之學最有力量的，當然要推梁漱溟先生。不過梁先生注重的是文化問題，他發揮儒家陸王一派思想，亦重在人生態度方面，很少涉及本體論及宇宙論。」[37]這個評價是公允的。

賀麟對熊十力發揮特多，謂其：「得朱陸精義融會儒釋，自造新唯識論，對陸王本心之學，發揮爲絕對的本體，且本翕闢之

---

[37]《五十年來的中國哲學》，頁12。

說，而發展設施爲宇宙論，用性智實證以發揮陸之反省本心，王之致良知。」[38] 賀麟這裏指出，熊十力之本體論、宇宙論、認識論皆本陸王心學。在本體論方面，熊十力的絕對本體之心，依其表現不同，分爲心、意、識三名：即主宰之心、意志之心、認識之心。名雖有三，而實爲一心。賀麟指出，熊十力所謂「本心」，是超絕對待的，它不僅是道德的，也是本體論的，有似於黑格爾的絕對唯心論，其心、意、識三者合一，有似於黑格爾之絕對精神的本體論、認識論、邏輯學三者合一。並將熊十力「仁者，本心也，即吾人與天地萬物所同具之本體也。以爲萬化之源，萬有之基，即此仁體」目爲不刊之論，極力讚賞。以仁爲本體，熊、賀二人是相同的。賀麟曾說：「從哲學來看，仁乃仁體，仁爲天地之心，仁爲天地生生不已之機，仁爲自然萬物的本性，仁爲萬物一體，生意一般的有機關係和神契境界。」[39] 他還認爲，此天地本心之仁，在藝術或詩教上即「溫柔敦厚」，在宗教上即救世濟物、民胞物與的熱忱。以仁爲本體，這是熊十力和賀麟得於儒家的最主要之點。熊十力最得力處爲《易傳》之「天地之大德曰生」，「日新之謂盛德，生生之謂易」，賀麟最得力處爲孟子的「四端」，陸九淵的「本心」，王陽明的「良知」。二人皆以「仁」爲「天地之心」，爲「人與天地萬物所同具之本體」，實即宇宙萬物蓬勃的生命力，不竭的創發力。

賀麟對於熊十力宇宙論的「翕闢成變」說也有發揮。他解釋熊的「翕」、「闢」二概念說：「剛健的本體（本心）之顯現，有其攝聚而成形嚮的動勢，名曰翕，有其剛健而不物化的勢用，

---

[38] 《五十年來的中國哲學》，頁12。
[39] 《文化與人生》，頁10。

名曰闢。所謂心物卽是翕闢的兩種勢用或過程，而翕闢相反相成，並非兩個不同的歷程。因此心物亦非二物，而是一個整體的相反相成的兩方面。」㊵賀麟認爲，熊氏翕闢之說，與自己的心物合一論正好契合。在賀麟看來，主客、心物合一，在這個合一體中，靈明能思者爲心，延擴有形者爲物，卽所謂「被物支配之心，心亦物也；受心支配之物，物亦心也。」熊氏以本體（本心）的兩種勢用言心物，正與自己以心物合一言本體相同。並且認爲熊十力和自己這種心物合一說破除了把心消歸於物，和把物消歸於心這兩種偏頗。

賀麟復指出，熊氏的翕闢說可稱爲泛心論，但與西方哲學史上的泛心論不同。西方泛心論認爲物各有心，物中之心卽此物之本心，而熊氏所謂心，非此物之本心，而乃宇宙本體在此物上的顯現。西方泛心論所謂心，是外在於宇宙本體或本心的。所以西方的泛心論一爲常識所反對，二爲黑格爾、鮑桑奎等正統心學所反對。熊十力受宋明理學「理一分殊」的影響，認爲一一物各具之心，卽是宇宙的心，宇宙的心卽一一物所具之心，體用不二，有似黑格爾。故「旣能打破常識的拘束，亦不執着泛心論，而歸於絕對之本心」㊶。就是說，西方泛心論只知分殊，不知理一，黑格爾卽分殊卽理一，此間差異甚明。

賀麟對於熊十力也有批評，他說：「熊先生對於本心卽性、本心卽仁，皆有發揮，惟獨於本心卽理，『心者理也』一點，似少直接明白的發揮。不過或由於熊先生注重天地萬物一體之仁，以生意盎然，生機洋溢，生命充實言本體，而有意避免支離抽象

---

㊵《五十年來的中國哲學》，頁14。
㊶ 同上，頁15。

之理。」[42] 這裏賀麟所謂「心卽理，心者理也」，指邏輯意義的心，卽康德的先天形式、先天範疇，卽黑格爾的絕對理念的邏輯系統。賀麟認爲黑格爾是將康德的理則學深刻化，使之回復到形上學、玄學。黑格爾是卽心卽理的最完備系統。而中國的卽心卽理的系統，也必是程朱和陸王的融合。他說：「講程朱而不能發展至陸王，必失之支離；講陸王而不回復到程朱，必失之狂禪。」[43] 熊十力只講到萬物一體之仁，生意盎然等，還沒講到「心卽理」，還沒講到本體是有理則的，心是有理則的，這是熊的缺憾。這裏賀麟是以西方理性主義陶鎔過的中國哲學，來批評純粹的中國哲學。他道出了中西心學的一個差別：倫理意義的心和邏輯意義的心的差別。前者主要是生意盎然，生機洋溢，生命充實，後者主要是秩序井然，循序漸進。前者是詩人的、藝術家的，後者是科學家的。兩者必須融合、補充。所以，從賀麟對熊十力的批評，可以看出他改造中國傳統哲學的着眼所在。

而賀麟對馮友蘭、金岳霖的批評，則是從另一面，卽新實在論的理在心外着眼的。他評述馮友蘭的「新理學」說：「馮先生認爲任何事物之所以成爲事物，必依照理，必依據氣，這是承繼朱子認事物爲理氣之合的說法。而馮先生復特別對於朱子凡物莫不有理之說加以新的發揮，他認爲山有山之理，水有水之理，飛機有飛機之理。而理是先天的、永恆的，故未有飛機之前，已有飛機之理，未有山水之前，已有山水之理。『實際』中萬事萬物之無量數多的理，便構成『眞際』。他所謂『眞際』，就是理的世界。這些理在眞際中，不在事物內，也不在心內，因爲心也是

[42] 《五十年來的中國哲學》，頁15。
[43] 同上，頁33。

形而下的實際事物。」㊹賀麟對於馮友蘭的新理學的敍述是忠實的，但並不同意它。他認爲理與心應是同一的，宇宙本體應是卽理卽心的。馮友蘭只注重程朱理氣之說，而忽視程朱心性之說，並且講程朱而排斥陸王，認爲陸王心學爲形下之學，有點「拖泥帶水」，對程朱之學是片面取我之所需，而對陸王則太乏同情。賀麟多次指出，格物窮理卽所以明心見性，窮理的對象是卽心卽物的，窮理卽窮本心之理。馮友蘭的「眞際」，只有理，此理是先天的、永恆的，與心了無關涉。

金岳霖是馮友蘭的同調。賀麟對金岳霖〈論道〉中的基本概念道、式、能、無極而太極等作了分析，認爲金岳霖所謂式，相當於馮友蘭所謂理，金岳霖所謂能，相當於馮友蘭所謂氣，「無極而太極」，形成「流行」的實際事物的世界，兩人的說法也相同。賀麟不同意金岳霖的外在關係說，金岳霖認爲認識的對象旣非唯心論所謂心，也非唯物論所謂物。他曾說，無論我們對於心與物的看法如何，我們總得承認有非心與非物。賀麟認爲，金岳霖這一說法，是採自詹姆士的純粹經驗說。其實認識的對象不是非心非物，而是亦心亦物。這裏明顯道出了新實在論和唯心論對於認識對象也卽本體的根本分歧。賀麟也不同意金岳霖所謂心，認爲這只是心理上的官能，是洛克休謨式的心，不是具玄學意味的心。玄學意味的心，應該是卽心卽理的。金岳霖所謂理，只是心思議的對象，是在心外的，金岳霖的說法是根本排斥「心卽理」、「心外無理」的心學根本觀點的。並指出，金岳霖的說法，只是休謨的聯念論，排斥心在接受經驗中的主動性和創造性。這是實在論的偏頗之處。

---

㊹《五十年來的中國哲學》，頁32。

賀麟反對割裂程朱陸王、理學與心學，在他對馬一浮的評論中更可見出。他認爲馬一浮「格物窮理、解釋經典、講學立教，一本程朱；而其反本心性，祛習復性則接近陸王之守約」[45]，還說馬一浮在心與物、心與理的看法上「能調和朱陸而得其會通」。卽是說，馬一浮講格物窮理，是就心中之物，窮心本具之理。而心中本具之理，是周遍充塞，無處不在的，不可執爲有內外。馬一浮這一說法是以理爲無內外，或卽內卽外，卽理卽心，心外無理，理事雙融，一心所攝。這是他融通朱陸、融通理學心學的地方。

以上是賀麟心目中當代哲學家的幾位代表，也是賀麟「中國當代哲學，陸王之學得到盛大發揚，及理學中程朱與陸王兩派的對立得到新的調解」的明證。從這裏我們可以看出：第一，賀麟所謂哲學，所謂能代表當代哲學水平的，都是學院派哲學。也就是說，要麼是如康、梁、譚、歐陽竟無、馬一浮等受過嚴格中國舊式書院教育的學者，他們的哲學皆自承襲中國傳統哲學，如諸子學、佛學、宋明道學等而來，且能精思絕慮，或對傳統哲學有深切發揮，或能本傳統創造出一種新的哲學。要麼是留學英美，受過嚴格學院教育，並能融會中西思想自創一種新哲學，如馮友蘭、金岳霖等。這些哲學家討論的問題，是純哲學問題。所以當時許多五花八門的思潮、派別，雖然有的披著哲學的外衣，都在賀麟的視線之外。賀麟所謂中國哲學，是純討論理氣心性本末體用等傳統哲學問題的；他的理想，也以做一個純粹學者爲最高。因此可以說，賀麟是一個學院派哲學家，他的職志在哲學本身。他的貢獻也主要在純哲學。

---

[45] 《五十年來的中國哲學》，頁16。

第二，他所論的現代中國哲學，以陸王心學爲主潮。如論康有爲，則說「他生平用力較多，氣味較合，前後一貫服膺的學派仍是陸王之學」。論述譚嗣同和梁啟超，則說「康氏的兩個大弟子思想亦傾向陸王」。對於章太炎和歐陽竟無，也說「即謂其思想漸趨於接近陸王，亦無不可」。並說他們「專治陸王，期以補救時弊」。對於梁漱溟，則謂他「對於儒家思想的辯護與發揮，堅決站在陸王派的立場」，並謂梁後來興趣轉入經濟政治和鄉村建設方面是「已放棄發揮王學的使命了」。對熊十力，謂其「對陸王本心之學，發揮爲絕對的本體」，並謂熊十力哲學「爲陸王心學之精微化系統化最獨創之集大成者」。也可以說，他是專把現代中國哲學中合於陸王派思想的挑出來加以論列，以之代表現代中國哲學的主潮，把現代中國哲學，看成陸王心學的復興史，並指出其原因，他說:

> 過去這五十年來何以陸王學派獨得盛大發揚，據個人揣想也並非無因。大約由於:(一)陸王注重自我意識，於個人自覺、民族自覺的新時代，較為契合。因為過去五十年，是反對傳統權威的時代，提出自我意識，內心自覺，於反抗權威，解脫束縛，或較有幫助。(二)處於青黃不接的過渡時代，無舊傳統可以遵循，無外來標準可資模擬，只有凡事自問良知，求內心之所安，提挈自己的精神，以應付瞬息萬變的環境。庶我們的新人生觀、新宇宙觀、甚至於新的建國事業，皆建築在心性的基礎或精神的基礎上面。㊻

---

㊻《五十年來的中國哲學》，頁18。

所以，賀麟把陸王心學看作現代哲學的主潮，是有其深刻的用意的。是受其爲新的建國事業奠精神基礎、心理基礎這一使命鼓舞的。在賀麟看來，陸王心學比其他哲學流派更適應當時中國的需要，更能做發起信心，爭自由民主的精神武器。

第三，賀麟所提倡的陸王心學，是受了現代學術洗禮的陸王心學，是與朱學會通融合了的陸王心學。賀麟說：「根據以上對於五十年來中國哲學的敍述，我們很可以看出。如何由粗疏狂誕的陸王之學，進而爲精密系統的陸王之學，如何由反荀、反程朱的陸王之學進而爲程朱陸王得一貫通調解的理學或心學。」㊼

陸王之學自明代後期流入「猖狂自恣」一路，「束書不觀，游談無根」，逐漸墮入空疏狂誕。許多有識之士欲保持學術的純正、篤實，思有以救治。明末三大家王船山、黃梨洲、顧亭林皆有斥王學末流猖狂自恣的文字，並身體力行，以實學示範。如王船山的《周易外傳》、《尚書引義》，黃梨洲的《明夷待訪錄》、《明儒學案》，顧亭林的《日知錄》、《天下郡國利病書》等。清朝以朱學爲正宗。清末民初以來，陸王之學又起。許多人只藉陸王打破權威、自作主宰，一空依傍，發皇自立的精神氣概，而未暇究王學理論之精微。熊十力、馬一浮，支那內學院歐陽竟無及其弟子，藉《周易》、諸子、程朱、佛學的理論養份，從本體論、宇宙論、心性論諸方面發揮陸王之學，使陸王之學漸趨於精密、嚴謹、有系統；使王學心性論較強的特色得以保留，而本體論、宇宙論較弱的缺點得以彌補。經過近現代學者的創造性工作，援程朱入陸王，援佛學入陸王，使其理論內容大大地充實了。賀麟

---

㊼《五十年來的中國哲學》，頁18。

在發揮陸王之學使之更精密系統，調解程朱陸王使之更圓融通脫方面，功績是顯然的。他是以西方的程朱陸王——斯賓諾莎和康德融和，而至黑格爾的絕對唯心論。他是以斯賓諾莎的天和康德的人，斯賓諾莎的理和康德的心融合，而至黑格爾的天人合一、心理合一、主客合一、知行合一，而在諸合一中，又特別強調精神、心靈、主體、知識的決定作用。賀麟是以合主客、一天人的德國古典哲學爲正宗，來解釋、改造、融會程朱陸王之學而成一兼容並包的新哲學，這一努力貫徹於他的全部哲學活動中。

# 第四章　知行問題新解

知行問題，是與現實有重大關係的理論問題，也是中國傳統哲學討論最多的問題之一。賀麟對知行問題傾注了很大熱情，抗戰期中，他寫了〈知行合一新論〉，在《當代中國哲學》中，又有專章討論。八十年代應邀赴香港中文大學講學，仍講知行問題。他對知行問題的解釋與發揮，着重圍繞「知行合一」、「知難行易」這兩個中國傳統哲學命題及其關係進行。他的解釋與發揮，是與他新心學根本哲學思想一致的。知行觀是新心學重要內容之一。

## 一、知行問題的理論意義

賀麟嘗說：「知行問題足以代表中國現代哲學中討論得最多，對於革命和抗戰建國實際影響最大的一個問題，望讀者特別留意。」❶賀麟這一看法，基於對他身處的三、四十年代時代特點的認識。三十年代，是中國文化歷史上一個極其重要的時代。它處在五四新文化運動之後，中國文化界經過批判、掃蕩舊禮教、舊道德、舊文藝之後的建設時期，和西方各種學說大規模輸入之後的反省、消化時期。建設什麼樣的民族文化，這個問題困

❶《當代中國哲學》原序。

擾著許多學者。吸收西方文化做發展中國新文化的養分，這是有識之士的共識。但如何對西方思想加以融會貫通，怎樣用新的觀點去加以簡別、吸收和消化，這是當時文化戰線必須回答的。賀麟對這個時代的特點，有清醒的認識，他說：

> 我們處在一嶄新的過渡時代，社會、政治、文化、思想均起了空前急劇的變化，其劇變的程度，使許多激烈趨新的人，轉瞬便變成迂腐守舊的人，使許多今日之我不斷與昨日之我作戰的人，但猶嫌趕不上時代的新潮流。我們既不能墨守傳統的成法，也不能一味抄襲西洋的方式，迫得我們不得不自求新知，自用思想，日新不已調整身心，以解答我們的問題，應付我們的危機。❷

就是說，對於中國傳統哲學的調整與發揚方面，對於西洋哲學的介紹與融會方面，如何知，如何行，這既是一個關於知行的理論問題，也是一個關於文化建設的現實問題。

還有，自九・一八日本侵占東北三省之後，虎視關內，中國人時時感到敵國外患的強大壓力。有數千年歷史的中華文化，也有被敵國改變消蝕或將不保的危險。許多負保存民族文化之責的人，抱孤臣孽子之心，思欲拯救之，於是也有知行問題橫在面前。特別直接的是，孫中山從自己奔走革命三十年的經驗教訓得出，中國人之畏難苟安、懶惰不思進取的陋習，全出於「知易行難」的古訓。他說：「吾黨之士，於革命宗旨、革命方略，亦難免有信仰不篤、奉行不力之咎；而其所以然者，非盡關乎功成利

---

❷ 《當代中國哲學》原序。

達而移心，實多以思想錯誤而懈志也。此思想之錯誤爲何？即『知之匪艱，行之惟艱』之說也。」❸並痛切指出：「此說者，予生平之最大敵也，其威力當萬倍於滿清。」❹如何使孫中山痛斥的畏難偷惰之習變爲奮發植立之氣，如何破除「知易行難」的舊說，爲新的行動哲學奠立理論基礎，知行問題實首先須辯淸的理論問題之一。從這裏看，知行問題雖是一哲學問題，但它實爲一改革傳統思想，度過民族危機的實際問題。

此外，賀麟認爲，知行問題是一個健全的哲學體系必須涉及的問題。他素所服膺的黑格爾哲學是一個卽知卽行的體系。黑格爾雖未明言「知行」字眼，但他的「絕對精神」的理性品格、主動品格、體用合一而據其自求發展、自求超拔的矛盾演化法則不斷向更高方向趨進的品格，正是知行合一的最好體現。賀麟要創造一種健行的、無偷惰苟安之弊的新哲學，他從黑格爾哲學中借來了知行合一並進的思想。也可以說，他認爲未來的新哲學，在知行問題上必是黑格爾卽知卽行的哲學的繼續發展。從建立新哲學出發，賀麟欲以現代西方一些流派的哲學學說、心理學學說補充中國傳統哲學在知行問題上的籠統、淺薄、概念不淸等弊病，他也不能不深入知行問題之中。有些哲學家復根據其知行問題的哲學見解發爲事功，如王陽明等。在抗戰建國這個需億萬人參加，需本一種哲學激勵國人，鼓舞力行的勇氣的大事業中，知行問題更顯得重要。就是說，這時候時代需要哲學走出哲學家的書齋，變爲普通國民調整身心、鼓舞力行的思想工具，知行問題正是首選。賀麟屢次提到費希特身處敵國占領的危城中，冒死

---

❸《孫文學說》。

❹同上。

作〈告德意志國民〉的講演，爲德意志的復興奠立精神基礎的壯舉，認爲這是哲學理論發生顯著社會效應的好例。他亦欲廣泛討論知行問題，藉孫中山討論知行問題的餘力，爲國人抗戰建國奠立精神基礎。所以賀麟嘗讚揚孫中山的《孫文學說》說：「從民族文化的觀點來看，則此書的目的在掃蕩幾千年來深印人心的畏難苟安的積習，破除知而不行的偸惰心理，同時並鼓舞力行的勇氣，求知的決心，恢復民族的自信心，展開民族前途的希望。」❺賀麟討論知行問題的用意亦在此。這是一個愛國知識分子在國難當頭時所表露的一種報國微衷。

## 二、對「知行合一」的發揮

「知行合一」是王陽明的重要命題。賀麟接過這一命題，用他長期寖饋西方哲學所得的深厚學養，進行了多側面、多層次的發揮。在這些發揮中，表現出他的理智主義、他的注重心的深層含蘊、注重行爲背後的知識基礎的心學特點。

### 1. 破斥獨斷主義，爲行爲尋求堅實的知識基礎

知行問題，中國歷代哲學家多有論述，特別在宋明理學中，知行問題得到了充分討論。但對知行問題有透徹說明、學理發揮的，卻鮮有其人。即提出「知行合一」說的王陽明，晚年也絕少提及知行合一，他的門弟子討論較多的，是「致良知」之教和「天泉證道」四句宗旨。賀麟認爲，知行問題是關係到知識論、道德實踐的大問題，凡欲在知識論上有所造就，凡欲在道德實踐上

---

❺ 《五十年來的中國哲學》，頁158。

行而有成的人，都想探究其中的精義。就是說，討論知行問題，最主要的目的是爲行爲尋找學理根據，即不僅要知道一件事「必須如此」，還要知道它何以必須如此；不僅要「由之」，而且要「知之」。由之而不知之，是盲目的、獨斷的。盲目獨斷的行爲，是王陽明所指斥的「冥行妄作」。一個以理智指導自己生活的人，不知道自己行爲的根據，必是疑惑的、徬徨的；一個以理智評判他人行爲價值的人，不知評判的知識學標準，必是武斷的、淺薄的。尋求行爲的知識學基礎，是理智的要求，是正確行爲的保證，是袪除自相矛盾、淺薄虛妄的有效途徑。賀麟爲行爲尋求知識根據的主張，深有得於英國新黑格爾主義者格林和理性主義者斯賓諾莎。

格林是賀麟留學美國時最感興趣的哲學家之一，並因不滿芝加哥大學空談經驗的實用主義者詆毀格林學說，憤而轉往哈佛大學。❻賀麟曾讚揚格林說：「他是一位非常卓越的哲學家，因爲他是康德的繼承人，是德國唯心論在英國的先驅，是英國近代思想史上批評性很強的一位思想家。一方面，他批判英國自洛克、休謨以來的傳統經驗主義，另一方面他反對當時盛行的邊沁和穆勒派人的功利主義。」❼可以看出，賀麟之推崇格林，是因爲格林在知行問題上是康德尋求知識的先天原則這一做法的擁護者。格林在討論知識的形而上學時提出的第一個問題是「知識如何可能」。他的回答是，人的精神原則或進行聯繫的知性使知識成爲可能。由於精神原則，人不僅是自然的產物，也是自然的創作者。在格林看來，自然是一種經驗的宇宙，又是一種有關係的體

❻ 見《現代西方哲學講演集》，頁161。
❼ 同上。

系，而這種關係是精神原則賦予的。所以格林認爲，精神的作品是實在的，而這種實在性的一個重要因素就是我們的理智。格林提出的第二個問題是「道德如何可能」。他認爲，道德的可能性完全取決於人是否具有自由意志。道德如何可能的問題實際就是「自由如何可能」的問題。格林認爲，人的精神原則使自由成爲可能，或者自我超拔、自我探索的意識使自由成爲可能。格林的這一轉換，體現了蘇格拉底「知識卽美德」的思想。精神原則是意志自由的根據，而精神原則的內容卽自我超拔、自我探索的意識。「自我超拔」卽「使我們自身從我們的連續經驗分離開來的能力」。這種能力完全在於「我」有無識度，有無觀想能力，把自我視爲不斷超越自己，從更廣闊的背景看問題的能力。這種能力的獲得，靠知識的培養。自我探索更是以旣有知識，不斷挖掘自己內蘊的寶藏，發揮自己潛在的能力。也是一個知識不斷增加，自我探索的層次不斷加深的過程。所以所謂精神原則，是人創造自然的能力。而人有什麼樣的知識，他所創造的自然就有什麼樣的面貌。說到底，精神原則是知識的力量，知識是意志自由成爲可能的前提。

斯賓諾莎的「自由卽認識必然」的思想，對賀麟影響極大。斯賓諾莎的一個根本觀點就是，萬物都受必然性的支配，沒有所謂自由意志：「一切事物都受神的本性的必然性所決定，而以一定方式存在和動作。」❽但斯賓諾莎並不認爲自由和必然是無法溝通的，自由是對必然的認識和遵循。在賀麟看來，斯賓諾莎的功績之一，是他認知識爲一種精神力量，因爲「最萬能的莫過於

---

❽《倫理學》，頁27。

天，最能增加我們的力量的，莫過於知天，與天爲一」。「人生最大的精神力量，莫過於自由和永生了。什麼是永生，知天理就是永生；什麼是自由，行天理就是自由。」❾「天」即受必然性支配的萬物。人的最高生活就是服從自然，遵循萬物的必然性，這樣就可得到行動的自由。而服從自然，遵循其必然性，首先在於認識自然。認識自然一是認識物質的自然，即認識世界的必然性而遵循之，一是認識情感的自然。而認識了物質的必然規律，與之爲一，就能由此得到一種剛健的情感，從而使自己的天然情感引退。這就是賀麟所謂「以天理爲生活的指針」。這種知天理、愛天理、行天理而達到的自得自慊，是最高的滿足。賀麟對於斯賓諾莎，緊緊抓住其「自由就是對必然的認識」，知天理是行天理的前提，知重於行這個理性主義根本原則，並把它與同樣具有理性色彩的程朱理學的基本思想知先行後、知主行從結合起來，在知行合一中突出知的重要性，知的邏輯的先在性。這些都表明了他的根本意圖：「因爲反對武斷的道德判斷、道德命令和道德學上的獨斷主義，所以我們要提出知行問題；因爲要超出常識的淺薄與矛盾，所以我們要重新提出表面上好似與常識違反的知行合一說。」❿

### 2. 「知行合一」新解

賀麟對知行概念有個新的界說：

> 「知」指一切意識的活動，「行」指一切生理的活動。任

---

❾ 《哲學與哲學史論文集》，頁252。
❿ 《五十年來的中國哲學》，頁131。

> 何意識的活動，如記憶、感覺、推理的活動，如學問思辯的活動，都屬於知的範圍。任何生理的動作，如五官四肢的運動固屬於行，就是神經系統的運動，腦髓的極細微的運動，亦均屬於行的範圍。⓫

這個界說，吸收了現代心理學、生理學的一些說法，指出，一切活動都是意識活動和生理活動的結合。意識活動不是無承載體的「絕對意識」，生理活動也不是毫無意識的純粹機械運動。「知」必是物質的活動方式，「行」必是意識活動在其物質載體上的表現。這樣，知行都是活動。從其同爲活動言，兩者都是動的。因此，賀麟不同意前人所謂知靜行動的說法，只能說，兩者都有動靜。前人所謂靜的知的活動，如學問思辯等，實際上都是動的，亦都是行了。

賀麟給知行立了新的界說，又用隱顯兩個概念，來區分知行的等級：以顯著的生理活動隱蔽的意識活動如運動等爲顯行隱知，以顯著的意識活動隱晦的生理活動如思考、想像等爲顯知隱行。顯行隱知與顯知隱行雖有知行成份多寡的不同，但並無性質的不同。就是說，任何活動不論其屬哪種性質的活動，都是知行合一的、卽知卽行的。低等動物的活動，人的下意識活動也是卽知卽行的，雖然可說是極端的隱知，但不能說絕對無知。

由此，賀麟揭出他所謂知行合一的根本意旨：

> 知行合一乃指知與行同為同一心理生理活動的兩面。知與行既是同一活動的兩面，當然是兩者合一的，若缺少一面

⓫《五十年來的中國哲學》，頁131。

> 則那個心理生理的活動便失其為生理心理的活動。知與行永遠在一起，知與行永遠互相陪伴著。⑫

也就是說，知行合一構成整個活動，對此同一的活動，從心理方面看是知，從生理或物理方面看是行。也可以說用兩個不同的方面，去規定一個活動或歷程。這樣的知行合一，賀麟稱之爲自然的知行合一，或普遍的知行合一。「自然」是說這種知行合一是自然而然，不待勉強的；任何活動，雖欲知行不合一而不可得。「普遍」是說知行的這種合一不離，是所有活動的屬性，普遍如此，概莫能外。

賀麟「自然的知行合一」所謂行，實際上只是行爲心理學派所理解的行，即肌肉、神經、腺體對刺激的反應；所謂知，亦不過感覺、知覺等生理學、心理學的知。而意識、觀念等哲學意義上的知，以及科學、藝術、道德等實踐意義上的行，則不是心理學研究的對象。賀麟明乎此，又提出了價值的或說理想的知行合一說。這可以說是他提出的知行關係的第二階段：分而爲二，彼此對立的階段。

所謂價値的或理想的知行合一，是與自然的知行合一相對的。自然的知行合一認爲知行合一是本然的事實，欲不合一而不可得。而價值的知行合一認爲知行本來是相分的，人們以其有價值而企求、嚮往、努力達到。價值的知行合一論是知行二元論，先根據常識或爲方便起見，將知行分作兩事，然後再用種種努力使之合一。這種合一有行(按自然的知行合一說，即顯行隱知)要

⑫《五十年來的中國哲學》，頁134。

求與知合一和知(顯知隱行)要求與行合一兩條途徑。以行合知，是救治不學無術的冥行，尋求學問知識的基礎。這可以說是行爲學術化、知識化的途徑；以知合行，是救治空疏虛玄之病，力求學術知識的實際應用。這可以說是知識社會化、效用化的途徑。

賀麟認爲，知行合一是知行兩方面又分又合的對立統一關係。合一不是混一，混一無法辨別主從，合一則有主從關係。而主從關係就是體用關係，目的與手段的關係。如何確定知行兩者孰主孰從？從常識看，應該以前述自然的知行合一中孰顯孰隱來確定：顯者爲主，隱者爲從。如顯知隱行中知爲主，行爲從；顯行隱知反是。但賀麟認爲：「要主從的關係的區別有意義的話，不能以事實上的顯與隱或心理上的表象與背景定主從，而當以邏輯上的知與行的本質定兩者之孰爲主、孰爲從。」⑬邏輯上的知與行孰爲本質呢？賀麟認爲，知爲本質，行爲表現；行若不以知爲主宰，爲本質，不能表示知的意義，則行失其所以爲人的行爲的本質而成爲純物理運動。這裏，賀麟有一個很深刻的思想：人類行爲最本質的特徵是知行合一，即受知識指導的行爲。沒有知識指導的行爲，只是機械的物理運動。人的行爲以其有理性的內涵而與其他動物的活動區別開來。由此可以說，理性是人之所以爲人的本質。人的行爲的本質是知，行不過是知藉以表達自身的工具。行的方向所以表現知的意志，行的方法所以表現知的謀略，行的效率所以表現知的程度。據此，賀麟對知行下了新的界說：「行爲者表現或傳達知識之工具也，知識者指導行爲之主宰也。」⑭就是說，知主行從，知體行用，知是目的，行是工

⑬《五十年來的中國哲學》，頁141。
⑭ 同上。

具，知是內在的推動原因，行是被知推動者、主宰者。不僅科學家、藝術家、道德家是以知爲主，即使許多看起來以實踐爲主的活動，仍是以知爲主，不過是求「如何做」的知識。「無論什麼人，無論在什麼情形下，他們的行爲永遠是他們知識的功能。」⑮

賀麟不僅正面發揮知主行從的道理，而且批評了「副象論」、「手術論」等行先知後說。副象論認爲身心永遠平行，但身體的活動是這身心合一體的本質，意識現象不過是生理動作產生的影子。因此身決定心，身主心從。賀麟認爲，副象論者不過是把斯賓諾莎的身心平行論唯物論化。因爲按斯賓諾莎的說法，思維和廣延（在人身上就是肉體和思想）不能交互影響，它們是兩個平行的因果系列，身體只能由身體的原因來說明，思維只能由思維的原因來說明，身心永遠平行。副象論認爲身心雖然平行，但身是更本質的，心只是它的影子。這就是把身（廣延）放在決定心（思維）的地位上，是把斯賓諾莎唯物論化了。賀麟認爲：「要於知行、身心間去分主從因果關係只能在邏輯或價值上去分辨。但就邏輯上講來，心爲身之內在因，知爲行之內在因；心較身、知較行有邏輯的先在性。」⑯

這裏，賀麟認爲心較身、知較行有邏輯的先在性，是他的心學根本見解的必然結論。也就是說，他的知先行後、知主行從的理論，是與他對心的認識密切相關的，他說：「唯心論以邏輯上在先的精神或理性爲本。」⑰精神或理性爲本，即認爲心是物的本質，物是心的表現。天地萬物，飛潛動植，以至人類文化的結

⑮《五十年來的中國哲學》，頁142。
⑯ 同上，頁143。
⑰《哲學與哲學史論文集》，頁129。

晶哲學、科學、藝術、道德、宗教等皆是此心的工具，是精神的表現；精神、理性是其本體的體認者，價值的賦予者。因爲精神、理性的這種邏輯上的先在性，它被提高到本體的位置。在知行這一對範疇中，知處在比行更重要的位置。知爲本，爲行所要達到的目的；人的生活，也以純粹求知，不計功利、惟求爲行爲設計理想藍圖的學者生活爲最高。

認知比行高，這表明賀麟是理性主義的崇拜者。經驗主義認爲經驗是知識的唯一來源，行動是接觸事物，以獲取有效知識的最好方法，而理智不過是把經驗所獲得的材料進行比較、分類、歸納、抽象，使之有條理有系統的工具。所以經驗主義注重行，注重從外界獲取第一手資料。理性主義則認爲，從經驗中歸納、抽象所得的知識沒有普遍必然性。要保證知識的普遍必然性，必須從自明的公理，清楚明白地演繹出具體結論。在這裏，起決定作用的是天賦觀念和理性邏輯能力。賀麟平生用力最深，獲益最多的黑格爾、斯賓諾莎哲學，皆是理性主義或說傾向理性主義的哲學。黑格爾把人類歷史活生生的發展歷程，歸結爲絕對精神的推演過程，以精神性的、內中包含全部邏輯展開的絕對理念，作爲其體系的出發點和歸宿，把絕對理念的逐步展開視爲它自身的先驗的邏輯能力。而斯賓諾莎更是理性主義的著名代表。從素所服膺的理性主義哲學中，賀麟接受了重知的根本原則，爲他知行問題上的重知主義，作了理論準備。

另外，賀麟的重知主義，也是接受了宋明理學特別是朱熹哲學知先行後論的結果。賀麟認爲，朱熹認識論的根本精神就是「從格物窮理中去求知主行從的道德，從知識學問中去求學養開明的道德」[18]。即道德必須以廣博的知識植基，行爲必須有深厚的學養指導。格物是爲了明天理，明天理是爲了指導道德實踐。格物窮理是知行合一的準備階段。固然，格物窮理，無論就自然事物還是就社會事物鑽研探討，實際都是行的過程。但這個行，主要地是爲了知；這個知，是爲了給後面的行動以理論的指導、知識的準備。這就是朱熹所說的「萬事皆在窮理後，經不正、理不明，看他如何踐履，也只是空」[19]。

朱熹曾說過：「論先後，知爲先；論輕重，行爲重。」[20]所謂「行爲重」，顯然是指行能產生直接的、現實的效果。但賀麟指出，朱熹這裏不過是說，產生直接的現實效果的行，必然是知指導下的行，必然是知行合一的行。行無非是把早就存在於行動者心中的計劃、方案、藍圖實現出來，使之變爲實在的東西而已。也就是說，知是行的觀念形態，行是知的現實化。由此，知先行後，知主行從。知能最好地發揮心的創造功能，最好地體現人之所以爲人的本質。

實際上，朱熹的知行觀也有知行合一的意思，不過沒有明白標示而已。如朱熹說：「知行常相須，如目無足不行，足無目不見。」[21]認爲知行二者必是一個統一體的兩方面，失卻一方，另一方便失去其存在的根據。又如朱熹說：「若講得道理明時，自是事親不得不孝，事兄不得不悌，交友不得不信。」[22]這就是王陽明所說的「能知必能行，不行不足謂之眞知。」[23]對比朱熹與

---

[18] 《五十年來的中國哲學》，頁154。
[19] 《朱子語類》卷九。
[20] 同上。
[21] 同[19]。
[22] 同[19]。
[23] 《傳習錄》中。

王陽明的知行思想，賀麟認爲，朱熹的根本見解，從理論上說，知先行後，知主行從；從價值上說，知行應該合一，窮理與踐履應該兼備。而王陽明的根本見解是知行合一，無論理論上、踐履上都如此。

按賀麟的分法，朱熹的知行觀是理想的、價值的知行合一觀，也就是說，知行本來不合一，知是格物窮理，行是着實躬行，知行之間不僅有時間空間上的差距，而且可以有知而不行和行而不知的可能。懸知行合一的理想於前，努力以求達到。這是其價值所在。

王陽明的知行合一觀可稱爲直覺的或率眞的知行合一觀。所謂率眞的知行合一觀，賀麟解釋說：

> 就工夫言，目的卽手段，理想卽行為，無須懸高理想、設遠目的於前，而勉强作積年累月之努力，以求達到。就時間言，知與行緊接發動，卽知卽行，幾不能分先後，但又非完全同時。㉔

這種率眞的知行合一，是本良知而行；良知是卽知卽行、知行合一的本來體段或曰本體。比如王陽明所舉「如好好色，如惡惡臭」的例子，見好色而好，聞惡臭而惡，這是率眞的、不可欺的，是眞情的流露，不是矯揉造作。

對比王陽明的「率眞的知行合一」與賀麟的「自然的知行合一」，可以看出，王陽明的知行合一的本來體段，與賀麟的「自

---

㉔《五十年來的中國哲學》，頁149。

然的知行合一」有一致的地方，可以互相發明。關於知行本來體段，王陽明有一段話說得很清楚：「行之明覺精察處便是知，知之眞切篤實處便是行。」㉕這是說，知行本是一個行爲的不可分割的兩面，行爲的計劃、目的、方式等觀念形態的東西屬知，行爲的運動、操作等可見的、在時空中的活動屬行。一個行爲既不能沒有計劃、目的等觀念性的東西，也不能沒有實在的行動。人的行爲不同於動物處，最根本的就在於，人的行爲是自己觀念的外化、落實，而動物的行爲是憑本能。知行合一，是人的行爲的本質屬性。王陽明有見於此，認爲這是知行本來體段，表現出他在知行問題上的深刻見解。但王陽明的「知行本來體段」仍然不是賀麟所謂「自然的知行合一」。自然的知行合一，是以現代心理學、生理學的方法爲基礎，以身心平行論爲理論根據：「只要人有意識活動，身體的跟隨無論如何也是無法取消的。」㉖這種身體的跟隨，不是受意識影響的，或說受意識指令的，而是意識活動必然有身體的某種變化，儘管這種變化是極其細微的。賀麟認爲，自然的知行合一所揭示的是，任何一種行爲皆含有意識作用，也含有生理作用，知行永遠合一，永遠平行，永遠同時發動。最低的知永遠與最低的行平行，僞知與妄爲，盲目與冥行永遠是互相伴隨、相依爲命的。這是爲人的行爲的本質所決定的，雖欲知行不合一而不可得。

由賀麟的「自然的知行合一」來看，王陽明所謂「一念發動處便卽是行了」這一命題是深刻的。「一念發動」按常識的說法，只能說是知，因爲它沒有外在的行爲，只是觀念中的發生。

㉕《傳習錄》中。
㉖《五十年來的中國哲學》，頁136。

但根據「自然的知行合一」說，一念發動必有身體的動作與之配合，必有腦神經的活動，必有觀念的物質載體的變化。這種變化雖是極微小的、不可見的，但並非心理學、生理學無法測定的，不過屬顯知隱行罷了。

另外，在知行主從問題上，王陽明認爲知行無主從關係，而賀麟從其理性主義出發，認爲王陽明的「知是行的主意，行是知的工夫；知是行之始，行是知之成」是「知主行從」說。其實，王陽明的「知是行的主意，行是知的工夫」和「行之明覺精察處卽是知，知之眞切篤實處卽是行」都是知行合一、知行並重的意思，並不特別標明重知。而賀麟發揮道：「知卽是行的主意，則知不是死概念，更不是被動接受外界印象的一張白紙。反之，陽明認爲知是動的，是發出行爲或支配行爲的主意。」㉗賀麟認爲，知包括理智、情感、意志等屬於心靈活動的範疇，知不是機械地接受外界的刺激，而是能動地發揮人的主體性，對客觀事物進行積極反應。知是賦予宇宙規律法則的主體，知不是一張白紙：

> 一物之色相、意義、價值之所以有其客觀性，卽由於此認識的或評價的主體有其客觀的、必然的、普遍的認識範疇或評價準則。心乃一理想的、超經驗的精神原則，但為經驗行為知識以及評價之主體。此心乃經驗的統攝者、行為的主宰者、知識的組織者、價值的評判者。自然人生之可以理解，之所以有意義、條理與價值，皆出於此「心卽理」之心。㉘

㉗《五十年來的中國哲學》，頁151。
㉘《哲學與哲學史論文集》，頁131。

心，卽知的本體，是知行關係中起決定作用者。這是其重知主義的根據。

賀麟的重知主義，是有深刻的歷史背景的。在他思想極其活躍的三十年代，正是現代科學技術飛速發展的時代。人類在科學上的巨大成就，顯示出人的智慧有無比豐富的蘊藏，人的精神世界有無比深厚的潛力。人們由物質文明的發達而追溯到創造物質文明、駕馭物質文明的主體。所以賀麟說：

> 由物質文明發達，哲學家方進而追問征服自然、創造物質文明的精神基礎——心；由科學知識發達，哲學家方進而追溯構成科學知識的基本條件——具有先天範疇的心。故物質文明與科學知識最發達的地方或時代，往往唯心論亦最盛。㉙

賀麟這段話，一方面說明了他的心學的時代背景，另一方面，也說出了他探索心靈的更深層次的途徑——意識現象學。

### 3. 由意識到理念、理則，歸於黑格爾

賀麟說：「行為現象學，就是把人的行為作為現象，進而追尋行為現象背後的本質：知或意識。行為現象學的一個前提是知主行從，知是本質，行是現象。更進而由意識現象學之研究，而發現意識的本質，而認識藉意識或知識而表現的理念。最後由理念釋理念，由理念推理念，而產生理則學。」㉚從賀麟這一由知

㉙《哲學與哲學史論文集》，頁132。
㉚《五十年來的中國哲學》，頁156。

行問題到理則學（邏輯）的推出步驟，可以看出，賀麟不僅把知看作行的本質，而且認爲，知的本質是邏輯。他要從知行問題進到理性的最深處。這一進入是循著意識→理念→邏輯這樣層層深入的探討。

賀麟的第一步是，認定意識的本質是理念。理念藉意識表現自己。什麼是理念？理念卽理想的、永恆的、精神性的普遍範型。照賀麟所說，理念卽「心卽理」之理。如前所述，賀麟認爲，心有二義，一是心理經驗中的事實，一是先天具有的能整理經驗、組織經驗、評判經驗的主體。前者是心理意義的心，後者是邏輯意義的心。在賀麟看來，被認識的、進入意識中的物是被主體整理過的物的現象。他說：「其色相皆是意識渲染而成，其意義、條理與價值皆出於認識的或評價的主體。」要是沒有意識的渲染，邏輯的整理，進入意識的只是一團混沌。說意識的本質是理念，就是指意識中有使經驗材料就範的框架、模型。這些框架、模型是永恆的、普遍的，賀麟謂之「東聖西聖，心同理同。」

賀麟認爲，這些理念是一個系統，是一個由邏輯關係組成的網絡，網絡中的理念都是被先驗的邏輯的必然性所規定的。這就是心的理則（邏輯）。心的邏輯次序可以先驗地規定事物的不同秩序、條理。事物的不同秩序、條理是心的理則的表現。理則的抽象形式可以由活生生的、處處可見的事物反映出來。賀麟的心的理則的說法，是對黑格爾的邏輯學的援引。他說：「黑格爾的理則學是現象學，是精神哲學，是邏輯，也是本體論或形上學。」㉛心的理則作爲一種精神活動，它是精神哲學，作爲普遍必然的先

㉛《黑格爾哲學講演集》，頁153。

驗結構，它又是邏輯；作爲理念、知識的最後本質，它是本體論；作爲可見事物的決定者，它又是形上學。邏輯學是主客合一的。作爲人的精神矛盾進展的過程，精神的自我建立，作爲人的全部精神生活內容的縮影，它是主觀的；而將人的精神生活的全部內容絕對化爲超時空的存在，作爲現實世界出現之前就已存在的東西，它又是客觀的。絕對理念是思有合一的，它的本質是思，它的表現是有；它的發展外化所依據的邏輯規範是思，現實的發展外化爲有。思想法則是絕對理念的摹本。絕對理念是邏輯行程的終點，邏輯結構是絕對理念的實在內容。所以，賀麟在「知行合一」問題上的致思過程是：他接過王陽明「知行合一」的命題，吸收現代心理學的觀點，提出「自然的知行合一」說，由理性主義哲學的深厚學養和強烈傾向高揚知的重要性、決定性，推出知主行從，又由黑格爾的絕對理念的邏輯範疇、邏輯結構，推出心的理念、心的理則（邏輯）。而知行合一之「行」，或說行爲現象，則作了「理則學之引導科學或預備科學」㉜。這就是賀麟由「知行合一」出發而向重知主義逐漸傾斜的思想行程。

## 三、對「知難行易」的發揮

「知難行易」是孫中山的命題。賀麟之所以要對此命題進行廣泛討論、深入發揮，是由於他認爲，「知難行易」是孫文學說的哲學基礎，是心理建設的理論基石。只有這理論基石是穩固的、確然不拔的，立在它上面的整個理論大厦才是巍然不可動搖的。所以賀麟首先提出這樣一個問題：知難行易說只是一種起宣

㉜《五十年來的中國哲學》，頁157。

傳作用的常識，還是一種有普遍必然性的學說或理論？常識只求解釋表面的、局部的事實，而學說或理論要能解釋本題範圍以內的所有事實，要符合「據界說以思想，依原則而求知」的理論要求。賀麟認爲，孫中山的知難行易說是一種理論學說，是有普遍必然性、能解釋本題範圍內所有事實的有一貫性的哲學理論。這個理論的目的，是要反對深印中國人心中的「知之匪艱，行之惟艱」的傳統說法。從問題的提出就可以看出，賀麟欲根本搖動傳統思維方式只求有效果，不求知原理的實用主義，欲根本改變中國人重行輕知，忽視思辯抽象的弱點。他對孫中山知難行易說的讚同、論證，亦意在證明它是有中西哲學史的深厚淵源，有現實行動中的事實基礎的哲學學說。它不是一般常識，但又給人提供一種關於知行問題的健康常識。

### 1. 對「知難行易」諸批評的反駁

欲證明知難行易是一種有理論的一貫性的哲學學說，就得駁倒認爲知難行易只是一種偏執的看法，「無普遍必然的效準」這種流行的意見。國內當時頗有人否認知難行易說有顛撲不破的性質，只認其爲能解釋部分事實的常識。第一種意見認爲，知難行易是相對的，隨人而異的，不能肯定說知必難行必易。如性格偏於靜的人覺知易行難，性格偏於動的人覺知難行易；實行家覺知難行易，理論家覺知易行難。由此足見知行本身無所謂難易，完全視人而異。所以知難行易說無必然性。賀麟指出，此種意見的錯誤，在於不知比較的標準和範圍。就比較知行難易言，必須在同一範圍內，就同一事之知行兩方面進行比較，不能漫無邊際地拿性質範圍等完全不同的兩件事來比較。如作戰，只能就定戰略戰術、知敵人虛實之知和衝鋒殺敵之行相比。讀書，只能拿瞭解書中意旨和咿唔讀書之動作相比，這才得相比之眞意。

第二種意見主張「有些知難，有些行易」。這也是說知難行易說無普遍必然性。賀麟認爲，此種批評也是不知比較的標準和範圍，這樣的討論也沒有哲學意義。要知行難易的比較有哲學意義，必須比較同一事的知和行兩方面。

第三種意見主張「知難行亦不易」。這種意見認爲知難行易說只是一種宣傳，因爲它可以使以行爲主的後知後覺者服從、尊仰以知爲主的先知先覺者。「知難行易」說有實用價値，但很難說是普遍事實和必然眞理。實際上「知難行亦不易」，知難行易說太把知行截然分做兩事了。對於此種批評，賀麟駁斥道，知難行易說是建立在知行合一說上的。而欲比較知行之難易，必須將知行分開來說，這並不意味著把知行截然分爲二事，亦未必違反知行合一之旨。孫中山比較知行之難易，在於得其重輕而知實用力下手處。「知難行亦不易」說使人無從比較，亦不知其下手處，反失孫中山提出知難行易說的苦心。另外，這種說法認爲「知難行亦不易」，就是說有時知難，有時行難，完全視事實爲轉移，完全以與我之實用關係爲依歸，知行難易本身無法判定，這不啻否認哲學上有客觀眞知。

第四種意見認爲，知難行易說固可以解釋科學技術上的知行關係，卻不能解釋道德上的知行關係。換句話說，科學技術上可說「知難行易」，道德上只可說「知易行難」。這種在科學技術上承認知難行易的說法，是吸取了孫中山的說法；在道德上主張「知易行難」是吸收了孟子及陸王心學的說法：人有天賦的「本心」、「良知」故易，而實行道德修養或眞正養成高尙的道德品質則非常之難。賀麟對這種意見也是反對的，他說：「在道德方面說，知易行難在常識上雖甚普遍，但在理論上和修養上均站不住腳。」㉝賀麟引證了程頤和朱熹的幾段話來證明道德上亦是知難行易。程頤嘗說：「未致知，怎生得行？勉強行者安能持久？除非燭理明，自然樂循理。學者須是眞知，才知得便是泰然行將去也。」「如眼前諸人要特立獨行，煞不難得，只是要一個知見難。人既能知見，豈有不能行？」㉞賀麟認爲，這兩段話明確說知難行易，此處所謂「知行」，所謂「理」，皆是道德方面的，不是一般的知行。並說，「才知得便是泰然行將去」，「人既能知見，豈有不能行」二語，正與孫中山「能知必能行」之繹理相合。賀麟復指出，朱熹雖對知行難易問題少有討論，但他關於知與行的邏輯關係，卻有許多精要的話。朱熹認爲道德行爲完全爲眞知所決定，沒有眞知，絕不會產生道德行爲，這實際隱含著知主行從，知難行易的意思。如朱熹之「若講得道理明時，自是事親不得不孝，事兄不得不悌，交友不得不信」，「只爭個知與不知，爭個知得切不切」，「人之所以懶惰，只緣見此道理不透，所以一向提掇不起；若見得道理分明，自住不得，豈容更有懶惰時節?」㉟並認爲，朱熹這些話和王陽明「知而不行，只是未知」的說法符合。以此證明，程朱在道德上皆主知難行易、知主行從。

總之，賀麟對上引幾種批評意見的反駁，是要說明，知難行易不是只能解釋部分事實的常識，而是有普遍必然性的哲學理論，適用於包括道德在內的一切領域。他之要證明知難行易，不

㉝ 《五十年來的中國哲學》，頁165。
㉞ 《宋元學案》卷十五。
㉟ 同上，卷四十九。

僅是爲了論證孫文學說，更重要的，知難行易是他自己思想的一部分。他的思想具有突出的理性特徵，他反對道德上的獨斷論，他重視行爲的知識基礎，主張一切建築在理性基礎上。他認爲只有確認知難行易，才能成立知主行從，知先行後等理性主義的基本命題。當然這些都是在兩者合一的基礎上求其邏輯上的支配者、決定者。他之引述程朱的說法，一是爲了證明自己的論點有先哲的著作印證。同時也說明，「知難行易」是中國哲學的正宗思想，決非某人一時興會，或摭拾西方哲學某家學說，而是其來有自，源遠流長。

**2. 對孫中山「知難行易」說的再論證**

孫中山在《孫文學說》中曾舉十事以明知行之性質及其難易關係。賀麟指出，這種方法是「由分析特殊事實，得其本質所在，因而獲得普遍原則的方法」㊱。即由分析淺近事例，將知與行的意義確定清楚，予以明確的界說，然後根據界說以立論的方法。賀麟據此方法，認爲孫中山所謂知，是指眞知、科學知識、原理知識，一般人所謂泛泛淺近之知，道聽途說之知，空洞模糊之知，均非孫中山所謂知。而孫中山所謂行，是指不自知覺的本能行爲，普通運動五官四肢的簡單行爲，依習慣而行、命令而行，爲需要逼迫，受知識指導的行爲。所謂「知難行易」是指知事物之所以然及所當然之理難，求眞知難，學說的創造、科學上的發明、事業的設計難。所謂行易指不知而行易，知而後行易。其間之難易關係自不言而明。據此知行的界說，知難行易是有必

㊱《五十年來的中國哲學》，頁170。

然性與普遍性的說法，非僅只能解釋部分事實的常識。

從孫中山所舉之例和賀麟的解釋來看，可以看出，孫中山的例證已是受了近代歐美工業發達、科技進步、各種實證知識已成體系的時代影響，已非如中國舊籍中知行僅限於道德。賀麟的解釋，更從方法上表現出他的理性化、學術化色彩：即眞知是關於原理的知識，是學術化的知識，即他所謂「知事物之所以然之理」。這裏可以看出，他欲以留學西洋所得的突出的理性精神注入中國傳統哲學，使中國傳統哲學理性化，有原理知識奠基，有明白的界說，有正確的推導。一句話，努力使中國固有的學術帶上濃烈的理性精神。

孫中山復由人類文明進化的階段和人類的分工來論證知難行易。孫中山將人類文明進化分爲三階段：第一階段，由草昧進文明，爲不知而行時期；第二階段，由文明再進文明，爲行而後知時期；第三階段，自然科學發達以後，爲知而後行時期。這三個階段，後來居上，由簡趨繁，由易趨難。據以上劃分，孫中山把人分爲三類：（一）先知先覺者，爲創造發明；（二）後知後覺者，爲仿效推行；（三）不知不覺者，爲竭力樂成。第一種人爲發明家，第二種人爲宣傳家，皆爲知者，第三種人爲實行家，爲行者。第三種人數量上遠多於上兩種人。賀麟對進化三階段的發揮，在於以知爲人禽之辯，以學問知識爲物質建設的關鍵。賀麟認爲，在草昧進文明階段，人與禽獸並無區別，皆是行而不知，而第二階段由文明再進文明，則是由行爲中得知識，由生活中得學問，由經驗中得教訓，這乃是人類特有的功能。所以行而後知不僅是人與禽獸的根本分別所在，而且是劃分先知先覺和後知後覺的界限。先知先覺是在行爲中自己體會出知識學問來，後知後覺是教而後知，學而後知。到了第三階段，自然科學發達之後，是由先知先覺的創造發明，謀畫設計，領導推動，然後纔有大規模的行爲。這一階段實爲人類文明進步的最高時期。可以看出，賀麟是在以行爲中得學問知識來規定人類行爲的本質特徵，是用創造發明、知識學問作人類文明最高時期的標誌，以教育的普及、知識的傳播推廣作文明社會最主要的工作，這裏表現了賀麟突出的重知主義特點。他比孫中山在重知方面走得更遠。照他的論證，非至於知在邏輯上在先、在份量上爲重、在關係上爲主不可。這也就是他所說的:

> 唯心論是因科學發達、知識進步而去研究科學的前提知識的條件，因物質文明發達而去尋求創造物質文明駕馭物質文明的心的自然產物。故物質文明與科學知識最發達的地方，往往唯心論亦愈盛。㊲

對孫中山將人劃分爲先知先覺、後知後覺、不知不覺三類，賀麟重在發揮先知先覺是社會發展最重要的力量，科學的昌明，國家的組織，文化的發展，要靠先知先覺者創造發明，宣傳教育。不過賀麟亦提醒人們注意，將人劃分爲三類，乃注重三類人的分工合作，並非以知識多寡劃分社會等級。意思是說，人雖有知識的多寡，但無身份的貴賤，三類人相需爲用，人類文明纔能進步。當然先知先覺的人有對後知後覺的人進行組織、教化、指導、訓練之責；後知後覺的人也有不斷學習提高，增進整個人類

---

㊲ 《哲學與哲學史論文集》，頁132。

素質的義務。所以賀麟認爲，雖不否認有先知先覺者，但亦不能輕視後知後覺的實行家。他提倡旣是設計家，又是實行家，卽知卽行，知行兼於一身的人物。不過究其極，應該說還是知重行輕，知主行從，知先行後，他說：「任何政治家、軍事家、革命家實行方面的事功，都可以認爲他們知識方面的學問與識見的表現。他們實行上的豐功偉績，就可以說是他們知識上的先知先覺的發揮。」㊳ 因爲賀麟根本認定知難行易，知主行從，知是根本，行是表現。

### 3. 「知難行易」說的繹理

《孫文學說》中有「能知必能行」、「不知亦能行」兩命題，賀麟認爲，這兩個命題可以看作「知難行易」根本原則的兩條繹理。所謂繹理，就是從根本原則紬繹出來或推論出來的道理。關於第一條繹理，賀麟分析了常識上「能知未必能行」的說法，認爲，能知未必能行，實際上乃由於不爲，不肯行，並非不能行。卽孟子所謂「是不爲也，非不能也」。能爲而不爲，大概由於：（一）分工的關係，一人不必兼知行於一身，一個以知的方面爲主的人，大可不必在行上亦要求有大作爲；（二）懶惰的習性，知而不行，乃由於懶惰，不去行；（三）惑於「知易行難」的謬說，以知爲易，以行爲難，難故憚於行。後一因實爲最主要的原因，這正是孫中山提出「知難行易」說的用意所在。所以賀麟主張，應該以「能知必能行」作爲一種信念（當然是建築在知難行易根本道理上的信念），而不單是確然可見的事實。應該相

㊳ 《五十年來的中國哲學》，頁179。

信「能知必能行」，纔能够剷除畏難苟安的惰性，鼓起實行的勇氣，堅定成功的信心。可見，賀麟之以「能知必能行」爲知難行易的一條繹理，有著明確的目的，這個目的，同孫中山提出心理建設的目的一致。

賀麟亦用王陽明「知而不行，只是未知」來解釋「能知未必能行」的常識。賀麟說：「爲甚麼知而不行，只是因爲知非眞知，知未透徹，知的難關尚未突破，故不能發爲眞切篤實之行。泛泛口耳之知，旣算不得眞知，故不一定能發諸行爲。我們想做一事，若不能力行，或行起來發生弊病，並非知而不行，乃是由於我們知識根本上尙有缺陷。假若有了明覺精察之知，必然會發生眞切篤實之行。」㊴賀麟並且說，這一點正可證明孫中山「能知必能行」的繹理，包含了王陽明知行合一之旨。不過孫中山很少從「能知必能行」正面發揮，而多從反面說「不能行由於不知」的道理。這裏賀麟認爲孫中山的知難行易說與王陽明的知行合一之旨暗合。實際上，孫中山對王陽明的知行合一是批評的。他的「知難行易」說，一者反對「知易行難」說，二者反對「知行合一」說。孫中山說：「總而論之，有此十證（案卽證明知難行易十事）以爲行易知難之鐵案，則『知之匪艱，行之惟艱』之古說，與陽明『知行合一』之格言，皆可從根本上而推翻之矣。」㊵並說：「若夫陽明知行合一之說，卽所以勉人爲善者也。推其意，彼亦以爲『知之匪艱，行之惟艱』也。此陽明學說雖爲學者傳誦一時，而究無補於世道人心也。」㊶孫中山還力駁「日本明

㊴ 《五十年來的中國哲學》，頁182。
㊵ 《孫文學說・知行總論》。
㊶ 同上。

治維新全得陽明學說之功，故應在現時中國大力提倡陽明學說」之非。則孫中山拒斥「知行合一」之說甚明。而賀麟以爲王陽明「知行合一」與孫中山「能知必能行」之旨吻合，實際上是爲了以王陽明補足孫中山。細察賀麟之意，似認爲孫中山「知難行易」在學理上太偏於知，則有畸重知、割裂知行之弊。賀麟同意孫中山之重知，但他是知行合一基礎上的重知，在知行合一範圍內論知先行後，知主行從。就是說，他是在斯賓諾莎基礎上進於黑格爾，以黑格爾知行合一基礎上的知爲主、爲先、爲重作藍本來立論。故贊成孫中山之「知難行易」，又補以王陽明之「知行合一」。

第二條繹理「不知亦能行」，賀麟重在指出其所含蘊的深刻意義方面。賀麟認爲，不能絕對地說「不知亦能行」，只能說「不知亦能動」，因爲「行」和「動」是有很大區別的兩個字眼。有知識指導的行爲纔能叫「行」，無知之行只能叫做「動」。一些在常識上被認爲不知而行的，嚴格說來亦不能謂絕對不受知指導，如生物有機體適應環境的本能行爲，亦是受原始的本能的知行合一體指導，嚴格地說也可謂爲行。又如下意識的行爲，常識上雖可認爲不知而行，但嚴格說來亦不能說毫無知覺，也是受知指導的行爲。不過此知爲下意識之知。而「不知亦能行」若加同情的瞭解，亦可發現，(一)「不知亦能行」即「不全知亦能行」，並非謂絕對不知，或毫無所知亦能行。此意在指示人在沒有充分的、完全的知識時，也應據現有知識大膽去行。許多環節須在動態中方能呈露出來，必恃隨機應變之知力，方能收其全功。而靜待知得全了再行，則絕不會有成功之日。而且此種「不全知亦能行」，還可鍛鍊矢志以赴、成敗利鈍非所逆睹的忠貞精神。(二)

「不知亦能行」亦卽「本假設以實驗探索」之意。此義略同於第一義，亦本不完全不充分之知而實驗力行，以求達到完全之知。不過此義重在科學上實驗探索之義。賀麟似乎特別看重這一點，因爲他認爲按孫中山人類文明發展三階段的說法，西方工業發達國家已達科學昌明之後知而後行的第三階段，而三十年代的中國還處在由文明再進文明的行而後知的第二階段。所以應特別提倡「本假設以實驗探索」的科學精神。可以說賀麟欲培養國民的理性精神、科學精神的苦心是時時見於言表的。（三）「不知亦能行」卽「秉信仰而力行冒險」之意。賀麟爲力矯中國人信仰淡漠甚且無信仰之習，多次談到建立信仰的必要。在《文化與人生》一書中，有〈信仰與生活〉一篇，專談信仰的性質、功用、種類、人應否有信仰等問題。賀麟在〈信仰與生活〉中給信仰下的定義是「信仰是知識的形態，同時也是行爲的動力，也可以說信仰是足以推動行爲的知識形態，並且可以說信仰是使個性堅強、行爲持久、態度眞誠、意志集中的一種知識形態。」㊷並且明確表示：「我們所倡導的是浸透了理智的活動和理性的指導的信仰，與知識進展相依相隨的信仰。」㊸所以，秉信仰而力行冒險也就是本知識指導而艱卓力行，百折不迴之意。亦卽賀麟所謂「豪傑的冒險精神與宗教家的堅貞信仰相結合」。

總之，賀麟認爲：「不知亦能行」這一綷理義蘊無窮：「舉凡不計成敗利鈍的忠貞精神，試驗探索的科學精神，注重信仰的宗教精神與冒險精神，革命家政治家的力行精神，均可由『不知亦能行』一語總括之、鼓勵之。」㊹並特別指出，「不知亦能行」

㊷《文化與人生》，1988年版，頁89。
㊸同上，頁92。
㊹《五十年來的中國哲學》，頁187。

較之希臘人和宋儒之偏重玄思冥想、支離繁瑣，缺乏力行冒險勇氣，更為健康無弊，更有近代精神。

從賀麟對「知難行易」的兩條繹理的分析，可以看出，賀麟不僅在學理上，而且在人心上發揮孫文學說，即不但在哲學上指出真知必能行，要人們努力突破知的難關，而且在心理建設方面指出，知難行易說更包含不計成敗利鈍、試驗探索、信仰、冒險種種精神，要人們切實去行。賀麟在用孫文學說的材料發揮自己的心學思想。他的發揮，突出的是理性、力行，仍是知行合一。並處處表現出融和中西哲學的長處，在知行方面創設出一種新的理論、新的學說的努力。

## 四、「知難行易」說與「知行合一」說的關係

賀麟之論知行問題，是從斯賓諾莎的身心平行論和王陽明的知行並重出發，而強調黑格爾的知行合一基礎上的知為主、為重、為先，即從知行合一出發，突出知難行易、知先行後、知主行從，再以知行合一告終。在「知行合一」和「知難行易」二說中，知行合一是基礎，也是知難行易說的歸宿，賀麟說：「知難行易說應以知行合一說為基礎，不然則理論不堅實；知難行易說應以知行合一說為歸宿，不然則理論不透徹。」這是他對兩說關係的根本看法。

根據這一根本觀點，賀麟指出，知難行易說與知行合一說並非根本不相容，而是可以融通的。譬如孫中山之反對知行合一，賀麟解釋說，孫中山反對的是知行同時入手，知行同等強調，並非主張知行二者可以脫節，可以知而不行或行而不知。孫中山曾

明確說，他初以陽明知行合一之說鼓勵同仁，可是久而久之，終覺奮勉之氣不勝畏難之心，乃廢然而返，專從事於知難行易之教。可見，知難行易是為行而不知故行亦難持久之病補偏救弊，是專為消除中國人心中的「知易行難」的舊說而提出的。知難行易是知行合一基礎上的知難行易，是不廢「知易行難」舊說中的「行」而高揭「知難」一面的。就如王陽明之覺到知行合一之不合用而高揭「致良知」之教一樣。但「致良知」三字宗旨是包括知行合一的，因為致良知之「良知」卽「知」，「致」字卽是「行」字。提致良知則強調從「行」字入手。因「知」字是人的天賦本能，不用強調自有強固地位。「知行合一」無從下手，而「致良知」則當下卽有著力處。此卽黃宗羲說的「自從姚江指點出良知人人現在，一反觀而自得，便人人有個作聖之路」㊺。故孫中山之知難行易，是包括知行合一，在知行合一基礎上的知難行易。孫中山之知難行易實為王陽明之知行合一上再下一轉語，非根本反對知行合一。如果丟開孫中山高揭「知難行易」的特定目的、良苦用心，從知行本身之難易說，賀麟主張二者殊難分高下。他說：

> 依知行合一的說法，知行應同其難易。蓋知與行既然合一而不可分，則知難行亦難，知易行亦易。知仁政難，致仁之良知，推不忍之心於天下，亦難，有科學知識難，作科學實驗之行，亦難。好好色、惡惡臭之行易，知好色知惡臭之知，亦易。㊻

---

㊺《明儒學案・姚江學案》。
㊻《五十年來的中國哲學》，頁191。

況且知與行的絕對界線亦甚難劃定。故知難行易說須以知行合一說爲基礎，否則理論不堅實。如欲認知邏輯上的先在性，也須是以知行合一基礎上的爲主、爲重、爲先。此賀麟在知行問題上的根本見解並屢屢昭示我們的。

賀麟並認爲，孫中山本近代科學分工專職的原則反對知行合於一人之身是有道理的。因爲在現代科學時代，知者不必自行，行者不必自知，人司一職猶恐不能盡善，故不能兼及其他。中國傳統有所謂立德、立功、立言的「三不朽」說，而且中國歷史上確有一身兼三不朽之人，如諸葛亮等，但在現代社會中，一身兼三不朽之人甚難得，而且也不必要。分工合作，各司其職是現代職業特點。所以知行合一於一人之身不合乎現代社會分工原則。不過賀麟也指出，以知行兼於一身來理解知行合一的人雖相當多，但王陽明的知行合一卻不是教人知行合於一身，而是教人知行合於一時。他的本意是提倡即知即行，糾正知而不行的「懸空思索」和行而不知的「冥行妄作」兩種弊病，非欲集理論家與實行家於一身。賀麟認爲，王陽明知行合一的要旨在一個「誠」字。不誠無物，無論知或行，均不可不有誠意。如一個理論家本「修辭立其誠」之意提出學說，自己深信不疑並身體力行，這就是「誠」。而「誠」字若按宋明理學家的形上發揮，「誠」字即是知行合一。即所謂「本心即知，不欺本心即行」。「本心」，「不欺」皆誠。可見賀麟的本意在「知難行易說與知行合一說不惟不衝突，而且互相發明」[47]。

此外，賀麟認爲，「知難行易」的釋理「能知必能行」亦即

---

[47] 《五十年來的中國哲學》，頁193。

知行必能合一之意：眞知必能見諸實行，反之，不能行由於未知，正反兩面皆歸於「知行合一」。能知與能行合一，不能知與不能行合一，便是斯賓諾莎知識方面陷於愚昧，則行爲方面淪爲奴隸；知的方面只是些糊塗的經驗、混淆的觀念，行的方面便是情慾的奴隸；所知不出臆想與意見，所行便矛盾無常；若知的方面知人知物，則行的方面便自主自由之意。而「不知亦能行」，若加以善意的瞭解，不以辭害義，則亦在鼓勵冒險力行，亦卽「以行而求知，因知以進行」之意。最後歸宿亦在知行合一。所以賀麟認爲，孫中山的學說實本王陽明「知行合一」之說而發揮爲「知難行易」，兩說並非矛盾不可融通。

賀麟力辯「知行合一」與「知難行易」理論上的一致性，但他也指出二者所謂「知」、「行」在實際內容上的不同。這是由於王陽明和孫中山所處時代不同，同一個概念的眞實內容便不同。賀麟說：「陽明之講知行合一，着重在講個人正心誠意，道德修養的成分居多，中山先生之知行合一說則擴大來通論一切學術文化革命事業上之知行合一。」㊽陽明之「知」在知「天理」，之「行」在行「天理」；而所謂天理卽道德原則，此道德原則旣表現爲心中之理，也表現爲宇宙之理，此陽明所謂「良知卽天理」、「心卽天」。中山先生所謂知，主要是知自然事物的規律，現代科學知識，如他所舉十事中「化學結構」、「生理學」、「經濟學銀行學貨幣學」、「物理學」、「工程設計」等等。行卽獲得這些知識、運用這些知識。這個不同是中西的不同，也是古今的不同。賀麟著重提出這一點，就是要警醒人們注意中西哲

㊽《五十年來的中國哲學》，頁195。

學的不同點，道德與科學的懸隔處，使國人自用理智，注重工程實業銀行貨幣等新知識，勿以道德修養、文明禮儀自眩自限，努力趕上世界最新趨向。這是孫中山的苦心所在，也是賀麟的苦心所在。

由於注重新的科學知識的社會性，賀麟把孫中山的分工合作之意發揮爲「社會的知行合一」說。孫中山嘗說王陽明知行合一「若於科學既明之世，指一時代一事業言，則甚爲適當。然陽明乃合知行於一人之身，則殊不通於今日矣」㊾。意即知行合一不宜言一人，而宜於言一時代、一事業。賀麟解釋「社會的知行合一」說：「就一時代言，就一事業言，知行二者亦永遠合一自然合一必然合一。任何事業、任何時代、任何社會，其知行雙方皆是合一的。」㊿意爲，在現代社會中，有人做知的工作，有人做行的工作，而自社會角度言，自一事業角度言，則知行同時有人在做。僅有做知或僅有做行的工作，社會則不成爲社會，事業不成爲事業了。另一個意思是，就每一時代、每一社會之知識水準與行爲水準言，亦永遠諧和一致。當然賀麟在「社會的知行合一」中，依然不忘知難行易之旨：「在此社會的知行合一中，知屬領導指揮方面，行屬附從工作方面，知優良，則行亦隨之優良；知謭陋，則行亦隨之不競。依此種知行合一體而觀，則知的方面爲主，行的方面爲從，知難行易乃顯而易見。」51此仍是知行合一基礎上的知難行易知主行從。而且依賀麟的意思，越是社會分工發達，科學進步，政治良好的時代，知的方面越重要。

---

㊾ 《孫文學說・知行總論》。

㊿ 《五十年來的中國哲學》，頁199。

51 同上。

值得提出的是，賀麟前期對實踐論的知行觀未深研。五十年代中期以後，他接受了實踐論，並對自己前期的某些觀點做了反省，他說：

> 由於受了實踐論的啓示，使我試用實踐作為檢驗真理的標準，因而明白發現了朱熹、王陽明的知行學說的缺陷，而指出他們的學說在社會實踐中業已發生的不良影響。使我敢於初步地否定並批判我素所服膺並受過影響的程朱陸王的學說。[52]

對於實踐論的知行觀，賀麟讚揚其不把知行割裂爲二，不抽象地比較其難易，而是在實踐中求理論與實踐的統一；讚揚其揚棄古今一切知行學說，吸收中外一切優秀哲學遺產的方法論；讚揚其主觀和客觀、理論和實踐、知和行的具體統一的觀點。[53]並認爲知行問題，由朱熹、王陽明、王船山、孫中山再到實踐觀，是一個曲折發展過程，是一個總結。

如果對賀麟前後期討論知行問題的文字作一對比的話，可以發現，眞正代表他在知行問題上的根本意旨，代表他理論創發能力的，還是他前期的文字。前期對程朱陸王孫中山的知行觀都具同情瞭解的態度和自由的發揮，並有甚多新意。他的〈知行合一新論〉已如前說，對孫文學說的解釋與發揮一文，他自己總結說：

---

[52] 《五十年來的中國哲學》，頁207。
[53] 同上，頁208。

此文實本書中最關重要的一篇文字，望讀者特別留意，因為我覺得這篇文字似乎對於關係中國現代哲學思想和時代思潮很大的知行問題，提出了一些新的看法：第一，明白指出知難行易說與知行合一說不但不衝突，而且互相發明；第二，指出從知難行易推繹出來的「能知必能行」、「不知亦能行」兩原則，較之知難行易說的本身尤為重要，尤為根本且較深於學理基礎，較便於指導生活，較能表現近代精神；第三，指出由知難行易說到知行合一說的邏輯發展：知難行易說應以知行合一說為基礎，不然則理論不堅實；知難行易說應以知行合一說為歸宿，不然則理論不透徹。[54]

他的後期文字中雖然也說「無論程朱陸王王船山孫中山都對知行合一問題有過重要貢獻」，但對程朱陸王的貢獻究竟在何處，不如前期文字說得顯豁透徹。對王船山，他改變了前期言其爲知行合一的觀點，而專言其「天下惟器」和重行的方面。對孫中山和實踐的知行學說也未展開發揮，理論上較前期論知行的文字薄弱。所以我們有理由說，前期論知行的文字更能代表他的根本意旨、他的理論水平。他在知行問題上的根本意旨與他的心學思想是一致的，是他整個理論的重要組成部分。

[54] 《五十年來的中國哲學》，頁5。

# 第五章　現代新儒家的代表

誰是現代新儒家的代表人物？在關於這個問題的討論中，港臺學者多舉熊十力、梁漱溟、張君勱、唐君毅、牟宗三、徐復觀、錢穆、方東美等，大陸學者注意的熱點在熊十力、梁漱溟、馮友蘭等。對於賀麟，雖有多人曾提到過，但大多認爲他主要是一個西方哲學史家、黑格爾研究專家，相當多的人則主要把他看作哲學著作翻譯家。本書則認爲，賀麟是中國現代研究、傳播西方哲學的少數大家之一，也是有自己獨立的哲學思想的哲學家。而做爲哲學家的賀麟比做爲哲學史家、翻譯家的賀麟在歷史上的影響更大。賀麟的代表作《近代唯心論簡釋》、《文化與人生》與熊十力的《新唯識論》、梁漱溟的《東西文化及其哲學》、馮友蘭的《新理學》、《新原人》同爲現代新儒家的開山之作。賀麟是當之無愧的現代新儒家代表人物。

若把賀麟與熊十力、梁漱溟、馮友蘭比較，便可發現，梁漱溟主要是一個文化學家，熊十力主要是哲學家，馮友蘭與賀麟既是哲學家又是哲學史家。熊十力一生未出國門一步，他建構哲學體系的材料主要取自中國典籍：佛學、周易、王陽明、王船山；馮友蘭和賀麟都在西洋留學有年，精研西方古典、現代哲學，得過學位，且有極好的中學修養。他們建構哲學體系的主要材料是東西方諸大哲的思想。熊十力的思想充滿中國古典哲學的渾融、博大精神，但缺少馮、賀經過嚴格學院派訓練所得的高度思辯和精密分析。熊十力的《新唯識論》文言文本比馮的《新理學》、賀的《近代唯心論簡釋》早寫十六、七年，但讀之使人感到或早幾個世紀。熊十力的哲學方法還是舊的，概念、範疇還是舊的；而馮、賀從方法到範疇都經過西方哲學陶鎔，具有全新的面貌。熊十力早年奔走革命，無暇及於學術，後又避地邊鄙，沒有或說很少接觸當時國內流行的西方哲學；馮、賀則是西方哲學專家。就馮賀的不同而論，馮友蘭主要接受了美國的新實在論，以之融會宋明道學中的程朱理學，創建了「新理學」的哲學體系；賀麟主要接受了黑格爾哲學、英美新黑格爾主義，以之融會宋明道學中的陸王心學，形成「新心學」的哲學思想。從思維特點上說，馮長於邏輯推理，其著作皆精密謹嚴；賀長於直學體驗，其著作皆創穎活潑。從思想淵源上說，馮專主一家，其所得深而積之厚；賀則師從多門，其所得寬而聚之廣。馮專主一家，寫出了系統的專門著作，創立了特色鮮明的「新理學」體系；賀堂廡太廣，沒有寫出系統的、建立體系的專著，只有思想脈絡一貫、充滿創發力量、但尙不足以建構體系的多篇論文。但若不是重形式上的體系，而是重思想內容的創造性，則賀的論文並不比馮的專著價值低多少。若把馮賀與同是學院中人的港臺新儒家相比，則後者受政治風雲影響小，其思想皆前後一貫。卽有改變也是學理上的、內發的。而前者則受政治風雲影響甚大，前後思想有較大變化。無論如何，上述諸人皆是儒家的孤臣孽子，皆是「在辛亥、五四以來的二十世紀的中國現實和學術土壤上，強調繼承發揚孔孟程朱陸王，以之爲中國哲學或中國思想的根本精神，並以它爲主體來吸收、接受和改造西方近代思想和西方哲學（按熊十力在這方面稍弱），以尋求當代中國社會、政治、文化等方面的現實出路」❶的思想家。

## 一、賀麟對他所處時代的認識

賀麟的重要哲學著作都發表於三十年代前期至四十年代中期這十餘年間。如何認識這一時代的特點，是他學術生活的出發點。賀麟在自述翻譯黑格爾的目的時說：「我們所處的時代，與黑格爾的時代，都是政治方面，正當強鄰壓境，國內四分五裂、人心渙散頹喪的時代。學術方面，正當啟蒙運動之後。文藝方面，正當浪漫文藝運動之後，因此很有些相同。」❷

三十年代中期，抗日戰爭爆發，在強敵壓境、民族危亡在即時，國人需要一種全民族認同的觀念、學術，把渙散的民心凝聚起來，把必勝的信念樹立起來，這就需要在中華民族的優秀文化傳統中尋求維繫人心的精神力量。當時的著名哲學家金岳霖把他在抗日戰爭中所寫的重要哲學著作取名《論道》，就是爲了「使這部書有中國味」。馮友蘭也把他的《新理學》等六部書總稱爲「貞元之際所著書」，以誌寫於「貞下起元」之際。賀麟也認爲，抗戰時期是革故鼎新的時期，是建設民族新文化的一個極好時期，他說：「八年抗戰期間不容否認地是中華民族歷史上獨特的一個偉大神聖的時代。在這期間內，不但高度發揚了民族的優點，而且也孕育了建國和復興的種子。不單是革舊，而且也徙新。不單是抵抗外侮，也復啟發了內蘊的潛力。」❸他認爲，中

❶ 李澤厚《中國現代思想史論》，頁266。
❷ 賀麟《黑格爾學述》譯序。
❸ 《文化與人生》序。

國當時軍備不如日本，國力不如日本，但中國的抗戰是正義的，除了軍事上的抗戰以外，還有精神的抗戰、道德的抗戰、文化學術的抗戰。這些方面，中國是勝過日本的。就道德方面言，日本失道寡助，成了正義人道的公敵，國際公法的罪犯。就精神言，日本的軍心、士氣民意皆不振奮。就文化學術言，日本除了崇奉武力及與武力相關的科學技術外，並無深厚的文化淵源和精神力量。日本以文化學術第三等國，而在軍事上一躍而爲第一等國，實是先天不足，終將釀成根本危機，自至敗亡。歷史上以武力橫行一時而學術文化缺乏根基的民族，終不能滅亡一個有悠久歷史文化的大國。賀麟指出，中國抗戰建國之終將取得勝利，根本原因之一就在於中華民族有優秀的文化傳統。他說：「中國之所以能復興建國，亦因中華民族是有文化敏感、學術陶養的民族。以數千年深厚的文化基礎，與外來文化接觸，反可引起新生機，逐漸繁榮滋長。近數十年來，虛心努力，學習西洋新學術，接受近代化的結果，我們整個民族已再生了、覺悟了，有精神自由的要求了，已絕非任何機械的武力、外來的統治所能屈服了。所以我們現在的抗戰建國運動，乃是有深厚的精神背景和普遍的學術文化的基礎的抗戰建國運動，不是不學無術的抗戰建國。由此看來，我們抗戰的最後勝利，必是文化學術的勝利；我們完成的建國，必是建築在對於新文化新學術各方面、各部門的研究、把握、創造、發展、應用上。換言之，必應是學術的建國。必定要在世界文化學術上取得一等國的地位，我們在政治上建立一自由平等獨立的一等國的企圖，才算是有堅實永久的基礎。」❹ 這

---

❹ 《文化與人生》，1988年版，頁21。

裏，賀麟表現了他一個哲學家的恢弘識度：抵抗外來的侵略，武力固然重要，但必須有精神、文化、道德爲之植基；武力的勝利不是最後的勝利，精神、文化、道德的勝利才是最後的勝利，眞正的勝利。抗戰勝利後的建國，必是政治經濟建設和學術文化建設齊頭並進的建國。從這裏，我們可以看到儒家「王道」思想對賀麟的影響，看到儒家大師王船山等在國家將亡於異族之時，以文化傳統的延續者自許，以繫國魂、續國命、繼道統的「貞士」自我擔當的精神對賀麟的影響。他根本主張，新哲學的宗旨是一切建基於理性之上、精神之上。沒有精神，什麼都沒有；只有精神才是最穩固的基礎。所以他主張，抗戰建國與文化學術互相激發，共同生長，「抗戰不忘學術，庶不僅是五分鐘熱血的抗戰，而是理智支持情感、學術鍛鍊意志的長期抗戰；學術不忘抗戰，庶不致是死氣沉沉的學術，而是擔負民族使命，洋溢著精神力量的學術」❺。

賀麟對於時代的另一認識是，三、四十年代不應是消極破壞的時代，而應是積極建設的時代。五四時代，是一個學術上的狂飈時代。那個時代的主要任務，是在辛亥革命推翻了滿清王朝以後，在意識形態上掃除封建文化的遺留，以與時代的發展相適應。蕩滌舊文化的洪流，自然是波濤洶湧，泥沙盡去。在這股大潮漸趨平緩之後，自不免對前此魚龍不分的狀況進行反省。所以許多五四時期十分激進的人物後來有悔艾之言。賀麟認爲，五四新文化運動，是爲新的文化，新的哲學的誕生掃淸道路的運動，是促進新的文化建設的一大轉機。後來的學者的工作，就是在這

❺《文化與人生》，頁22。

塊掃清了的基地上建立起新的文化、新的哲學。他自己正處在這樣一個新的建設時期。因此，他的使命不是消極地破壞，而是積極的建設。他說：「就時間言，我認爲在五四運動的時候，作東西文化異同優劣之論頗合潮流需要，現在已成過去。我們現在對於文化問題的要求，已由文化迹象異同的觀察辨別，進而要求建立一深徹系統的文化哲學。無文化哲學的指鍼，而漫作無窮的異同之辨，殊屬勞而無功。」❻新的文化建設，不是將傳統文化棄置不顧，而要從中找尋出不可毀壞的永恆基石，在這基石上，重新建立起新的文化、新的哲學。新的文化、新的哲學是在批判地吸取中國傳統文化的基礎上，是在吸取世界文化寶藏的基礎上進行的，它應有世界規模、世界眼光，應是世界普遍接受的哲學和文化。也就是說，它旣是民族的，也是世界的；而越是民族的，它就越是世界的。所以，他對胡適等人打倒孔家店的運動，一方面高度評價其掃蕩舊文化的殘餘，爲新文化奠立基石的功績，一方面又批評它沒有積極的建設。而如果只有毀壞，沒有建設，外國的各種思想便會乘機涌入，失掉了中國自己的文化學術的學術界，只能是外國思想的傾銷場，中國人只能稗販外來文化，做外國文化的奴隸。所以，文化建設至關重要。賀麟還認爲，中國是個有五千年文明的古國，文化傳統源遠流長。國運昌隆時有文化輔國命，國勢衰弱時有孤臣孽子救文化，絕不會有學絕道喪之一日。他對於新的文化建設提出這樣的方鍼：

> 我們不能墨守傳統的成法，也不能一味抄襲西洋的方式，必須自求新知，自用思想，日新不已地調整身心，以解答

❻《哲學與哲學史論文集》，頁419。

> 我們的問題，應付我們的危機。哲學知識或思想，不是空疏虛玄的幻想，不是太平盛世的點綴，不是博取科第的工具，不是個人智巧的賣弄，而是應付並調整個人以及民族生活上、文化上、精神上的危機和矛盾的利器。哲學的知識和思想因此便是一種實際力量，一種改革生活、思想和文化的實際力量。❼

如果說，五四運動對於國人是新文化的啟蒙時期的話，三十年代中期以後，可以說已到了思想文化建設的後啟蒙期了。啟蒙時期的掃蕩必須有後啟蒙時期的創造來補充；啟蒙時期播下的種子後啟蒙時期必須開花結果。而這些都必須通過對中國傳統文化的發展、改造，對西洋文化的選擇和吸收來達到。

## 二、儒家思想的新開展

臺灣著名學者韋政通說：「必須從單一傳統的文化約束中跳出來，以世界文化爲背景，了解中國文化的當前處境。具備這樣的胸襟和眼光，才可能爲中國文化尋找出路。只有認識到這一點，才能知道當代中國文化的問題，不只是復興儒家的問題，而是中國人自覺地要求文化有創造性的轉變，在創新的過程中，要從舊的社會結構發展出新的社會結構，要使舊的價值體系經由知識的考驗重新做適當的調整。從事文化思想的工作者努力的目標，應該是殫心竭力，俾有助於這一創新過程的完成。」❽這是

---

❼ 《五十年來的中國哲學》，頁1。
❽ 韋政通《儒家與現代中國》，頁197。

他對儒家的現實出路指出的方向，也是爲擔當中國文化傳統的學者提出的要求。在他指出這一點之前三十多年，賀麟就在1941年發表的重要論文〈儒家思想的新開展〉裏，提出了發展儒家思想的一套主張，及實現這套主張的具體途徑。

### 1. 民族文化的復興就是儒家文化的復興

賀麟認爲，中國的抗戰，是民族復興的契機。民族復興，不僅是抵抗外族侵略，爭民族獨立、自由，民族復興本質上應該是民族文化的復興。民族文化的復興，其主要潮流，根本成份就是儒家思想、儒家文化的復興。假如儒家思想沒有新的前途，新的發展，則中華民族、民族文化就不會有新的前途，新的發展。也就是說，儒家思想的命運，是與民族的前途、命運、盛衰消長同一而不可分的。在賀麟看來，儒家文化是中國傳統文化的代名詞。先秦時代百家爭鳴的各家，在長期的歷史變遷中，都慢慢地被儒家吸收了。儒家是最能代表中華文化、最少弊病、統合能力最強、最適合工業社會的思想流派。儒家思想最古老，但它可以在發展、轉化中適應新的精神需要和文化環境，成爲歷史最久而面貌最新的思想。在賀麟眼裏，儒家文化與現代文化之間絕非不可融通，絕非只有劍拔弩張的對壘。古老的儒家文化，可以經過創造性轉化，成爲最新的思想。儒家文化不是一具該放進博物館徒供人憑弔的僵尸，而是活躍於人們的思想言論立身行事的現實活動之中的有生命的東西。他說：

我確切看到，無論政治、社會、學術、文化各個方面，大家都在那裏爭取建設新儒家思想，爭取發揮新儒家思

> 想。在生活方面，為人處世的態度，立身行己的準則，大家也莫不在那裏爭取完成一個新儒家的人格。大多數的人，具有儒家思想而不自知，不能自覺地發揮出來。有許多人，表面上好像在反對儒家思想，實際上反促進了儒家思想。❾

他是在以一個學者的敏銳眼光，透過表面現象，觀察滲透在中國人思想習慣、行爲規範、禮儀風俗等等之中的儒家思想。他不像全盤西化論者把中國近百年來落後挨打的帳都算在儒家身上，也不像保存國粹論者那樣，認爲儒家思想不經過創造性轉換就能繼續做中國人思想意志的指導。他是以一個冷靜的學者，通過文化的深層含蘊，去體驗黑格爾「凡是現實的都是合理的」這句名言。在他看來，在思想和文化範圍裏，現代絕不可以和古代脫節。文化歷史儘管有外部的侵入和內部的崩解，但絕不會失其連續性。任何一個現代新思想，如果與過去的文化完全沒有關係，便有如無源之水，無本之木，絕不能源遠流長，根深蒂固。所以他不是浮華叫囂打倒傳統，而是護持養育發展傳統，從傳統中挖掘好的、對現代有用的東西，用從西方學來的先進的東西去調和、補充它。他根據對於現代中國的文化動向和思想趨勢的觀察，預言「儒家思想的新開展，就是中國現代思潮的主潮」，「自覺地正式地發揮新儒家思想，蔚成新儒家運動，只是時間早遲、學力充分不充分的問題」❿。

賀麟對於政治、經濟、軍事和文化的關係，有一個根深蒂固

❾ 《文化與人生》，1988年版，頁4。
❿ 同上。

的觀念：思想文化爲體，政治、經濟、軍事爲用。中國自鴉片戰爭以來政治上軍事上的國恥，都可以說是文化上的國恥；中國近百年來的危機，可以說是文化的危機。中國只要文化上趕上了西方發達國家，政治經濟軍事也就自然地趕上了西方發達國家。中國文化和西方文化不是地域上的不同，而是時間上的不同。只要假以時日，中國文化經過創造性地轉換，是能够趕上和超過西方文化的。五四新文化運動就提供了這樣一個創造性轉換的契機。表面上，五四新文化運動是一個打倒孔家店、推翻儒家思想的運動，但它對於儒家思想的新開展實大有功，這個功績超過洋務運動時曾國藩、張之洞對儒家思想的提倡。曾、張的提倡是在清朝後期，還沒有經過辛亥革命，那時儒家思想還是與封建皇權、與宗法制度相適應的。五四新文化運動是在皇權推翻之後、社會制度和社會生活發生了根本改變之後對於舊思想舊觀念的掃蕩、新思想新觀念的啟蒙。曾國藩等對儒家思想的倡導只是舊的儒家思想的迴光返照，是其最後的表現與掙扎。這正是五四新文化運動所要批判打倒的對象。所以，「五四新文化運動打倒的是儒家思想中僵化的軀殼、形式末節，它並沒有打倒孔孟的眞精神、眞意思、眞學術，反而因其洗涮掃除的工夫，使得孔孟程朱的眞面目更加顯露出來」⑪。

### 2. 新道德的動向

賀麟同意胡適打倒孔家店的兩點戰略：第一，解除傳統道德的束縛；第二，提倡一切非儒家的思想，亦即提倡諸子之學。賀麟對此，又補充了「西洋文化的輸入與把握」一點。前兩點，是

---

⑪ 《文化與人生》，1988年版，頁5。

中國舊文化的翻新；後一點，是外來文化的吸收與融會。

中國舊文化的翻新首先是舊禮教、舊道德的翻新，因爲道德是中國文化的主體。賀麟不承認有萬古不變的道德教條，在他看來，道德是變動的，是更新的；它不是死的，而是活的；不是沉滯的，而是進展的；不是因循偸惰、率由舊章，而是衝突掙扎，日新不已的。他認爲，對於新道德變動的方向，可以從理勢兩個方面來看。從理上看是就其本身發展的邏輯，由其本性決定不得不如此的趨勢看，也就是窮道德之理，通道德之變。從勢上看是從道德發展的現實趨勢，從各種社會條件對理的表現方式的影響，從現實形成的各種社會思潮的綜合力量來看。把這兩方面合起來，就是看新道德的「理有固然，勢所必至」的動向。這不是主觀的猜測，不是關起門來發一通議論，而是通過仔細研究，用觀察現實所得的事實材料來講話的。對於新道德的發展方向，賀麟提出了一個總括的看法：

> 道德變動的方向，大約由孤立狹隘，而趨於廣博深厚；由枯燥迂拘，違反人性，而趨於發展人性，活潑有生趣；由因襲傳統，束縛個性，而趨於自由解放，發展個性；由潔身自好的消極的獨善，而趨於積極的社會化平民化的共善。⑫

這是從儒家道德對中國幾千年的世教人心的影響，從五四新文化運動對舊道德的抨擊，從工業社會對新道德的要求幾方面來考慮

---

⑫《哲學與哲學史論文集》，頁355。

道德的變動方向的。

賀麟斥責舊道德說:

> 那過去抱狹隘道德觀念的人，太把道德當作孤立自足了，他們認為道德與知識是衝突的，知識進步，道德反而退步。他們認為道德與藝術是衝突的，欣賞自然，寄意文藝，都是玩物喪志。他們認為道德與經濟是衝突的，經濟繁榮的都市就是罪惡的淵藪，士愈窮困，則道德愈高尚。此外道德與法律，道德與宗教，舉莫不是衝突的。中國重德治，故反對法治；中國有禮教，故反對宗教。簡言之，只要有了道德，則其他文化部門皆在排斥反對之列。⑬

賀麟認爲，這種觀念，是理學末流拋棄了孔孟眞精神，把一切知識學問、人生意趣皆看作道德修養的障礙的偏狹看法。這種看法與整個西方文化、西方近代物質文明，與希臘的科學的求知精神，與希伯萊的宗教精神，與羅馬的法治精神，皆是根本不相容的。這種舊觀念必須變更，變更的方向是往博大深厚去。具體說來，即是:

> 從學術知識中去求開明的道德，從藝術陶養中去求具體美化的道德，從經濟富裕的物質建設中去求征服自然、利用厚生的道德，從宗教的精誠信仰去充實道德實踐的勇氣與力量，從道德的知人工夫進而為宗教階段的知天工夫，由道德的希賢進而為宗教的希天。如是庶道德不惟不排斥其

---

⑬ 《哲學與哲學史論文集》，頁255。

> 他各文化部門，而自陷於孤立單薄，且可分工互助，各得其所，取精用宏，充實自身。⑭

就是說，道德必須學術化、藝術化，並且與經濟法治宗教相配合。這是賀麟設想的新道德的總趨向，總綱領。

賀麟還具體地究詰舊道德之偏於枯燥迂拘違反人性的原因。他認爲，舊道德一則未經過藝術的美化，亦即禮教未經過詩教的陶養，道德教條不是在具體的生動的生活中感化人於無形，不是順適人的性靈，啟迪人的良知，而是以森嚴的道德律令苛責人，以冷酷的是非判斷教訓人。這樣的道德是無意趣的、說教的。不能令人積極主動地遵循，只能使人消極地規避。二則舊道德「嚴於男女之大防」，男女間的交往未得新觀念的調劑，往往失去天眞活潑的情趣。賀麟斥責這種情況說：

> 舊道德家往往視女子為畏途。他一生的道德修養，好像可以敗壞於女子的一笑。女子對於男子的道德生活，不惟不能有所促進裨益，反成為一種累贅或障礙。異性的接觸、男女的戀愛所可產生的種種德性，種種美化的生活，均與道德生活不發生關係。生人的本性真情，橫遭板起面孔的道德家壓抑摧殘。像這樣迂拘枯燥的道德，那會有活潑的生趣！⑮

賀麟提出，今後新道德的趨勢，首先須確證女子不是敗壞道德、

⑭《哲學與哲學史論文集》，頁356。
⑮ 同上。

傾人城傾人國的妖魔，而是道德的鼓舞者，品格強弱的試金石。新時代的男子對於女子在道德上的地位，必須有一種新認識。新時代的女性亦應該自覺其促進道德生活的使命。

賀麟還指出，中國長期的封建社會以家庭爲本位的宗法制度，是舊道德的溫床。處在宗法制度下的個人，受著種種陋規惡習的壓迫。這種壓迫，比得上西洋教會對進步人士的殘害。經過新文化運動，雖然舊的家族制度日漸解體，舊禮教的束縛日漸減輕，發展個性的機會日漸增多，但由於未得新道德的熏陶，許多侈談自由解放的人，走向狂放自私。狂放者只求自己慾望的快適與滿足，而置他人於不顧。自私者只知爭自己的小利，而不惜侵奪他人利益。這兩種人都無道德理性的內制，都借掙脫舊道德之名自遂己私。同舊禮教一樣，這種狂放自私亦須得經過新道德的熏陶感化，而導入正軌。賀麟特別指出：「欲達此目的，必須基於積漸的學術文化水準的提高，理性規範的有效，精神生活的充實，內心修養的深篤。」⑯賀麟這裏反復致意的，是整個社會文化水準的提高，使有道德感、有內心裁制能力、行爲受理性指導的人逐漸增多，大家都以有益的志業去追求人格的完善、精神的充實。一句話，新道德的建立並有效，必須是在國民文化水平普遍提高的基礎上，捨此別無他由。

賀麟還指出，舊道德的一大缺點，就是太偏於消極的獨善而忽視了積極的共善，太偏於個人的潛修而缺乏團體生活的共鳴，只知從倫常酬酢、親友應接上求道德實踐，而不知到民間去切實服務，投入大團體，忘懷於共同生活中，養成一種勇敢無私的人

---

⑯《哲學與哲學史論文集》，頁357。

格。因此，賀麟不贊同道家「往山林去」的清高的隱士生活，也不贊同傳統儒家「往朝廷去」執掌政權、得志行道的仕宦生活。他贊同墨家「到民間去」的服務精神，認爲這富於當下直接的實踐性、富貴貧賤的一致性，羣體生活的共同性。在他看來，社會的進步已經把道德修養從士君子擴展到全體國民，修養方式也不再是個人潛修、「愼獨」，而是在羣體生活中感化於無形，在集體事業、公益事業中積漸陶養。

賀麟對於新道德的設想，完全以現代工業社會的需要爲基準，以社會化平民化爲特色。他所提出的改造舊道德的途徑，可以概括爲「從學術中去求開明的道德，從藝術中去求具體美化的道德，從羣體生活中求共善的道德。」他認爲經由此途徑改造的道德，是新道德，也是眞道德。說它新，是由於它比舊道德獲得了更多的時代內容；說它眞，是因爲它並非僅是時間上的新，而同時是內容上的眞，是合人性、合天理，是與新的社會制度、新的生活方式相適應的道德。這個新是邏輯上的新，猶如黑格爾的「正反合」之「合」。合相對於正來說，是對它的復歸，但是吸收了「反」的豐富內容的復歸。它相對於「正」來說，是新。但同時也是「正」所趨赴的目的、所達到的理想，故這個新也即是眞。賀麟的新道德不同於五四新文化運動時的新道德。五四時的新道德是反儒家的，而賀麟的新道德不惟反對儒家舊道德，而且吸收孔孟眞道德，是新與眞的統一。

### 3. 五倫觀念的新檢討

以上是賀麟改造舊道德的總括的設想，下面我們考察他對五倫觀念的分析，看他如何具體地改造舊道德，如何「從舊道德的破瓦頹垣中尋找不可毀壞的永恆的基石」。

五倫觀念是支配中國人的道德生活最有力量的傳統觀念之一，是傳統禮教的核心。一般人認爲它是儒家學說中最可詬病的部分，其中絕無現代人所能繼承的東西。賀麟以其深厚的中西學術素養，用邏輯分析方法，對它進行了頗有新意的檢討。賀麟首先從方法論上對自己的檢討作了一些界定，這就是第一，只根據其本質，不從表面或枝節處立論；第二，不從實用的觀點，討論五倫觀念在歷史上的功過；第三，不能因爲歷史上對五倫觀念的實行有誤，便說五倫觀念本身是錯的；第四，不能以經濟狀況生產方式的變遷，作爲推翻五倫說的證據，因爲五倫觀念包含有各種經濟狀況社會方式共同適用的成分。就是說，賀麟對五倫觀念的分析，是純「本體論」的，是純就五倫觀念本身，紬繹出它的邏輯含蘊，它的自然結果。賀麟分析五倫觀念的本質，認爲它包含四層要義：其一，五倫是五種人倫或五種人與人之間的關係。對五倫觀念的注重，表明對人和人關係的注重。人和人的關係是倫理關係，中國傳統文化特別注重道德價值。在世界幾大文化類型中，希臘人注重自然，故希臘人注重科學價值和審美價值。希伯來人注重神，故注重宗教價值。中國儒家注重人倫，故注重道德價值。中國人應保持注重道德的特點，但不要忽略了科學價值和宗教價值。其二，五倫即五常倫，即君臣父子夫婦兄弟朋友間的關係。君臣是政治關係，父子、夫婦、兄弟是家庭關係，朋友是社會關係。這幾種關係是人在任何時候都不能逃避也無法逃避的關係。儒家注重五倫，就是反對人脫離政治生活、社會生活、家庭生活。楊朱「爲我」，墨翟「兼愛」，反對人盡政治的社會的家庭的責任，故遭到儒家的排拒。儒家注重家庭、朋友、上下級間的正常關係，是有其道德上、政治上的根據的，不可厚非。但不能把這些關係教條化，也不能看得太機械、太呆板，以至於損害非人倫的、超社會的種種文化價值。辦法是減少五常倫的權威性、偏狹性，力求其開明。其三，五倫包含等差之愛，即君臣父子夫婦兄弟朋友之間各有其維繫相互關係的準則，對主體的關係言，這些準則的價值有差等。如儒家「親親，仁民，愛物」就有等差之愛的意思在內。賀麟對於等差之愛給了心理學的解釋：「愛有差等，乃是普遍的心理事實，也是自然的正常的情緒，用不著用道德的理論、禮教的權威加以提倡。」⑰就是說，它是本然的事實，不是教育的產物，也即王陽明所說「良知自然的條理」。人應該順著這個心理本然。所有「愛無差等」等，都是矯情安排。從等差之愛出發，自然反對非等差之愛。非等差之愛約有三種：（一）兼愛：不分貴賤親疏，一律平等地愛；（二）專愛：專愛自己和心愛之物，不及其他；（三）躐等之愛：不由自己愛親之心推及他人。賀麟認爲，儒家的等差之愛是平正無偏的，基督教的普愛則無心理基礎。「萬物一體」並非不講差等，而是等差之愛善推的結果，是儒家道德修養達到極致所有的精神境界。與等差之愛並不矛盾。而執著於等差之愛，不理解孟子善推之意，也不能養成近代社會的寬容態度。其四，五倫觀念必發展爲「三綱」說。賀麟指出：

> 站在自由解放的思想運動的立場去攻擊三綱，說三綱如何束縛個性、阻礙進步，如何不合理、不合時代需要等等，

⑰《哲學與哲學史論文集》，頁364。

> 都是很自然的事；但是要用哲學觀點，站在客觀的文化史、思想史的立場去說明三綱發生的必然性及其真意義所在，就比較困難了。⑱

他認爲，如果站在哲學立場，就可以發現五倫說發展到三綱說的邏輯必然性。其一，由五倫說的相對關係必進到三綱說的絕對關係。五倫說是相對的，如君臣關係，君不君，則臣可以不臣；君視臣如草芥，臣視君如寇讎。臣以君待己的態度決定己待君的態度。就是說，君不盡君道，則臣可以不盡臣道；父不盡父道，子便可以不盡子道。這種關係是相對的，無常的，容易陷入循環報復的圈子。這樣的人倫關係還是不穩定的，還是利益關係。三綱說是要補救相對關係的不穩定，進而要求一方絕對遵守其位份，履行自己的義務，不以對方的態度爲轉移。如父子關係，不管父是不是慈，子皆應該孝，這是絕對的、無條件的。其二，由五倫進展爲三綱，包含有由五常倫（父子有親君臣有義等）進展爲五常德（仁義禮智信）之意。五常倫是現實的關係，而五常德是理想的關係；五常倫是就雙方說，五常德是由單方面說：不管對方如何，自己總按五常德要求的去做。五常德卽行爲所止的界限，卽柏拉圖所謂理念，康德所謂不顧一切經驗中的偶然情況必須遵守的無上命令、絕對命令。這種常德觀也就是「正其誼不謀其利，明其道不計其功」。不論對方如何，我總是絕對守自己的位份，履行自己的常德，盡自己的義務，不隨環境變易，不爲對方轉移。這就由人對人的關係，轉變爲人對理，人對位份、人對常

---

⑱ 《哲學與哲學史論文集》，頁368。

德的片面的絕對的關係。如忠君，完全是對名份對理念盡忠，不是做暴君個人的奴隸。又如政治家之忠於信念，身受迫害而不改初志；學問家忠於眞理，舉世非之而持守不渝；革命志士忠於人民，身首異處而不喪氣節等，都是盡自己之忠，踐自己之德，絕不以利益爲轉移。

以上賀麟對五倫觀念的檢討，表現出他對傳統觀念的掘發能力，和思想方法的某些特點。他善於從一般人以爲僵死的東西中發現有生命力的、活的東西。他的視野是廣濶的，不限於一時一地，而注意其中有普遍性的、必然性的東西。他對事物的分析，遵循「有我、有淵源、吸收西洋思想」的原則，這在前期著作中尤其突出。在思想方法上，它喜歡由事及理，把經驗的東西安放在理性的基石上，由理念解釋經驗，由理一及於分殊。既有直覺方法的敏銳、宏濶，又有理性方法的細密和深邃。他對五倫觀念的分析，充分表現了這一點。

## 三、以諸子之長補充儒家

對傳統觀念作新解，是在新舊之間作結合性思考；以諸子之長補充儒家，是在不同的思想間作結合性思考。賀麟同意胡適「提倡一切非儒家思想」的觀點，但他不是以諸子代替儒家，而是以諸子之長來補充儒家，以使新的儒家思想容納盡可能多的傳統文化中有價值的成分，使它能適合現代社會對多種價值的需求。他說：「提倡諸子哲學，正是改造儒家哲學的先驅。用諸子來發揮孔孟，發揮孔孟以吸取諸子的長處，是形成新的儒家思想的正途。」⑲這是他察識了儒家思想的弊病，特別在抗戰期間受異族入侵，民生多艱的刺激，痛感中國文化傳統失墜的危機之後發出的由衷之言。

### 1. 墨 家

墨家最突出的是它汲汲救世的精神和功利主義。賀麟把這兩點作爲新的儒家思想向墨家吸取的最主要之點。

儒家的最大貢獻就是提出了人之所以爲人的本質，提出了人對宇宙和社會應負的責任，提出了人格理想和達此人格理想的途徑。但儒家這些對人類有益的貢獻，主要是從學者的立場，從士君子個人道德修養的角度提出的。雖然儒家注重入世，注重「不離日用常行內，直造先天未劃前」的日常修養，但仍帶有很濃的個體性和孤高的特點。賀麟所指斥的舊道德的孤立狹隘、枯燥迂拘諸缺點，皆是由此生出的。要克服這些弱點，必須吸收墨家的長處。墨家爲推行其兼愛交利的主張，棲棲遑遑，上說下教，時人謂「孔席不暇暖，墨突不暇黔」。墨家的創始人、第一位「鉅子」墨翟曾爲止楚攻宋，兼程十日夜。《莊子・天下》篇說墨家「其生也勤，其死也薄，其道大觳」。但對其汲汲救世的精神大加褒揚。賀麟認爲，個人潛修不如教化大眾，個人獨善不如全民共善。爲了全民族道德水平的提高，必須有一批人到民間去服務。在現代工業社會中，平民化、社會化是其特點，大量的工作在民間。儒家欲在現代社會中得到發展，必須改變個人潛修，投入平民教育中去。他說:

---

⑲ 《文化與人生》，1988年版，頁6。

要確實見得置身貧民窟、工廠、農村中去服務，比安處所謂高人山林的幽居，更富有可歌可泣的詩意；比出入闊佬們的朱門大厦，更可顧盼自雄。要確見得扶助救治骯髒的襤褸的痛苦呻吟的貧民，這比那玩花弄月、吟詩酌酒，更來得清高風雅；這比那與軍人要員周旋，與外國貴賓應接，更來得尊榮華貴。簡言之，要確見得窮而在野，可以比做官顯達更能做服務社會兼善天下的工作，則道德生活庶可漸漸走上近代的社會化、平民化的路嚮。⑳

這裏賀麟顯然是把社會的進步、人民生活的改善，寄托在平民的道德水平、文化水平的提高上，寄托在社會福利、社會救濟等機構的改善上。他把出入高門投機鑽營的政客，吟風弄月孤芳自賞的隱君子，統統看作封建社會的遺老遺少的作風，與現代平民化大衆化的社會格格不入。

賀麟並且指出，先秦儒家亦不像宋明儒那樣做潛修工夫。孔子以「老安少懷」為理想，一生大部分時間為推行其政治理想而奔走，同時教授生徒以實現自己的抱負，四處碰壁而不稍退卻。只是在道不行言不用的情況下，晚年纔退回書齋，删詩書，定禮樂。這種生活較之宋明儒要健康活潑有生趣得多。完全與墨家同一精神。吸收墨家汲汲救世到民間去的精神，實際上是恢復先秦儒家健康有生趣的生活。

賀麟復認為，墨子摩頂放踵以利天下，有突出的功利主義特點。儒家太偏於身心性命之學，以至士君子以空談性理相尚相

⑳ 《哲學與哲學史論文集》，頁358。

高，輕視實際功利。久而久之，形成以功利爲末務，以兵農刑穀爲不足道，以工商爲賤業的風氣。這樣的認識，是病態的認識；這樣的社會，是病態的社會。必須要糾正中國傳統排斥功利的不健康的價值觀，回到健康的、精神修養和事功並重的道路上去。

對於一些流行的觀點，賀麟也作了分析。有人認爲西方文化是功利主義文化，西方人的人生觀是功利主義人生觀，而東方文化是反功利的、道德性的文化。東西方文化就是功利主義和非功利主義的差別。賀麟認爲，對於東西文化，要作具體分析；對於功利主義，也要作具體分析，不能一概而論。他給功利主義下了一個定義：「甚麼是功利主義？概括講來，功利主義是把在實際上可感到、可得到的事物認作有價值，並認其爲生活目的的學說。」[21] 賀麟把功利主義分爲兩種，一是舊式的功利主義、或個人的功利主義，所求者爲個人的幸福、財富、名譽、權利。如好大喜功的君主，以封侯拜相爲目的的才智之士等，均屬於舊式的功利主義。二是邊沁、穆勒的社會功利主義，所求爲「最大多數人的最大幸福」。有人批評舊式功利主義終日向外馳逐，無在己身上做工夫時，他們的慾望永遠得不到滿足，而非功利主義者當下卽得滿足，可以無入而不自得。賀麟對於這種批評然否參半，認爲，功利主義者並非貪得無饜，永無滿足時，也並非沒有心靈的愉悅。非功利主義者標榜的當下滿足，容易陷入名士風流式的當下滿足，如魏晉淸談家然。魏晉時此種人生態度最盛，而國勢亦最弱。當急功好利、好大喜功式的功利主義盛行時，則正是個性伸展、國力強盛時，如戰國漢唐。這是與肯定人的自然慾望，肯

---

[21] 《文化與人生》，1988年版，頁206。

定人的功利追求的健康態度大有關係的。對舊式功利主義的這種批評是把功利主義和非功利主義機械地對立起來，不知兩者是可以互相調和，相反相成的。不過，賀麟認爲，舊式的功利主義必須過渡到社會功利主義。因爲近代工業社會的突出特點，就是平民化和社會化，就是「求最大多數人的最大幸福」。這和墨家的社會理想相近。社會功利主義以滿足個人的功利願望始，以滿足全社會的功利願望終。用中國的話說，就是以楊朱的「爲我」爲出發點，以墨子的兼愛爲歸宿。這正是賀麟所主張的。他認爲最健全的人生態度，就是功利和非功利的結合，他所要力倡革除的，是宋儒「無事袖手談心性，臨危一死報君恩」的態度，他所倡導的，是先秦儒家道德和功利並重，既有至大至剛的精神境界，又有博施濟眾的功業的人物。他希望用墨家的復興來改造宋儒鄙視功利的傾向。他曾惋惜說：「可惜墨家一系在中國斷絕了幾千年，今後時代潮流的需要，西洋基督教宗教精神和富於社會理想的功利主義的介紹和輸入，當可促進墨家一派的復興。」㉒

賀麟大聲疾呼提倡功利主義，實際上是對宋儒鄙視功利積重難返的局面的痛惜。從根本上說，他主張道德和功利的主從關係、體用關係。即道德爲體，功利爲用；道德爲主，功利爲從。功利不是人生的目的，而是行爲合乎正義的結果、副產，或達到某種道德目的的工具或手段。社會功利主義也不外乎此。

從這裏可以看出，賀麟仍未脫儒家道德主體論的窠臼，他還是把道德修養放在比外在功業更高的位置上，把功利看作道德行爲的結果和副產。實際上他還有王陽明道德修養好了，知識才力

㉒《哲學與哲學史論文集》，頁128。

就在其中了，道德自能生發出功業的思想。這是陸王心學以內聖開外王的基本精神。這一點對賀麟是有影響的。

從哲學上說，賀麟素不喜二元論，對一切哲學問題，他都非追至一元論不能止，非放在一元論的基地上不算安穩。在身心關係上，他繼承了斯賓諾莎的身心平行論，但又以康德改造之，最終得出心爲體，身爲用的結論。在知行關係上，他主張知行合一，但最終得出知爲體、行爲用，知爲主、行爲從，以知統行的結論。在道德修養和功業的關係上，他也最終走到以道德統功業的老路上去。這正是他改造儒家又不損害儒家的基本精神，補充儒家又不掩蔽儒家的思想特點的鮮明體現。

### 2. 道　家

賀麟在論及中西哲學的主要派別時說到，中國哲學主要是儒道墨三家，其他各家不過是這三家的分支、附庸、混合。道家的特點，突出的是宇宙觀上的自然論，人生觀上的無爲論，生活態度上的超脫、高潔。賀麟認爲，道家的這些特點，正好從另一個側面補儒家的不足。儒家思想欲得發展，必須吸收融合道家的這些方面。

儒家要吸取道家的首要之處在道家不以生死介懷，不以榮辱得失喪其心，而以精神生活的高潔、生命元氣的洋溢爲終生追求的目標這一點。道家重自然，這個自然既是自然界，又是「自然而然」，這兩者其實是一回事。道家對於中國文化的貢獻，就在於對人類生活於其中的大自然，有超出其他各家的覺解。人是自然的一部分，人要瞭解自己的本質，就非得認識自然不可。但人整天在人的圈子裏活動，反而不能對人生有眞正的認識。席勒有一句詩說：「人生反而把人生掩蔽住了。」正是要人超出人的圈子，到一個更廣闊的背景下，用一種更通脫的眼光觀認人生。道家教人回到自然，就是提供了這樣一種更廣闊的看人生的方法。道家對文明社會的種種弊病的批評，對人執着於人生，居高不下，因而斲喪了自己的本性的批評，眼光高出墨、法各家之上。儒家的路向是到朝廷做官，得志行道，治國平天下。如果執着於此，不知反觀自己的自然本性，則易陷入「不知爲己」的境地。道家以山林爲歸宿，故多詩人、藝術家、隱君子。這些人大多看透了人世的虛僞險詐，官場的汚濁貪墨，對政治厭惡，對人生失望，而思返回純樸的自然，過無拘無束、清淡閒適的山林生活。不受政令的紛擾，不受禮教的束縛。這雖有些消極，但實是對當時汚濁不合理的社會的一種反抗。賀麟說：「這種古典的高人隱君子式的有巢由餘風的利己主義者，的確可以多少救治一些社會上的政治上的貪汚奔競無恥的風氣，可以多少使得那些損人利己的惡人，感得自慚形穢。」㉓道家接近山林，可以使人的精神保持樸茂的元氣，時時新鮮活潑，使人的體格，時時健旺強壯。接近自然可以醫治文明社會的好些病態，如瘋狂、虛僞、狡詐等，鬆弛在激烈競爭場中高度緊張的神經。酌酒吟詩，蒔花弄草，無炙手可熱的氣焰，無心勞日拙的病瘁。當然山林生活不是道家的專利，但道家無疑非常側重這個方面，致使儒家學者興「天下好山林幾被僧道占盡」之嘆。

賀麟認爲，自然是本體，也是全體，人必須返本歸眞，人的精神與大自然合一，是人最後的安頓，否則就如孤萍飄零，永無

---

㉓ 《文化與人生》，1988年版。

歸期。賀麟把這種與自然的合一，叫作「率自然」。「率自然」實際是儒家所謂「率性之謂道」和道家所謂「道法自然」的合一。照儒家說，道是宇宙根本法則，也是宇宙大化流行，道的內容便是「天行健」、「生生」、「日新」。人、物皆按天命之性生長發育，此之謂「率性」。而道家的道便是「自然無為」。賀麟這裏取儒家的形式：「率性」；取道家的內容：無為。他說：「這一種對自然的看法，似乎比較有深遠的哲學意義，可以增加我們對宇宙的識度，使我們歸真返樸，胸懷灑落開朗。一方面不執着於小我，一方面又能實現眞我。」㉔

賀麟也提出了與自然合一的精神步驟。他把人與自然的關係分成三個階段：第一階段是主客不分的階段，這個階段中的人無自我意識，無在人之外與人相對的自然的意識，人與自然沒有區別，人在自然中不識不知地憑本能生活。第二階段，自然與人生互不相干，互相分離，自然是外在的，人生是內在的；自然是冥頑的、物質的，人生是靈明的、精神的。人不能從自然中求教訓，自然也無補人的精神生活的提高。不過在某種意義下，人生與自然的對立，是人類一大進步，因為人有了一個努力征服、自求發展的對象。在設置對象、征服對象的過程中發展，是人作為精神主體的一大特點。第三階段，人與自然合一，自我在解除自然與人生的對立中得到發展，自然成為精神化的自然，人生成為自然化的人生；自然建築在人生上，人生包蘊在自然裏。這種合一，是人類對於自然的精神征服，也可以說是人類將自然提高升華後達到的境界。這種境界，是美學境界。在這種境界中，自然

---

㉔《文化與人生》，1988年版，頁121。

是人類精神的象徵，自然是人類內心寶藏外在的記號，人的精神生活在自然中找到了知音，如清高的人愛蓮，孤介的人愛菊，智者愛水，仁者愛山。自然事物成了人寄意咏懷的對象。這樣的自然物，是具體的、有機的、美化的、神聖的，可以發人興會，欣人耳目，啟人心智，慰人靈魂。

賀麟這裏論人與自然合一的三個階段，是援用了黑格爾邏輯學中絕對精神的自覺所經過的三個階段。他的根本目的，是要合儒道兩家之長，而糾兩家之偏。他雖然對道家全性葆眞，返歸自然這個方面有許多讚揚的話，對道家詩人藝術家的高潔生活表示嚮往，但終嫌其太消極、山林氣太重。道家若無儒家的調和，則是謙退的、懦弱的、自私的，道家若無儒家積極入世的、主體性的生活補充，則陷於知內不知外、知天不知人、知山林不知廟堂的一偏。賀麟理想的，是有爲和無爲、進取和退守、自然和人爲、損與益，理與慾的調和。這就是現代新儒家的理想。這種調和並不是儒道兩家平分秋色，而是以儒家爲主體，以道家爲補充。所以他既讚揚道家超脫塵世，忘懷物外，又批評它「離開人生而相忘於自然，一往而不知返」。實際上他心目中的理想人格，是孔子的既有「浴沂風雩」的意趣，又有博施濟眾的切實作爲，既「胸次悠然，直與天地萬物上下同流」，又「席不暇煖」，汲汲行道。他認爲孔子的態度和所取的途徑最平正無偏。

這裏應該提到賀麟對楊朱的看法。他指出，道家楊朱一派放縱人的自然慾望，不加抑制的主張，可以矯治儒家末流壓抑人的自然慾望，戕害人的物質本性的做法。因此，對歷來遭人詬病的楊朱應進行新的評價。歷來多指斥楊朱「拔一毛而利天下不爲也」是極端利己主義，如果加以同情的理解，楊朱的「爲我」實際上是「利己無損於人」。嚴格說來，利己無損於人不能算作利己主義，只有損人利己，纔是眞正的利己主義，纔是應大加撻伐的。他說：「依我們用現代的眼光看來，對於爲我的楊朱，我們似乎應予以相當的諒解和嘉許，而團結起來，集中力量，以對損人利己的惡人發起總攻擊。」㉕就是說，只要不是損人的利己，就是合理的利己，正當的利己。賀麟認爲，近代倫理思想有了一個大的轉變，早已超出了古代僧侶式的滅人慾，存天理，而趨於一方面求人慾與天理的調和、公與私的共濟，另一方面進一步設法藉人慾以行天理，藉自私以行大公。近代的倫理思想似乎有爲合理的利己主義立法律保障、求其公開化、合法化的趨勢。這裏，賀麟所理解的楊朱，已經是近代資本主義精神浸染過的楊朱；「拔一毛而利天下不爲也」的楊朱，已經是個人的私有財產、合法權益不受侵犯的楊朱。賀麟對道家楊朱加以新的解釋、新的評價，就是要使新的儒家思想中，容納合理利己主義的內容，使古代士君子「不欺暗室」、「愼獨」的修身工夫，變爲現代人寬容自己、寬容別人，重視道德，更重視法律的風氣，使工業社會的知識份子脫離個人潛修，滿足合理的慾望，在寬鬆的社會氛圍中，達到個人利益和社會利益，道德和法律的調諧。這與他對社會功利主義的讚揚同一精神。

儒道是中國傳統文化中最大的兩家。墨家在戰國時雖爲顯學，但在秦以後中絕了。道家成爲中國文化的主幹之一，歷來起着補充儒家文化、中和儒家文化的作用。經過賀麟解釋的道家，已經屏棄了其中的迷信妖妄成分，着重在其高潔的藝術化的生活

---

㉕《文化與人生》，1988年版，頁202。

對官場的貪汚奔競之風的矯治方面，在自然的弘大精純對世俗的卑瑣萎靡的糾正方面，在山林的潔淨淸新對都市的汚濁喧鬧的調節方面。這可以看作人們在病態社會的壓抑下對自然這塊淸新質樸的「淨土」的嚮往。

### 3. 法　家

法家是諸子中重要的一家。法家的特點在於以嚴刑峻法、信賞必罰爲治國的根本，斥仁義道德政教禮樂爲不急之務，主張以武力統一全國。

總的說，賀麟對法家持否定態度，他說：「法家主張由政府或統治者頒布苛虐的法令，厲行嚴刑峻法，以滿足霸王武力征服的野心。它是刻薄寡恩、急功好利、無情無義的。現代法西斯主義的獨裁，卽是基於申韓式的法治。這只能滿足霸王一時的武力征服，絕不足以謀國家的長治久安和人民的眞正幸福。」㉖賀麟所指斥的，是申韓式的法治以人民爲霸王武力征服的工具、以法律爲懲治百姓防止犯上作亂的手段以及其專制獨裁、武力擴張等反人民、反道德的方面，對法家信賞必罰的方面，他也有所肯定，他說:「此類型的法治的長處，在於賞罰信實，紀律嚴明，把握著任何法律所不可缺少的要素。」㉗賀麟認爲，法家這方面的優點，也爲諸葛式的法治或基於德治的法治所具有。諸葛式的法治與申韓式的法治，其同者在一個「嚴」字。諸葛式的「嚴」不是苛虐殘酷，而是嚴立法度，嚴整綱紀。嚴表示執法者對於違法者的關切，關切所以要對它施以嚴格的教育與訓練，治之嚴正表

---

㉖ 《文化與人生》，1988年版，頁13。
㉗ 同上，頁46。

示愛之切。這與申韓式的法治的「嚴」不同。諸葛式的儒家法治的嚴是愛民的，是德政教化與刑法繩墨相輔而行的。申韓式法家的嚴是殘民的，是以人民爲工具、專任刑罰的，兩者出發點是完全相反的。賀麟特別讚賞〈出師表〉中的幾句話，認爲是諸葛式法治全部內容最精要的概括：「陟罰臧否，不宜異同。若有作奸犯科，及爲忠善者，宜付有司，論其刑賞，以昭平明之治。不宜偏私，使內外異法也。」這也就是在法律面前人人平等，法不阿貴，法不異用之意。另外，賀麟也盛稱諸葛亮愛撫百姓、約束官吏、開誠布公，毫無偏私苟且的精神。他認爲諸葛亮「充滿了仁德之術，與申韓之術，根本不同」。

當時有人認爲諸葛亮有嚴刑峻法的一面，又據史稱諸葛亮治蜀以嚴，又據《三國志》記載諸葛亮集中有《陰符經注》，以及行軍作戰踏罡步斗、推步掐算種種方術，說諸葛亮是道家，並說宋儒拉諸葛亮入孔廟是認錯了人。賀麟則力辯諸葛亮是儒家。他承認諸葛亮有道家法家的學養，但不承認其爲道家、法家。如宋明大儒朱熹王陽明都曾出入佛老，朱熹還曾注解道教經典《周易參同契》，道家學養不可謂不深，但朱熹王陽明都不是道家，而是世所公認的儒家。對諸葛亮，卽令他有道家法家的學養，也不能否認他是代表儒家精神的政治家。賀麟指出：「因爲具有法家的學養，也許更足以充實他儒家的學養，增加他學術思想裏的新成份，使他超出狹隘迂拘的舊傳統，而蔚然成爲一個新儒家。」[28] 從這段話我們可以看出，第一，他的人格理想，絕不是只知修身養性，無涉功烈業績或只知皓首窮經，不知經邦治國的腐儒。他

---

[28] 《文化與人生》，1988年版，頁168。

理想的儒家，是既有深厚的修養，又有赫赫事功，內有詩書飽腹，外有王佐之才的人物。也就是說，有內聖外王品格的人物。他心目中的理想人格，古有諸葛亮，近有孫中山。他們都是有多方面的學養多方面的才能而最後歸本儒家的人物。對於諸葛亮，賀麟極讚揚他「澹泊明志，寧靜致遠」的箴言，說這句話「不惟道出了儒道兩家的共同之點，而且道出了千古學人應有的態度。」諸葛亮的平淡的生活和高遠的理想「實中外學人應有之風致」㉙，極力否認他有「深藏不露、存心險詐」的「機心」。

孫中山是賀麟最推崇的現代人物。他在講到中國古典哲學的未來展望時曾說：「任何哲學都有一個理想的政治人物爲其哲學思想所欲培養的人品準繩。我們的新哲學當然亦有理想人物作爲嚮往的目標，這無疑地便是積四十年之革命，百折不迴，創造民國的孫中山先生了。」㉚他認爲，孫中山之所以能做新哲學的人格理想，之所以應該受到推崇，就在於他是有儒者氣象而又具有法家品格的先行者。就是說，孫中山眞正體現了儒家內聖外王的品格，是有崇高的理想和爲實現理想百折不迴地行動兩者合一的人格，是「以合理性、合人情、合時代爲標準，處處皆代表典型的中國人的精神，符合儒家的規範」㉛的人格。

第二，賀麟理想的儒家，是合多種學養，使自己本有的思想更充實、更豐厚、更適應現代社會的儒家。在法律思想方面，新的儒家應該是主張法治與德治相輔而行、兼顧共通的。他指出，禮治是儒家思想中最突出的部分。禮治即王道之治。王道之治對

---

㉙《文化與人生》，1988年版，頁168。
㉚《五十年來的中國哲學》，頁76。
㉛ 同㉙，頁16。

老百姓，主要是教化，使之皆知向善，皆有忠孝之心，廉潔之行；如有違法犯罪，三宥而後行刑。對遠僻蠻貊之邦，則以懷柔安撫為主，征伐是不得已。賀麟認為，禮治雖然在中國歷史上發生了相當大的影響，但它絕不適應現代社會，必進到近代民主式的法治。申韓式法治不本於人性，不根於道德、文化、學術之正，徒持威迫利誘以作強制推行的手段。這種法治雖有時可收富強的速效，但上養成專制的霸主，中養成殘忍的酷吏，下容易激起揭竿而起的反抗。故必進於合多種學養，而以儒家為主的諸葛亮式的法治。但此種法治也不過是在民眾知識程度尚低，不能實現普遍民主，社會組織尚未進到高度社會化，高度文明時期的法政。雖高於申韓式法治，但絕不能適應現代工業社會，必進於近代民主式的法制。

關於近代民主制的法治，賀麟大量着墨，進行了詳細描述，他說：

> 此類型的法治之產生，可以說是由於文化學術的提高，政治教育的普及，自由思想的發達，人民個性的伸展。亦可以說是前一類型諸葛式的法治之自上而下，教導民德、啓廸民智之應有的發展和必然的產物。而此一類型的法治，乃是自下而上，以「人民自己立法，自己遵守」為原則。政府非教育人民的導師，而是執行人民意志的公僕。人民旣是政府訓練出來的健全公民，故政府亦自願限制其權限，歸還政權給人民。政府旣是人民公選出來的代理者，人民相信政府，亦自願賦予政府充分權利，使內政外交許多興革的事業，有效率地進行。在此類型的法治之

下，一件重要法案的成立，都是經過學者專家的精密的研究，然後提出於人民代議機關，質問解釋，反復辯爭，正式通過後方可有效。有時一件法令的取消，或新法令的建立，每每經過政治家或改革家多年的奔走呼號，國內輿論的鼓吹響應，和許多公民的一再聯合請願，甚或流血之爭，方告成功。像這種經過審慎的學術的研討，道德的奮鬥，方艱難締造的法律，乃是人民的自由和權利所託命的契約，公共幸福的神聖保障。得之難，失之不易。這樣的法律，人民當然自願竭盡忠誠以服從之，犧牲一切以愛護之。因為服從法律卽是尊重自己的自由，愛護法律卽是維持自己的權利。㉜

這就是賀麟所理想的法治。這種法治的突出特點卽其學術化。故賀麟稱之爲「基於學術的法治」。這種法治的法律須由專家制定，須經反復質問辯爭，求其學理上有堅實基礎。須由有較高文化程度，較高學術素養的公民履行、護持。這種法治是民主的，是民眾在自覺的基礎上自願遵守的。

可以看出，賀麟是在力倡近代民主式的法治。這種法治是法家申韓式的法治、儒家諸葛亮式的法治的必然結果，是融合了法家、儒家法治的合理因素，拋棄了法家的專制獨裁，也拋棄了儒家法治不適應現代社會的方面，經過現代民主社會的學術化改造的法治。從這裏可以看出賀麟用法家補充儒家，用諸子學的統貫兼綜來發展中國新學術、新法治的努力。

---

㉜《文化與人生》，1988年版，頁48。

### 4. 工　商

法家的突出特點是法治，其次便是耕戰，即物質建設，富國強兵。這在現代經濟生活中，便是工商化和武化。在賀麟看來，儒家突出的特點是「文化」。儒家一定要武化、工商化，以成立一種文武工商並重的全新文化。他認爲，孔子便是這種文化的原始代表。他說:

> 孔子是中國第一個文化人，然而他能射、能御，並且常佩劍，可見他是兼有武化的精神。他的弟子中有子路，子路非常勇敢而强壯，是典型的軍人；有子貢，子貢善於作生意，可說是典型的商人；孔子博學而無所不知，可說是文化的總體象徵。我現在說文化、武化、工商化三者要合一，這也可說是孔子精神的新發揮。㉝

賀麟認爲，本來的儒家文化是文武工商三者合一的文化，這種傳統後來失落了。現代新儒家所要倡導恢復的，就是這種文化。在賀麟這裏，文化指精神文明，工商化指物質文明，武化主要不是指軍事化，而是軍人、武力所體現的剛勇、強健、好勝等精神氣質。

中國幾千年的傳統觀念，特別是宋明之後，有重文輕武之弊。一說到「武」字，便有「霸道」、「爭於氣力」、「匹夫之勇」之嫌。人皆欲出科舉一途，似乎文人就應該是白面書生，風流儒雅，後世甚且以文弱爲美。一說到工，就會有人想到賤役、

㉝ 《文化與人生》，1988年版，頁283。

百工、苦力；一說到商，就會有人想到大腹賈、投機、市儈、為富不仁。在這些人眼裏，漢唐雄健、熱烈、富有生氣的文化被視為道統失墜，宋明以後以讀書窮理、修身養性為主的文化逐漸占了上風，理學家專以假想的三代文化為標榜，斥漢唐為霸道，以功業為不足取，使中國文化越來越萎靡、孱弱。清初顏元便看到儒家文化的偏弊，倡導「習行」，試圖恢復孔子剛健的、元氣醇厚的精神氣質。特別鴉片戰爭後，中國屢屢敗於異族，愈顯出國勢積弱、民氣衰頹、文化偏枯之病。有識之士大聲疾呼要再造民族文化，重塑中華之魂。許多人從傳統文化中找復興民族的興奮劑，更多的人主張以西方文化之長補中國文化之短，形成健康的，集中外優秀文化為一身的新文化。賀麟身處五四新文化運動之後，正值東西文化討論甚為壯闊，西化浪潮風靡全國，同時梁漱溟、熊十力、張君勱等現代新儒家大力鼓吹復興儒家文化之時，他以深厚的中西文化學養及留學歐美觀察所得，在新儒家諸大師之後提倡發展儒家文化。

關於文化與武化工商化的關係，賀麟提出了三點主張：第一，文化不能是純粹文化，必以武化工商化等物質性的東西為其基礎，文化失去這兩者，就成了空中樓閣。在中國，文化最發達的時代，必是文化與武化工商化同時發達的時代；國勢闇弱、民氣不振之時，定是文化和武化工商化分離之時。賀麟說：「三者不可分。一個眞正文化的總體，是包括武力和工商業、技術等等在內的。」㉞

第二，武化和工商化並不低於文化，社會生活各領域皆有偉

㉞《文化與人生》，1988年版，頁279。

大之處，絕不能在其間分高下尊卑。中國傳統以讀書出仕爲第一等事，此種風氣入人已深，一直影響到現代中國的行業選擇。這是中國工商業不發達的一個重要原因。此種思想觀念對現代中國的行業建設十分不利，亟需加以改變。要確見得「各界出聖人」的道理。

第三，文化和武化、工商化是互相影響、互相輔助、互相補充的。賀麟所希望的工商業人材是他所謂「儒工」、「儒商」。他說：「在此趨向於工業化的社會中，最需要者尤爲具有儒者氣象的儒工儒商和有儒者風度的技術人員。」「在工業化的社會中，須有多數的儒商、儒工以做柱石。希望今後新社會中的工人、商人，皆成爲品學兼優之士，亦希望品學兼優之士，參加工商業建設，使商人和工人的道德水準和知識水平皆大加提高，庶可進而造成現代化的新文明社會。」㉟他所謂儒者，就是既有學問技能，又有道德修養的人。這種人既保持了儒家的內聖之學又以外王補充之。不過這個「外王」已不是封建時代的文治武功，而是現代社會中普通勞動者的知識技能了。

賀麟在社會各部門的建設上，主張文化武化工商化並重，但在立國根本上，還是主張以道德爲基礎。他說：「道德爲立國的大本。國家的基礎不是建築在武力上，也不是建築在經濟上，而道德才是維繫國家的基礎的命脈。」㊱賀麟的這一主張雖與儒家的「爲政以德」、「恃德者昌」等無甚大異，但在論證方式上，卻是全新的。他不同意管子「倉廩實而知禮節，衣食足而知榮辱」的觀點，認爲由經濟決定的道德不是眞道德。比如，因經濟

㉟ 《文化與人生》，頁12。
㊱ 同上，頁25。

困窘而作奸犯科是不道德，因經濟富裕而歛迹息手，也是不道德。只有像康德那樣，完全出於理性的自決定，完全尊重自身的道德律的無上命令，不為外界種種情形所動，也就是孟子所謂貧而無諂，富而無驕，富貴不能淫，貧賤不能移，威武不能屈的「大丈夫」，方為眞道德。賀麟進而認為，國家的強弱存亡，最終也由道德決定，他說：「決定一個國家的存亡，不在於那些林林總總隨經濟狀況的變遷而轉移的人，而在於那些不隨經濟狀況而轉移，且能支配經濟、利用經濟、創造經濟的眞正有道德的人或眞正不道德的人。一個國家強弱盛衰，即以此兩種人鬥爭的勝敗消長為準。」㊲林林總總的人，是盲目地跟著社會潮流、經濟變化與時遷移。這些人只是被動地隨波逐流，他們對於國家經濟生活的參與不過是創造財富，消費財富。實際上決定國家盛衰存亡的，是另一些人。這些人能先一般人預見到社會發展的方向，根據他們的善惡標準來決定對社會經濟走向的態度。不同的善惡標準有不同的主張，有不同的支配經濟、利用經濟的辦法。所以，實際上由道德支配著經濟。由道德的人和不道德的人即善和惡決定著經濟發展方向。賀麟曾說：「天地間沒有純粹的經濟，沒有與別的東西絕不發生關係，離一切而獨立的『經濟自身』。這就是說，經濟不能自來（不能自天而降），不能自去（不能無故自己衰落），不能自己發達，不能自己活動，惟有理智的、有善惡觀念的人方能使之來，使之去，使之活動，使之發展。」㊳他的意思是，就經濟的性質和意義說，經濟是為人力所決定的東西，是由人類的理智和道德的努力創造的東西，一切經濟生活背後，

---

㊲ 《文化與人生》，1988年版，頁28。
㊳ 同上，頁28。

均有道德觀念和意識作用在支配它。經濟的動向能代表產生此經濟的主人公的意志、思想、道德觀念。

賀麟關於道德與經濟的關係的論述，充分表明了他的儒家思想：決定經濟進而決定社會發展的，是人的思想、道德意識；道德觀念的鬥爭，是世間一切鬥爭的根源。由此社會經濟的發展，基於正確的道德觀念。物質文明、生產力、科學技術本身是無道德意義的，而物質文明背後的精神文明，生產力之上的生產方式，運用科學技術的方向等等則是與道德密切相關的，是有善惡的評價的。這些纔是儒家所注重的地方。賀麟這裏所論述的，也是這些地方。這正是賀麟的儒家之處。

另外，賀麟這裏據以立論的現實經濟運行方式，主要是資本主義經濟方式，所以他特別重視「能支配經濟、利用經濟、創造經濟」的人。這些人是懷特海所謂：「能發揮想像力以控制現實的經濟的企業家」。賀麟對經濟問題的看法，主要依據他留學期間對美國和歐洲一些資本主義發達國家的觀察，所以他特別注重資本主義國家掌握經濟命脈的少數大資本家的作用，認爲他們的道德，卽資本運用方向是國家盛衰存亡的決定因素。用資本的運用方向來看中國三四十年代的經濟性質，賀麟對中國的官僚買辦階級極度痛恨，認爲他們的經濟行爲是不道德的、蠹國賊民的。他說：

> 中國近幾十年來，因剝削貪污投機而致富的官僚軍閥商人，人數當然不少，但因將財產存在外國銀行，反為外人利用以剝削國人。所以這類資財，不僅沒有經濟價值，反而有害於國計民生。其故無他，卽由於這是無道德背景，

非爲道德所決定的經濟。[39]

並且認爲:

資本制度積漸而僵化，而機械化，可容受人類意志自由發揮的自覺的道德努力的成份愈趨愈少，流弊愈益暴露，而內在的矛盾亦愈益尖銳，極少數的資本家憑藉不平的制度可坐享百萬，而大多數艱苦努力的勞動人民反被剝奪、被榨取，愈趨於貧困。所以依我們看來，如果勞動人民能夠推翻資產階級而代之的話，那必定前者道德努力的份量遠勝過後者有以使然。總之，經濟的大權終歸會落在道德努力者手裏的鐵則，決不會變的。[40]

賀麟這裏明確地表示了他的道德史觀：有德者昌，無德者亡，國家政權的歸屬，經濟大權的掌握，必在「道德努力者」手裏，這是歷史的教訓，也是生活的鐵則。無德者雖能得逞於一時，但從長遠看，從整個人類歷史的發展看，無德者最終必將爲有德者所替代。賀麟就是用這一「鐵則」預言了資本主義生產方式最終被取代的歷史命運。

賀麟的道德史觀，是對儒家「恃德者昌」、「得人心者得天下」、「義利之辯」思想的繼承，但從哲學根源上，從論證方式上說，他更多地接受了黑格爾的理論。前述黑格爾的「理性的機巧」，認爲最後得勝利的，是天理公道，是絕對精神。歷史人

[39] 《文化與人生》，1988年版，頁29。
[40] 同上，頁29。

物、歷史事件終不過是體現天理公道的工具，是理性的靈魂升進而留下的殘骸。天理、理性是道德的化身，是最高的善。一部歷史，就是個別的善與個別的惡戰鬥的歷史，最終的結果，必是永恆的善、至善的勝利。世界歷史昭示我們的，就是這一法則。賀麟以「道德努力」作爲至善，作爲決定社會經濟生活的根本因素，這是有取於黑格爾的。也正是在這個意義上，賀麟把黑格爾算爲西方的「儒家」㊶。

此外，賀麟據德國哲學家孟斯特貝格（Münsterberg）的價值哲學，把法治、德治，精神文明和物質文明的衝突調和起來。孟氏認爲，基於道德努力而產生的價值有三：屬於物質形態的爲「實業」，屬於契約形態的爲法律，屬於內心形態的爲道德。賀麟同意這種分法，即同意法律、經濟皆是道德努力的收穫，即「倫理的收穫」。孟氏所謂「倫理」，比現在通常意義上的「倫理」，內容寬泛得多。凡有人自覺的努力參與其中並發生效果、有善惡評價的，都可謂之「倫理的」。所以賀麟說：「征服自然、利用厚生，乃是人類利用理智的努力和道德的努力所收的效果。」㊷即凡人化或曰人文化的過程，都是理智的過程、道德的過程。從這個意義上說，人的所有活動都是道德和現實利益合一的。道德是動機方面，現實利益是效果方面。本質上是精神文明（道德）和物質文明（現實利益）的統一。據此，「中國一般人所謂精神文明、物質文明之爭，亦得一調解的途徑」㊸。從這裏可以看出，賀麟所謂「倫理的」，實際上是一廣義的哲學概念，

---

㊶ 《哲學與哲學史論文集》，頁130。
㊷ 《文化與人生》，1988年版，頁28。
㊸ 同上，頁30。

也就是賀麟哲學中的心、意志等。他的「道德努力的收穫」，是他的新心學在經濟生活方面的表現。

賀麟以心、意志等精神的東西爲根本，所以在物質建設和「心理建設」兩方面，他更強調心理建設。他不喜歡用「工業化」這個名詞來概括當時的各項建設，他認爲，用「工業化」這個名詞，就覺得好像工業化爲至上目的，除了工業化之外幾無餘事；又「工業化」似有以工業爲主動力量去轉化一切、改變一切、決定一切的意思。而實際上工業化背後，有更爲重要的精神基礎。他指出：「我們的職責不僅是片面地鼓吹工業化，而更重要的是爲物質建設奠定良好的心理基礎。」「不注重民族文化的背景，沒有心理建設的精神基礎而提倡工業化，那就會使將來中國工業化的新都市充滿了市儈流氓、粗鄙醜俗及城市文明之罪惡，而絲毫尋不出中國文化的美德。」[44]並且援引德國社會學家韋伯（Max Weber）的理論來證明他的這一觀點。

韋伯的學說，是以宗教思想爲體，經濟實業爲用。認爲近代資本主義乃建築在「職業倫理」上面。這些職業倫理發源於路德、加爾文的新教。近代資本主義的精神，就是新教及其行爲規則和實際的倫理精神。近代資本主義發生之前，這種精神已在新教中孕育著。具體說，新教把人類生活大規模地轉變爲合理的生活；新教給各種職業以倫理價值；新教崇拜勞動；新教提倡個人應對於自己的職業忠實、熱忱，應把它當作神聖的職責；新教使人放棄遁世思想，注重人間生活等等。韋伯並且用統計數字證明自宗教改革以後，經濟上居領先地位的國家都是新教國家，天主

---

[44] 《文化與人生》，1988年版，頁33。

教或非新教的國家都落後了。

賀麟雖不同意韋伯把近代資本主義的出現和發展完全歸功於少數宗教家，抹殺了許多大發明家、科學家、實業家、政治家、思想家的貢獻這一點偏處，但對韋伯認爲近代資本主義的出現並非由於物質的自動、經濟的自覺，乃憑藉許多精神的、道德的、宗教的條件而成的基本點，是承認並且相當讚許的。他說:

> 從我們現在看來，韋伯立說也許太偏，他所舉的統計事實也許不盡可靠。但他却至少指明了實業經濟的思想與道德的背景，他並且昭示我們近代資本主義乃是宗教精神和經濟企業合流的產物。根據韋伯這種說法，要想產生現代化的經濟實業，不僅須先有現代化的思想和倫理，而且須先有現代化的宗教為前提。㊺

賀麟這裏對韋伯「思想道德爲體，經濟實業爲用」的讚許，明顯地表現了他的心學思想，他的儒家立場。

## 四、以西方學術充實發展儒家思想

### 1. 精神理性爲體，古今中外文化爲用

賀麟在現代新儒家諸人中，以翻譯、介紹西方文化學術特著。他認爲:「西洋文化學術大規模地無選擇地輸入，是使儒家思想得到新發展的一大動力。」㊻這裏他提倡大規模地無選擇地

㊺ 《文化與人生》，1988年版，頁42。
㊻ 同上，頁6。

輸入西方文化，是基於這樣一個看法：西方文化傳到中國爲時太晚，亟需大量地、全面地、廣泛地介紹。「無選擇」即包容各學科各門類各流派之意。賀麟把把握、融合、轉化西方學術文化，放在關乎中國固有文化的生死存亡這樣的高度來認識，他說：

> 西洋文化的輸入，給了儒家思想一個考驗，一個生死存亡的大考驗、大關頭。假如儒家思想能够把握、吸收、融合、轉化西洋文化，以充實自身、發展自身，儒家思想則生存、復活而有新的發展；如不能經過此考驗，度過此關頭，它就會消亡、沉淪而永不能翻身。[47]

他之以翻譯、介紹、融合西方學術爲自己的終身職志，就是基於這一看法。

吸收西方學術文化，發展本民族的文化，有個以誰爲主的問題，即，是以西方文化爲主，以之改鑄或者掩蔽中國固有文化呢，還是以中國固有文化爲主，吸收、融會外來文化呢？賀麟的回答很明確：以中國固有文化爲主體，去儒化、華化西方學術文化。他說，就個人言，如果一個人能自由自主，有理性、有精神，他便能以自己的人格爲主體，以古今中外的文化爲用具，以發揮其本性，擴展其人格；就一個民族言，如果它能自由自主，有理性、有精神，它便能以本民族的學術文化爲主體，吸收外來文化以充實、豐富、發展自身。中華民族是自由自主、有理性、有精神的民族，他是能够繼承本民族文化的優良傳統，以此爲主

[47] 《文化與人生》，198年版，頁6。

體，去消化、融會外來文化的。中華民族如果放棄了自己的優秀文化，失掉了自主權，任各種思想學術不分國別、不分民族地傾入、占領、代替固有文化，那中國就不僅是外國政治經濟上的殖民地，而且也是文化上的殖民地。政治上經濟上的殖民地還有恢復主權之一日，一旦文化上做了殖民地，便永遠沉淪，永世不得翻身。他的文化方針很明確，這就是，以中國固有文化爲體，具體地說，就是以儒家思想爲體，以西方學術文化爲用。即「歸本於儒家思想而對各種外來思想加以陶熔統貫。」㊽華化、儒化西方文化首先要眞正徹底地、原原本本地瞭解並把握西方文化。瞭解了它就是征服了它，把握了它就能超越它。眞正認識了西方文化，自然就能够吸收、轉化、利用、陶熔。賀麟相信，中國歷史上曾吸收、轉化了印度佛教，使之成爲中國文化的一部分，並由此刺激、豐富了儒家學說，形成了合儒釋道三教爲一的新思潮——宋明道學。西洋文化的輸入，無疑也將會大大促進儒家思想的新開展，形成適應現代社會需要，集古今中外優秀文化於一身的現代新儒學。

賀麟的「以儒家思想爲體，以西洋文化爲用」的主張，與張之洞的「中學爲體，西學爲用」是不同的。在四十年代初期發表的重要論文〈文化的體與用〉中，他談到中西體用問題。他認爲，「體用」二字是意義欠明晰而有點玄學意味的名詞。體用有常識上意義上的體用和哲學意義上的體用。常識上所謂體與用大都是主與輔的意思，如「中學爲體，西學爲用」，按常識的瞭解即中學爲主西學爲輔。這種常識上的體用或說主輔可以因人而

---

㊽《文化與人生》，1988年版，頁7。

異，不管誰，不管哪個方面，都可以有主輔輕重的不同。這種體用關係是相對的，是據個人的不同價值觀念、不同實際需要設定的，無普遍必然性。哲學上的體用觀分兩種：一爲絕對的體用觀。體指形而上的本質，用指形而下的現象。體爲形上之理則，用爲形下之事物。體一用多，體靜用動，體用的關係是絕對的。這種意義的體用觀約相當於柏拉圖的理念世界與現象世界的區別，亦可稱爲柏拉圖式的體用觀。另一爲相對的體用觀。各種事物因其價值上的不同而呈寶塔式層級，其中價值高者爲價值低者之體，價值低者爲價值高者之用。這相當於亞里士多德之形式和質料的關係，所以又稱爲柏拉圖式的體用觀。這種體用觀不是以理念與對象分體用，而是以事物表現理念之多寡，距理念距離之遠近分體用。張之洞「中學爲體，西學爲用」之「體用」，不同於賀麟所論的任何一種。張之洞「中學爲體，西學爲用」似是說，中學，卽中國傳統的倫理綱常，爲立國之根本；西學，卽西方船堅砲利聲光電化的實用技術爲實際效用。這裏體用似無主輔之別，倫理綱常和實用技術之間亦不能分主輔輕重本末。中國哲學中，體是用之體，用是體之用，體用不可分，而張之洞的「中學爲體，西學爲用」，體不是用之體，用也不是體之用，因爲中國的綱常名教不能發生船堅砲利的效用，船堅砲利也不是綱常名教自然發生的作用。所以張之洞的「體用」不是中國哲學「體用一源，顯微無間」的「體用」，也不是柏拉圖、亞里士多德式的「體用」。

賀麟據中國哲學的體用觀斥張之洞「中學爲體，西學爲用」的說法「不通」。在他看來，中學西學各自成一整套，各自有其體用，不可生吞活剝，割裂零售。中學並非僅是「道」學，西學亦非純是「器」學。西洋的科學或器學，自有西洋的形而上學或道學以爲主幹；西洋的物質文明亦自有西洋的精神文明爲之體。中國的舊思想舊道德舊哲學，絕不能爲西洋近代科學及物質文明之體，亦不能以近代科學及物質文明爲用。他提出，如果一定要用體用的套子表示中外文化各自的地位的話，他贊成「以精神或理性爲體，以古今中外的文化爲用」的提法。這個提法的實質就是：「以自由自主的精神或理性爲主體，去吸收融化超出揚棄那外來的文化和以往的文化，盡量取精用弘，含英咀華。不僅要承受中國文化的遺產，且須承受西洋文化的遺產，使之內在化，變成自己的活動產業。」㊾

如果將這一提法和「儒家思想爲體，西洋文化爲用」的提法加以比較，就可以看出，前者是他的文化吸收方針，是講如何吸收中外文化遺產；後者是講儒家思想和西洋文化在未來新儒家思想中各自所佔的地位。前者實際上完全可以不用「體用」二字。它是「新心學」的文化方針：「以自由自主的精神或理性爲主體」就是「先立其大」，就是「收拾精神，自做主宰」；「吸收融化超出揚棄外來文化和以往文化」就是「六經注我」。這是賀麟的哲學思想在他的文化吸收方針上的貫徹。此外，前者的「體」，並未以某一家思想自限，而是以自由自主的精神、理性爲體；「用」也並非限於西洋文化，而是包括古今中外一切文化。這就比後者容量大多了，氣魄大多了。後者是對前人中西體用的提法的套用，前者則是賀麟自己的創造。這個創造，參酌了中國的陸王心學和西方的康德。這一不同，反映了賀麟思想的一些變

㊾ 《哲學與哲學史論文集》，頁353。

化。他不滿意中西體用的爭論，認爲不僅「體用」二字意指含混，爭辯不出有價值的結果，徒費口舌，而且易激起全盤西化派和國粹派的偏激和對立。賀麟痛切指出：

> 那入主出奴的東西文化優劣論已成過去，因為持中國文化優於西洋文化的人，每有拒絕西洋文化以滿足自己的誇大狂的趨勢。持西洋文化優於中國文化的人，也大都是有提倡西學，厲行西化的偏激作用的人。我們不必去算這些誰優誰劣的無意義的濫賬，我們只需虛懷接受兩方的遺產，以充實我們精神的食糧，而深徹地去理會其體用之全，以成就自己有體有用之學。[50]

賀麟所謂「體」，就是民族的精神和理性；「用」，就是古今中外一切文化。他的文化方針，就是用古今中外的一切優秀文化遺產，充實民族的精神，鍛鍊、陶鑄民族的理性。他在「吸收融化超出揚棄外來文化和以往文化」上做的具體工作，就是對諸子的重新解釋和吸收西方哲學、藝術、宗教諸方面的精華去發展儒家思想。

## 2. 以西方哲學發展儒家理學

賀麟說：

> 儒家的理學為中國的正宗哲學，亦應以西洋的正宗哲學發揮中國的正宗哲學。因東聖西聖，心同理同。蘇格拉

[50] 《哲學與哲學史論文集》，頁353。

> 底、柏拉圖、亞里士多德、康德、黑格爾的哲學與中國的孔孟、老莊、程朱、陸王的哲學會合融貫，而能產生發揚民族精神的新哲學，解除民族文化的新危機，是即新儒家思想發展所必循的途徑。51

中國哲學和西方哲學有許多不同，這些不同自東西方文化碰撞以來，特別是五四新文化運動中，學者論列甚多。但若拋去表面上的異同，而對中西哲學皆加以深徹瞭解的話，卽可看出，中西哲學沒有不可逾越的鴻溝。賀麟指出，中西哲學可以融會貫通的學理基礎在於，哲學只有一個，只有不同的表現，沒有不同的哲學。東哲西哲，心同理同。他說:

> 我們要認識哲學只有一個，無論中國哲學西洋哲學都同是人性的最高表現，人類理性發揮其光輝以理解宇宙人生，提高人類精神生活的努力。無論中國哲學，甚或印度哲學，都是整個哲學的一支，代表整個哲學的一方面，我們都應該把他們視為人類的公共精神產業，我們都應該以同樣虛心客觀的態度去承受，去理會，去擷英咀華，去融會貫通，去發揚光大。52

賀麟這裏提出了他的哲學觀：哲學是人性的最高表現，是人類理性發揮其光輝以理解宇宙人生，提高人類精神生活的努力。這是對於黑格爾哲學觀的繼承。黑格爾論哲學的性質說:

---

51 《文化與人生》，1988年版，頁8。
52 《哲學與哲學史論文集》，頁127。

> 概括講來，哲學可以定義為對於事物的思維著的考察。如果說，「人之所以異於禽獸在於他能思維」這話是對的（這話當然是對的），則人之所以為人，全憑他的思維在起作用。不過哲學乃是一種特殊的思維方式——在這種方式中，思維成為認識，成為把握對象的概念式的認識。(53)

黑格爾和賀麟都是把理性、精神作爲人的本質特徵，作爲人之所以異於禽獸者。不過黑格爾這裏着重在理性的概念式的認識方法上，賀麟則着重在理性認識宇宙人生，提高人類精神生活這個最終目的上。這說明他又帶有強烈的意志色彩，這是他受了新黑格爾主義及陸王心學影響的表現。他是把認識宇宙人生和提高人的精神生活，看做一而二，二而一的，是同一件事的兩個方面。在賀麟看來，人的精神生活所追求的價值，最高的爲眞善美。人對於眞善美，不只是享受它的外在利益方面，而且也享受它的內在精神方面。眞善美既給人之慾，又慰人之心。賀麟認爲，在這一點上，中西印哲學並無本質的區別。也許會有人反駁說，西方哲學的特點和主要成就在於對自然的認識，其精神實質是向外的，它的主要目的在「給人之慾」；中國文化的主要成就在於對心靈的認識，其精神實質是向內的，其主要目的在「慰人之心」，所以中國哲學所得主要是倫理學。這種看法在五四前後一些比較東西文化的學者中甚爲流行。但賀麟所謂哲學，主要是德國理想唯心論，特別是經過新黑格爾主義向主體方向推進了的黑格爾哲

(53)《小邏輯》，1981年版，頁38。

學。其特點是，向外認識自然，同時就是向內認識心靈，認識具體事物的規律與認識體現在事物上的絕對精神是同一的。用中國哲學的話說，就是，向外格物窮理卽向內明心見性。用賀麟的哲學觀說，就是，認識宇宙人生，卽所以提高人的精神生活。所謂西哲東哲心同理同，就同在這一點上。從這個方面說，哲學只有一個，哲學是一般哲學，普遍哲學，是人類共同享受的公共產業。中國、西方、印度的哲學都是這一般哲學、普遍哲學的不同表現形式。形式雖不同，但精神實質是相同的。這樣，中西印哲學就不是水火不相容的，根本排斥的，而是同一哲學的分支，是可以互相吸收、融會貫通的。

這裏，賀麟重在說世界不同哲學形態的共同點，他並不是不承認中西印哲學的特點和差異。「同」是互相吸收，融會貫通的基礎。吸收了西方哲學、印度哲學的優點的中國哲學，既是民族的，也是全人類的；既是中國的，也是世界的。這樣的哲學，纔能解救民族文化的危機，纔能適應現代社會生活。

賀麟在這一點上是卓越的，他承認從根本上說，哲學只有一個，中西印哲學都是這普遍哲學的一支。世界上許多哲學家和哲學史家都沒有這樣弘闊的眼光，都以西方哲學爲正宗哲學，排斥其它形態的哲學。如黑格爾就以西方哲學爲唯一完備的哲學，而鄙視、排斥東方哲學。在他的《哲學史講演錄》中，只有一章講「東方哲學」。賀麟指出，黑格爾對東方思想有一個總的偏見，卽認爲東方哲學中缺乏他奉之爲哲學靈魂的「思辯的理念」，也就是缺乏有具體內容的、有辯證統一的普遍概念。黑格爾認爲東方哲學特別是印度哲學的主要缺點，是一方面沉溺在客觀性或實體性中，而另一方面談起理論來又陷入抽象死板的推理形式。這些都是誇大了東方哲學的缺點，是片面的。又如文德爾班的《哲學史教程》，是西方現代流傳最廣，最受學院中人推崇的哲學史教本，但這本世界哲學通史性質的教科書，輕蔑地排斥中國哲學和印度哲學，認為東方哲學離歐洲哲學相差太遠，而歐洲哲學本身是個完整的統一體，是完備意義上的哲學。美國人梯利的《哲學史》也說東方各民族印度人、埃及人、中國人的哲學，大體上只是些神話和道德教義，不是徹底的思想體系；它們是為信仰和詩歌所浸透。賀麟認為，黑格爾、文德爾班、梯利的哲學史中排斥和輕蔑中國哲學和印度哲學是出於民族的偏見，是狹隘的歐洲中心論，也是他們對東方哲學無知的表現。他大聲疾呼：「當東方各民族站起來了的新時代，我們有責任恢復中國哲學和東方哲學在世界智慧寶庫中應有的歷史地位。」[54]賀麟認為哲學只有一個，各民族的哲學都是整個哲學的一支，代表整個哲學的一方面的見解，正是這種努力的表現。

「東哲西哲，心同理同」，是賀麟以西方哲學發展儒家思想的根據，其所欲達到的具體目標是：「使儒家的哲學內容更為豐富，體系更為嚴整，條理更為清楚。」[55]一句話，使儒家理學更多地達到西方哲學的思辯性、純粹性。在賀麟看來，中國哲學從根本上，與西方哲學同為「人性的最高表現，人類理性發揮其光輝以理解宇宙人生，提高人類精神生活的努力」，但在形態上說，東西哲學仍有重大的不同，有各自內容上的側重面和形式上的不同點。這是顯而易見、不容抹殺的。中國哲學雖然不像黑格爾、梯利所指斥的那樣厲害，但其側重於倫理方面，自然哲學和

[54]《現代西方哲學講演集》，頁208。
[55]《文化與人生》，1988年版，頁 8。

形上思辯不發達則是東西方哲學比較研究者的共識。中國哲學家的著作多由講學語錄和單篇論文匯集而成。許多哲學家的哲學思想包含在大量有關政治、經濟、軍事、歷史文化等等論述中，缺乏系統性，中國哲學著作幾無首尾一貫、互相聯屬、純為一中心思想的合邏輯發揮之作。所以賀麟特別提出，欲達到西方近代那樣的哲學著作，必須向「內容更豐富，體系更嚴整，條理更清楚」的目標努力。但可惜的是，賀麟雖然提出了這一目標，他自己卻始終沒有建立起自己的哲學體系，沒有成系統的哲學著作。與他同時代的幾位著名哲學家，如馮友蘭、金岳霖，年輩與他相若，都在四十年代初成名；經歷與他相同，都是留學歐美並得到學位，回國後在國內一流學府任教，共同經歷了日本侵華後的顛沛流離的困頓生活。馮友蘭有《貞元六書》，建立了「新理學」的思想體系；金岳霖有《論道》和《知識論》，建立了新實在論的獨特體系。賀麟的主要精力，在西方哲學特別是黑格爾哲學的翻譯和介紹上，這使得他無意、也無力構造自己的哲學體系。賀麟雖然沒有足以建立體系的哲學著作，但有自己首尾一貫的哲學思想。據他自己說，他的思想「如從學派的分野看，似乎比較接近中國的儒家思想，和西洋康德、費希特、黑格爾所代表的理想主義」[56]。他的前期思想的代表作是《近代唯心論簡釋》、《文化與人生》。他所提出的「使儒家的哲學內容更豐富，體系更嚴整，條理更清楚」的努力，主要體現於這兩部書中。比如賀麟論時空問題，認為西洋人注重時空，東方人注重超時空；古代人注重超時空，近代人注重時空；宗教藝術哲學注重超時空，科學政

[56] 《文化與人生》序言。

治經濟實業注重時空。時空重要，超時空亦重要；對於時空問題的研究不可忽視，對於超時空問題的研究，對於超時空襟懷的養成，亦不可忽視。研究時空以與超時空預留地步，研究超時空以爲時空奠基礎。繼而論到時空的主觀還是客觀、確定的還是不確定的、無限還是有限諸方面，最後得出「時空是自然知識和自然行爲所以可能的心中之理或標準」的結論。歸本康德，復發揮儒家「禮時爲大」的精義。層層顧到，文理密察。中國哲學特別是宋明理學的一些命題如「有物有則」、「性者理也」、「心者理也」、「宇宙卽是吾心，吾心卽是宇宙」、「心者具眾理而應萬事」、「天地我立、萬化我出」等等，他都據德國理想主義給予系統發揮。眞正表現了中西學兼備的學者的思維特點。又如論宋儒的思想方法，他合理智與直覺爲一，提出程朱學派爲「後理智的直覺」，陸王學派爲「先理智的直覺」。論知行問題，旣根據行爲派心理學和斯賓諾莎的學說，提出「自然的知行合一」或「普遍的知行合一」之說，又根據朱熹和王陽明的觀點，提出「價值的知行合一」；最後據黑格爾哲學，得出從理論講知先行後、知主行從，從價值講知行應合一、窮理與踐履應兼備的結論。其他如王船山的歷史哲學、王安石的心性理論都有出色發揮。經過他的分析，中國哲學的許多命題得到多層次、多側面的討論，其中蘊含的精義得到充分發露，更清楚了與現代哲學的承接關係。賀麟對中國哲學特別是宋明理學的闡釋發揮，是他豐富中國哲學的內容，嚴整中國哲學的體系的努力。他的工作表明，中國哲學的研究，必須吸收西方哲學的長處，吸收西方學者的方法。中國哲學的研究者，必須兼備中西哲學的學養，否則必免不了狹隘固陋之病。

### 3. 以西洋宗教發展儒家禮教

宗教是西方文化極重要的一個方面。賀麟欲以西方文化改造中國文化，宗教是他闡發的重點。他認爲，基督教是西方文化的骨幹，支配西方人的精神生活深刻而周至，西方近代文化是宗教精神與科學精神的產物，中國如不能接受基督教的精華，就不能產生完備的現代思想。這裏我們須得注意的是，賀麟欲接受的基督教，是經過宗教改革，特別是經過黑格爾、魯一士，發揮、改鑄了的重理性、重自由、重文化學養和內心生活的宗教。這樣的宗教，主要是理智的而不是信仰的，或說是經過理智把握以後的信仰。他曾說：

> 我們所倡導的是浸透了理智的活動和理性的指導的信仰，與知識進展相依相隨的信仰，正是為啓蒙時期的狹義的理智主義和此種理智主義的自然反動——反理性主義之間的矛盾，謀正當的出路。[57]

賀麟主張有信仰，他反對的，是狹義的理智主義和反理性主義。狹義的理智主義只注重消極的外在的懷疑、支離的分析、瑣屑的考證，而不注重堅貞的信仰，價值的保存，精神的力量和文化的體驗，陷入實證的、實用的、破壞性的偏頗的一面去。賀麟主張把理智和信仰結合起來，使信仰成爲有理智的，受理性指導、支配的信仰，不是盲目的、迷狂的信仰。這樣的信仰不是知識的缺

---

[57] 《文化與人生》，1988年版，頁92。

陷，而是伴隨知識活動、理智活動而起的一種心理現象。他說：

> 信仰是知識的形態，同時也是行為的動力，也可以說信仰是足以推動行為的知識形態，並且可以說信仰是使個性堅強、行為持久、態度真誠、意志集中的一種知識形態。(58)

宗教是一種信仰，有了這種信仰的人，就有了自己的安身立命之所，不會在人生的道路上歧路徘徊，莫知所適。精神有了安頓，有了寄託，靈魂有了慰安，做事有堅定的意志，有犧牲的勇氣，有百折不迴的信心，這是賀麟所認爲的宗教最主要的方面。所以他說：「宗教則是爲道德注以熱情、鼓以勇氣者。宗教有精誠信仰，堅貞不二的精神。這種宗教是與道德不可分的，是行道的勇氣、殉道的精神力量。」賀麟同意法國社會學家涂爾干的說法：「有宗教信仰者不獨能看見不信仰者所看不見的新眞理，還可做一個較強悍的人，他覺得自己內心有較大的力量，能經得起生存的試驗，可以戰勝種種困難。」(59)在賀麟這裏，宗教主要是一種精神，一種精誠行道，堅貞不二的精神，是一種類似於道德又超出道德的精神。所以他曾多次指出：宗教爲道德之體，道德爲宗教之用。宗教和道德是體和用的關係，體用不可分。宗教的目的，是爲了追求一種永恆的精神價值，這種價值不是與創造世界，又在冥冥中支配世間萬物的神爲一，不是與有人格的上帝爲一，而

---

(58)《文化與人生》，1988年版，頁89。
(59) 同上，頁90。

是與自己所追求的精神價值爲一，與自己理性建立的終極目標爲一。同時，這種精神價值又是鼓舞人實現這種理想的現實力量。人生的最高境界，就在達到這種精誠精神，就在於與自己的理想價值爲一。道德是實現這種精神價值的手段、途徑。人的精神享受是最高的享受，實現自己的理想是最終的目的。這是賀麟從德國正統哲學所得到的，也是賀麟從中國的古典儒家包括孔孟和宋明諸大儒中所得到的。是與中國現代新儒家梁漱溟的倫理的直覺、馮友蘭的「天地境界」一致的。

關於宗教，賀麟有個很清楚的定義：「如果認爲有一種神聖的有價值的東西值得我們去追求，這就是宗教。或者從內心說，人有一種崇拜的情緒，或追求價值的願望，就是宗教。」[60]這裏表達了賀麟關於宗教的一個重要見解，卽他認爲，宗教的要素實際上是兩個：一個是主體方面的，這就是崇拜某種價值的情緒，追求某種價值的願望。無此種情緒和願望，宗教無由而起。人的這種情緒和願望的產生，是文化發展的產物。人在長期的進化過程中，發現了自己在宇宙中的位置，人自覺地把自己納入天、人、物三界中，自覺到欲認識自己，不可以不知其生活的環境，不可以不知自己所由生的本源。西方哲學家柏拉圖早有此意，他認爲欲知人不可以不知人之範本，人之理念。中國的《中庸》也說：「欲知人不可以不知天」。柏拉圖的理念，中國人的「天」，都是理想的、神聖的。人從自覺到自己的不完滿，自覺到應追求無限完滿的理想之時起，人就有了崇拜價值、追求價值的願望。這標誌著人從不識不知的混沌狀態進到自覺其不完滿，自願追求完

---

[60] 《文化與人生》，1988年版，頁307。

滿的階段。因此人的宗教情緒是文化進步的產物。

另一個要素是客觀的，卽追求的對象。這就是永恆的、超越的價値。人的物質需求、精神需求都是價値，但物質需求是低層次的、人與動物同具的，只有精神價値纔是永久的、高層次的，纔是人之所以爲人的本質。基督教的產生，就是把人追求精神價値的願望，以更加神聖的、更加成爲內心信念的方式固定下來。基督教後來對於教義、教儀、教規等等的附加，恰是離開了基督教的本質。就是說，基督教的產生與發展應該是一個返樸歸眞的過程。眞正的基督教應該是精神的基督教。所以賀麟說：

> 精神的耶教便是健動的創造力，去追求一種神聖的無限的超越現實的價值。[61]
>
> 耶教的精神可以說是一種熱烈的、不妥協的對於無限上帝或超越事物的追求，藉自我的根本改造以達到之。真正信仰耶教的人具有一種浪漫的仰慕的態度，以追求宇宙原始之大力，而企求與上帝為一。[62]

宗教的眞精神旣是對超現實的價値的追求，那麼，代表宗教的眞精神的，卽不必爲教會中人。賀麟指出，自十六世紀迄十七、十八世紀以來，代表耶教眞精神的人物，已不是寺院的僧侶，教會的牧師、神父，而是文藝復興後有浮士德精神的新人。宗教改革後具有信仰自由的個人，不服從君主，亦不服從教主，個人內心

---

[61] 《文化與人生》，頁129。

[62] 同上，頁132。

的理性、自然之光，纔是各人所應當服從的。昔日犧牲自我，死在十字架上的耶教烈士，到此時已轉變爲具有戰鬥思想和信仰自由的科學烈士、哲學烈士。昔日在上帝面前人人平等的信仰，已轉變爲天賦人權、人人自由平等的新思想。昔日老死在寺院裏的僧侶，已轉變成具有冒險精神，犧牲性命于異域的傳教士。昔日追求無限，企仰縹緲虛無的天國的精誠信徒，現已轉變成冒險犧牲，遠涉重洋，攫取金寶奇珍的探險家。這就是賀麟眼裏的宗教。這裏的上帝實際上是無限的超越的價值。一切無限的超越的價值都是上帝，一切對此種價值的追求都是宗教。這樣的宗教已是服從自己心中的理性光輝，而不是服從超自然的人格神的宗教了。這樣的宗教是理性宗教，是傳統的權威宗教的對立面，是經院哲學的對立面。

賀麟的理性宗教，是有得於黑格爾的。在黑格爾，上帝卽天理，上帝卽絕對理念；理念之所在，卽是上帝之所在，理念的表現，就是上帝的工作。所以許多黑格爾評論家將黑格爾的絕對理念比做宗教的上帝原則上並不錯。但黑格爾的「上帝」不是盲目信仰的對象，而是愼思明辨地用理性、用哲學去認識的對象。賀麟認爲，黑格爾的「上帝卽天理」的理性宗教，與中國儒家的「天者理者」的思想最爲契合。黑格爾的上帝卽儒家所謂天。兩者的內容皆是世界歷史所昭示人類的宇宙大經大法；知天卽知宇宙大經大法。知天的過程卽格物窮理。

賀麟認爲，中國的「天者理也」雖與黑格爾的理性宗教契合，但西方基督教在演變過程中由敬事上帝而轉變來的追求永恆無限的超越價值的精神卻是中國人缺乏的。中國人講「天者理也」一開始就是理性的，沒有西方宗教否棄人自身，熱然追求超越價值的精神。所以宗教觀念淡薄、理性佔了絕對統治地位的中國人，所缺的正是這種精神。中國人的堅貞精誠是道德，西方人的堅貞精誠是宗教。中國人是以道德代宗教。但道德缺乏宗教那種絕對性、無條件性、超個人性。宗教中的信仰成分可以免除道德修養中的天理與人欲的激烈搏戰，宗教的普及性可以把少數士君子的修身變爲大多數平民的自覺行爲。同時賀麟認爲，西洋文化有兩大來源：一是希臘的哲學科學藝術，一是希伯來的宗教。在賀麟的思想中，希臘的哲學科學藝術即他的理性宗教的內容部分，希伯來的宗教是他的理性宗教的形式部分。如上說，宗教在他看來是對無限的永恆的超越價值的追求，那麼，這無限的永恆的超越價值即哲學科學藝術，追求這種價值的心態、精誠不二的精神即希伯來宗教精神。賀麟的理性宗教反覆申說的就是這兩樣東西。哲學科學藝術是他反覆強調必須爲新的儒家思想所推進所大力加強的方面。以儒家的理學來融會西洋哲學，以儒家禮教來融會西洋宗教，以儒家詩教來融會西洋藝術，是新儒家的復興所必須做的工作。

賀麟認爲中國人最需要向西方的理性宗教學習的有兩個方面：一是獻身精神，殉道精神。中國人的實用理性的思維特點，缺乏爲科學而科學，爲藝術而藝術的精神。中國很少有人以宗教的熱情和殉道精神去研究科學。中國純理論的科學不發達，其中的一個原因是中國缺乏科學的殉道者。中國人研究某種學問，着眼於其實用價值，而西方人多着眼於其內在價值和宗教意義。中國傳統的對待科學的態度是倫理的，而西洋是宗教的。必須把倫理的態度變爲宗教的，把自願去做的變爲無上的命令。這是中國傳統的實用理性非功利化的一個途徑。

另一個方面，即基督教傳教士到民間去服務的精神。中國哲學特別是宋明理學提倡「愼獨」，重「一念發動處」，道德修養多走獨立潛修一途，缺乏西方傳教士到民間去服務的宗教熱忱。中國傳統文化的主幹儒道兩家，儒家走的是得志行道，達則兼濟天下、窮則獨善其身的道路；達則在朝廷，窮則在山林，都沒有到民間去。道家多吟風弄月、垂釣酌酒之士，只是自己清高，亦不願到民間去。墨家雖有服務平民的精神，但秦以後中絕了。而基督教傳教士之到平民中去宣傳，雖是爲了傳佈福音，以教化俗，但其到民間去的精神，是和近代平民化、社會化的路向一致的。所以，儒家必須吸收基督教的這點長處。在現代社會中，政治已不是封建社會宮廷中明君賢臣之事，而是民眾普遍參與、人人置身其中的事業。社會化生產已把農業經濟分散的、隔絕的局面打破；文化教育的普遍化、羣眾化已把文人雅士和布衣平民的界限打破；以官僚階層爲中心的社會已爲以集體爲中心、以平民爲中心的格局取代。儒家的新發展，欲求道德內容的廣博深厚，必須走平民化社會化的道路。這是與前述吸收墨家精神一致的。

總之，賀麟認爲，儒家的新開展，必須從宗教的精誠信仰中去充實道德實踐的勇氣與力量。賀麟的宗教，是黑格爾的理性宗教與宋明理學「天者理也」精神的結合，是準道德又超道德的，完全排除了人格神，沒有盲目和迷狂。這是他爲革除中國傳統文化的某些弊端，爲適應現代社會生活而設想的一種宗教。

### 4. 以西洋藝術發展儒家詩教

儒家詩教即「溫柔敦厚」。「溫柔敦厚」不僅是儒家作詩論詩的標準和軌則，也是其他藝術門類的標準與軌則。賀麟認爲，儒家思想的新開展，必須以西方的藝術補充儒家詩教。在中國歷史上，惟有詩與樂最受重視，《詩經》與《樂經》並為儒家經典，其創作成就也最高。新詩教的興起，必須發揮舊詩教的長處。舊詩教是儒家中心思想「仁」的體現。「仁」最根本的意思即深厚的愛心，人我一體之心。這種愛心天眞純樸，是人眞性情的流露。「溫柔敦厚」的詩教，從內容方面說即愛心，從形式方面說即自然率眞。這是儒家詩教最根本的東西，在現代社會中仍然適用。就是說，新儒家的詩教要求詩和一切藝術以愛心為第一生命，謳歌人間眞情，抒發人的蓬勃生命力、創造力，摹寫大自然的美的蘊藏。就是鞭撻黑暗，諷刺種種消極落後現象，也是為了積極的建設，也是愛心的表現。所以內容上的邪僻淫褻，形式上的矯揉虛僞，都非詩之旨，亦非仁之德。同時，儒家詩教也是「誠」的表現。「誠」的本意是眞實無妄，健行不息。眞實無妄、健行不息主要指本體界的存在與流行，在藝術方面，誠即儒家「思無邪」。「思無邪」即愛心這個本體的眞實無妄和流行不息。

賀麟也認為，儒家詩教中一些不適應現代社會的東西，須得改變與補充。如儒家詩教把民間藝術中許多洋溢著原始的質樸和生動的意趣的東西丟掉了。又如，後來的儒家僅僅把詩作為道德教化的工具，「文以載道」的訓條使人忽視文學藝術形式方面的創造與發展等等。他提出，必須以西洋藝術各門類來補充儒家詩教的偏狹，使藝術成為儒家學養的有機成份，恢復抒寫人生，表達情感，淨化志意，美化生活的全面功能。

賀麟曾本其心學根本觀點，對藝術有一明確定義：「凡各藝術皆所以表現本體界的義蘊，皆精神生活洋溢的具體表現，不過微有等差而已。」[63]本體界即精神生活的洋溢。這個本體界不是無人之境，不是無有主體參與的死寂狀態，也不是無有精神投射其中，貫注其中的自然本身。本體界是人與自然、主體與客體、自我與非我的統一。具體的藝術形式，即此本體界的表現。賀麟的這一看法，吸收了謝林和黑格爾的藝術觀。謝林認爲藝術就是以有限的形式表現無限。黑格爾認爲藝術就是通過感性形式表現絕對理念。而謝林的「無限」、黑格爾的絕對理念，都是主體與客體的統一，都是本體。賀麟又說：「建築、雕刻、繪畫、小說、戲劇，皆所以發揚無盡藏的美的價值，與詩歌、音樂皆同一民族精神及時代精神的表現，似無須軒輊於其間。」[64]諸藝術形式皆本體之表現，應無輕重厚薄。這是欲糾正儒家僅看重詩教和樂教的偏頗。但賀麟認爲，諸藝術形式表現本體的能力，卻有差等。這一點是得自黑格爾。黑格爾據精神和物質的相關程度，把藝術形式分爲客觀藝術和主觀藝術。客觀藝術包括建築、雕塑等，它們鮮明地顯現了美的理念，是感覺最強烈、物質性較多的藝術形式；主觀藝術如繪畫、音樂、詩歌等，則有更多的精神性。而在主觀藝術中，最能表現美的理念的是詩歌。賀麟說：

> 詩是最豐富的無窮無盡的藝術。在詩裏，美的想像得到最高發展；詩同時又是綜合性的藝術，詩有建築的結構，有雕刻的刻劃，又能歌唱，有音樂性，詩中又有畫意。詩不僅是綜合性的藝術，而且還超出建築、雕塑、繪畫、音

---

[63] 《文化與人生》，1988年版，頁9。
[64] 同上。

樂，成為一個獨立的形式。[65]

賀麟認詩爲最高的藝術形式，既是對黑格爾思想的借鑑，又與中國文化重視詩歌的傳統吻合。

賀麟認爲儒家詩教的改造，必引起其他藝術形式的改造。因爲其他藝術形式都受到儒家詩教的影響。如建築藝術主要體現在皇家宮殿、苑林的建築上，表現出皇權思想特點。園林則充滿士大夫情趣。雕刻藝術主要體現在佛像、佛龕上。小說、戲劇歷來被斥爲稗官野史、淫哇濫調，不予重視，甚且認爲可以浸淫風俗人心。惟繪畫有長足發展，但也有很重的宮廷氣和山林氣，不與民間貼近。今後隨儒家詩教的改造，包括詩歌在內的各藝術形式必能由偏弊而博厚，必能由少數人的壟斷品變爲民衆的享受，必能由宮廷、山林而進入現代社會的平民階層，且必是各藝術門類的聯合並進。

此外，賀麟指出，要吸收中國藝術精神和西方近代文明的一些優點，使未來中國人的生活富於詩禮之意。他說：

> 就生活修養而言，則新儒家思想的目的在於使每個中國人都具有典型的中國人氣味，都能代表一點純粹的中國文化，也就是希望每個人都有一點儒者氣象。[66]

他所謂儒者氣象，就是生活方式、氣質形象、儀表風度上的詩禮意味。他嘗說：「凡趣味低下，志在名利肉慾，不知美的欣賞，

---

[65] 《哲學評論》，卷七，二期。
[66] 《文化與人生》，1988年版，頁12。

即是缺乏詩意。凡粗暴魯莽、擾亂秩序，內無和悅的心情，外無整齊的品節，即是缺乏禮意。無詩意是醜俗，無禮意是暴亂。」[67] 由此推廣開來，近代工商業社會的民主政治和人民生活方式也可以說是有詩禮意味的：選舉、辯論、政治家的出入進退皆莫不有禮；數百萬居民聚居的大都市，交通集會莫不有序；其工人、商人大都有音樂歌劇可以欣賞，有公園可以休息，有展覽會、博物館可以遊覽；每逢假期，可遊山林以接近自然；工餘之暇，可以唱歌跳舞自得其樂，其生活未嘗不可謂相當美化而富有詩意。這就是賀麟理想的現代社會生活中的詩禮意味，這就是他所謂受藝術陶養的具體美化的生活。從這裏我們可以看出他給儒家傳統詩禮注入新鮮血液，注入西方近代文明帶來的精神成就的切實努力。

賀麟所謂儒家的藝術化，強調從藝術的陶養中去求具體美化的道德。他認爲儒家舊道德之所以偏於枯燥迂拘，首要原因是未經過藝術的美化。也就是禮教未得詩教陶鎔。他特別讚賞孔子「興於詩、遊於藝、立於禮、成於樂」的藝術陶養途徑。興於詩即得到詩的意境的激發，從而感奮興起；遊於藝即優遊於棋琴書畫、射御書數諸藝能中，性情得到陶冶，志意得到淨化，淡化物質欲望的追求，提高藝術欣賞的興會。立於禮，成於樂即在禮樂中提高道德修養。這樣的人生是新鮮活潑的，不拘執於道德培養而自會進於高明之域，不刻意於儒者氣象而自具儒者氣象。這一點，可以說賀麟亦有得於歌德。賀麟所讚賞的德國三大哲人，歌

---

[67] 《文化與人生》，1988年版，頁12。

德的特點在於「使抽象的眞理具體化，使嚴肅的道德藝術化」[68]。歌德是偉大的詩人、偉大的藝術家。歌德的文藝是德國古典哲學的藝術化。歌德這一點對黑格爾影響很大。德國新黑格爾主義哲學家克洛那曾說：「黑格爾只需把歌德爲人的經歷，用哲學的方式寫出來」[69]。黑格爾的整套哲學，可說是歌德的「浮士德」的理論化、抽象化。而反過來浮士德卽是黑格爾全副哲學的具體化、形象化。歌德影響了黑格爾，也影響了賀麟。賀麟之「具體的美化的道德」就是得自歌德。賀麟寫《德國三大哲人處國難時的態度》，開首卽歌德。他說歌德的人品是詩式的，生活是詩式的生活、美的生活。其道德修養融化在藝術式的生活中，處處皆見其美，而處處皆顯其德。其處國難時的態度，在賀麟的筆下便是以一文豪，於敵兵炮火正濃時，在軍營中作光學試驗，或馳馬彈雨中，體驗戰爭生活；便是夜間被敵兵搜察住宅，幸得戀人相救，遂結百年之好的趣事；便是以其文名受敵軍官禮遇，被敵軍中的藝術家製銅像的美談；便是拿破崙以一軍主帥崇敬敵國藝術家，與歌德大談其《少年維特之煩惱》的趣聞。從賀麟的描述看，他是把歌德作爲道德與藝術結合、把嚴肅的道德藝術化的楷模來談的，這可見他的意趣和傾向了。

賀麟論述藝術的文字不多，對於儒家藝術化的主張也未有系統的發揮。但從他已有的論述，從他淡泊的生活情調，重視眞善美的價值體驗，輕視功利目的、世俗追求來說，他是一個散文式平實、詩式的高潔，在平實裏顯高潔、在高潔中見平實的學者。這可以說是「極高明而道中庸」的儒家修養特色。

---

[68] 《德國三大哲人歌德、黑格爾、費希特的愛國主義》，頁6。

[69] 同上，頁11。

通過以上的論述我們可以看出，賀麟是現代新儒家的代表人物之一。他對於儒家在現代社會復興的必然性，對儒家如何克服自身的弱點，跟上時代前進的步伐，適應現代社會的需要所遵循的途徑，都有較好的論述。他在政治、經濟、宗教、道德、藝術諸方面對未來社會的設計，都是有啟發性的。他的議論不是學究式的空談，而是對社會各個方面有深刻觀察，對中西文化有精湛理解，能本中國現實土壤提出建設性意見。這一點是他不同於熊十力、梁漱溟、馮友蘭的特殊之處。他雖沒有系統的哲學體系，但對儒家未來發展的各個方面都提出了意見。他有哲學理論家、社會生活設計者兩者集於一身的特點。他前期的《近代唯心論簡釋》主要是哲學著作，《文化與人生》是對社會生活指陳大計、爲人生修養現身說法的綜合著作。前者的特點是創穎活潑，後者的特點是具體親切。熊和馮是爲現代新儒家構造哲學體系的理論家，梁是爲儒家在未來世界文化走向中的地位作比較參證，並據此切實從具體問題着手的實行家。正由於賀麟的一身兼二任，古今中西雜取，所以他在理論的系統，博大上不如熊、馮，在實行的深切篤實上不如梁，而在西方學養的深厚上，在用西方學養改造中國舊學的具體、創穎上，在爲未來設想的廣度和深度上，殆超過以上數人。

# 第六章　賀麟的翻譯

賀麟是中國當代著名哲學家，也是著名翻譯家。由於他翻譯方面的功績太顯豁，哲學創作方面的功績反爲所掩。人多以賀麟爲西方哲學翻譯專家、西方哲學史家，而不以他爲哲學家，可見他的譯作影響之深。遠在大學時代，他就在吳宓的鼓勵下翻譯了一些英文詩和散文，並對照原文閱讀嚴復的譯作。從此時起，他就想步吳宓介紹西方古典文學的後塵，以介紹和傳播西方古典哲學爲自己終身的志業。從留學美國迄今，在長達半個多世紀的時間裏，他翻譯了許多關於黑格爾、斯賓諾莎的著作。他的譯著計有：

| 原作著者 | 賀麟之譯著 | 備註 |
|---|---|---|
| 魯一士 | 《黑格爾學述》 | 商務印書館1936年出版 |
| E. 開爾德 | 《黑格爾》 | 商務印書館1936年出版 |
| 斯賓諾莎 | 《致知篇》 | 商務印書館1943年出版 |
| | 《倫理學》 | 商務印書館1958年出版 |
| | 《知性改進論》 | 商務印書館1960年出版，爲《致知篇》的修訂本 |

| | | |
|---|---|---|
| 黑格爾 | 《小　邏　輯》 | 三聯書店1950年出版 |
| | 《精神現象學》 | 與王玖興合譯，三聯書店1962年出版上卷，商務印書館1979年出版下卷 |
| | 《哲學史講演錄》 | 與王太慶、方書春等合譯，1956年後由三聯書店、商務印書館陸續出版四册 |
| | 《黑格爾早期神學著作》 | 商務印書館1988年出版 |
| 馬克思 | 《黑格爾辯證法和哲學一般的批判》 | 人民出版社1955年出版 |
| | 《博　士　論　文》 | 人民出版社1961年出版 |

還有許多單篇論文及集體署名的譯作。

賀麟這些譯作，爲在中國傳播黑格爾、斯賓諾莎哲學，由此帶動整個西方哲學史的翻譯和研究，起了很大作用。其中《黑格爾學述》和《黑格爾》，是瞭解黑格爾生平及學說的必讀書，文字活潑有趣，記載其事跡詳略得當，生動傳神；述其學說要言不繁。同時這兩本書也是瞭解英美新黑格爾主義的好材料，從對黑格爾述評的傾向，可見其思想路向之大凡。《小邏輯》、《倫理學》是哲學譯作的範本，爲研究者所珍愛，並爲各種西方哲學原著選本所採用。《哲學史講演錄》被許多高等院校選作西方哲學史教科書或參考書。《精神現象學》的翻譯曾獲得中國社會科學院科研一等獎。《黑格爾早期神學著作》爲國內少有人問津的黑格爾神學思想，提供了完備的第一手資料。這些都說明，賀麟的翻譯爲推動我國西方哲學的譯介、教學和研究，做出了巨大的貢獻。

賀麟的譯著，有其獨特的翻譯思想貫徹其中。他的翻譯思想，以自己的哲學觀點和翻譯實踐所得的理論爲主，並吸收了嚴復以來中國的翻譯理論，形成了鮮明的特點。

## 一、翻譯為文化交融第一步

賀麟的文化方針是，以精神或理性爲體，以古今中外的文化爲用。他認爲，必須以自由自主的精神或理性，即他所謂「具衆理而應萬事」的心爲主體，去吸收融化超出揚棄外來文化和以往的文化，盡量取精用宏。所以，「不僅要承受中國文化的遺產，使之內在化，變成自己的活動產業。特別對於西洋文化，不要視之爲外來的異族文化，而須視之爲發揮自己的精神，擴充自己的理性的材料」⓫，而承受西洋文化，翻譯是第一步。沒有翻譯，西方文化的寶藏只能由極少數通西文的人消受，不能變成國人的公共財富。而通西文的人，又大多數留學歐美，容易養成偏見。如五四新文化運動，在某種意義上可以看作國粹派和西化派兩大陣營的爭論。只有如實地從翻譯做起，把外來文化變爲國人可以吸收消化的東西，纔能發生眞正的中西文化交融。所以賀麟提出：「那入主出奴的東西文化優劣論已成過去。因爲那持中國文化優於西洋文化的人，每有拒絕西洋文化以滿足自己的誇大狂的趨勢；那持西洋文化優於中國文化的人，也大都是有提倡西學，厲行西化的偏激作用的人。我們不必去算這些誰優誰劣的無意義的濫賬。我們只需虛懷接受西方的遺產，以充實我們的精神食糧，

---

⓫ 《哲學與哲學史論文集》，頁353。

而深徹地去理會其體用之全，以成就自己有體有用之學。」❷賀麟把翻譯事業看作時代的需要，看作建設現代中國新文化的必要條件。他不同意新文化運動時所謂東西文化「一為自然的，一為人為的；一為消極的，一為積極的；一為因襲的，一為創進的；……」等截然相分、簡單粗率的比較，而主張「得西洋文化體用之全」，把西方文化源源本本地介紹過來，使國人可以窺全貌，更全面公允地選擇、吸收、消化西方文化的優秀部分。而得西洋文化之全，無翻譯這第一步，猶如沙上築室，終無穩固之基。所以賀麟從華化西洋、建設中國新文化新學術的高度，指出：「離開認眞負責堅實嚴密的翻譯事業，而侈談移植西洋文化學術，恐怕我們永遠不會有自己的新學術，西洋的眞正文化也永遠不會在中國生根。」❸就是說，賀麟主張，建設自主的、有體有用的新文化新學術，翻譯為第一步。此與梁啟超之認為「當今中國欲富強，第一策，當以譯書為第一事」相一致。

賀麟檢討了中國當時的翻譯界，認為，新文化運動之後二三十年的中國翻譯界，可以說蕪濫沉寂到了極點。所謂「沉寂」，指其譯籍之少；所謂「蕪濫」，指其雖有少數譯本，但質量低劣，粗率謭陋。不僅無望其如清末嚴復譯品之精，即通順易讀，也不可得。對於所以如此的原因，賀麟指出三點：其一，有的人認為，自著纔是眞正的創造，纔能展示作者的學識才華，纔能藏之名山，傳之後世，為永久之業績。而翻譯則徒為字次句比的轉譯，為別人思想的機械的傳聲筒，無甚創造性，故不屑翻譯。這是造成譯界沉寂的主要原因。其二，有的人中西雙方學問、語言

---

❷ 《哲學與哲學史論文集》，頁353。
❸ 《文化與人生》，1947年版，頁38。

之基礎不够，而視翻譯爲易事，認爲稍通西文者皆可爲之。率爾操觚，結果所譯粗濫低劣。其三，缺乏嚴正的同情的翻譯批評。賀麟認爲翻譯批評是翻譯事業不可缺少的。翻譯批評也應如文藝批評一樣，鼓勵、獎飭好的，糾正、針砭壞的。一部譯作出來，如石沉大海，無人問津，不惟無助於譯者本人翻譯技巧的進步，而且極不利於中國整個翻譯水平的提高。特別現代譯書多爲個人事業，不似古代譯場爲集體工作，更需要社會的反響和批評，使譯本趨向完善，譯事臻於成熟。以上諸病，都是因爲對翻譯的性質和意義認識不足所致。賀麟爲了醫治此病，專門著文討論翻譯的意義與性質諸問題。

賀麟認爲，某些人以爲翻譯只是他人思想的傳聲筒，沒有創造性，所以輕視翻譯工作，這是阻礙學術發展的淺妄之見。他認爲，能做個準確的傳聲筒，也是可貴的。因爲當時國人對於中國以外的文化知識，不能說知得多，需要大量翻譯外國學術思想文化，以擴充新知。忠實的宣傳、介紹，實爲普遍的需要，不可一日或缺。特別重要的是，翻譯是華化西學的第一步。賀麟說：

> 翻譯的意義與價值，乃在於華化西學，使西洋學問中國化，灌輸文化上的新血液，使西學成為國學之一部分。吸收外來學術思想，迻譯並融化外來學術思想，使外來學術思想成為自己的一部分。這乃是擴充自我，發展個性的努力，而決不是埋沒個性的奴役。這樣看來，翻譯外籍在某意義下，正是爭取思想自由，增加精神財富，解除外在桎梏，內在化外來學術的努力。❹

❹ 《文化與人生》，1947年版，頁42。

賀麟對於翻譯的意義的認識，是同他的現代新儒家思想一致的。即，他是站在中國本土文化的保存者、發揚者的立場來講話的。他是把吸收外來文化作爲激發自己固有文化內蘊的生命力的手段。因此，他不是西化中學，而是主張「華化西學」，將外來文化消融在民族文化中，作爲中華新的學術文化的有機成分。所以，賀麟認爲，經過西方文化的滲透與融合，中國文化不是失掉了自主權，而是得到擴充，得到發展，使個性更鮮明，更具時代性。必須給中國固有文化注入新鮮血液，纔能使其中的優秀成分得以發揚。對於翻譯和創造的關係，賀麟反對把兩者機械地割裂開來。他的一個基本思想是，譯述他人的思想，即所以發揮或啟發自己的思想。翻譯爲創造之始，創造爲翻譯之成；翻譯中有創造，創造中有翻譯。片面地提倡自己創造，而蔑棄古典思想的注釋發揮，外來思想的譯述介紹，必走入淺薄空疏之途。就是說，通過翻譯外來思想，自己的思路可以更寬闊，概念可以更明確，邏輯可以更清晰，文字可以更嚴謹。翻譯可以說是受西方思維訓練的好途逕。中國當代諸大哲思想之深湛、精密，行文之嚴謹、準確，無不受益於翻譯。這是賀麟的經驗之談。終其一生，他都是把翻譯、研究、教學緊密結合起來。他的思想的清晰、概念的準確，文字的曉暢，頗得力於翻譯。他把翻譯作爲第一步，一邊翻譯一邊研究，再把研究心得教給學生。他眞正做到了「翻譯是創造之始，創造是翻譯之成」。他對於《小邏輯》的翻譯與研究，最好地體現了他自己的這個主張。1935年至1936年，賀麟曾在北京大學講授黑格爾《精神現象學》課程。此後十餘年，他一直從事譯述《小邏輯》的工作。邊研究、邊翻譯、邊講課。愈研究，他對黑格爾哲學愈感興趣。這一時期他翻譯的成果便是《小邏輯》

中譯本，研究的成果是《黑格爾理則學簡述》。研究因有翻譯作基礎而眞切、深入，譯作因有深入研究而準確傳神，講課因有研究、翻譯而有系統、有內容。三者交養互發，相得益彰。鄙薄翻譯工作以爲無創造的人，只是把翻譯作爲字次句比的機械傳譯，譯名不矜審，譯文欠推敲，當然就覺得無創造性或創造性甚小。而當時學術界一些自矜創造的著作，類多空疏淺薄誇大虛驕之弊。對此賀麟曾指出，創造是不能欲速助長的，創造的發生，每每是出於不自知覺的，是不能自命的。對於有些人來說，與其做那無甚價値的「創造」，不如老老實實地翻譯，「做那第二等的工作」。侈言創造，不如養成孔子「述而不作」、朱子「注而不作」、玄奘「譯而不作」的篤厚樸實的風氣，或許可自然有創造的發生。其實孔子之創造，就在其對先王禮樂的「述」中。朱子之創造，就在其《四書集注》對四書思想的發揮、文字的考訂上。玄奘的創造，就在其對佛經的翻譯中。名爲「不作」，其實皆能厚積而發，不期創造而自能創造。

## 二、翻譯的哲學基礎

賀麟對翻譯的性質的認識，基於其對翻譯的哲學根據即他所謂「翻譯之理」的認識。這裏首先碰到的一個問題是，翻譯在理論上是否可能？有神秘意味或直覺主義的哲學家多認爲眞正的完備的翻譯在理論上不可能。因爲他們認爲，活潑的、豐富的、變化無方的精神活動，不能爲枯燥、呆板、機械的概念符號、語言文字所表達。如柏格森就認爲，自己的精神生活的內容自己尙不能完滿表達出來，遑論他人。又如中國禪宗，認爲佛教之第一義，及自己當下觸機之解悟，皆不能用語言表達，一落言詮，即乖本旨，宣諸口者，皆爲糞壤。因此他們主張對於佛理的解悟，只能是「如人飲水，冷暖自知」。通過棒喝、機鋒，促人自省。魏晉玄學中的荀粲主「言不盡意」，說：「理之微者，非物象之所舉也。今稱立象以盡意，此非通於意外者也；繫辭焉以盡言，此非言乎系表者也。斯則象外之意、系表之言，固蘊而不出矣。」❺這都是說「言不盡意」。言詮已是下乘，翻譯是言詮之言詮，更是下乘。即是說，眞實的、盡意的翻譯爲不可能。賀麟在這方面的認識是：「意與言、或道與文，是體與用、一與多的關係。言所以宣意，文所以載道。」❻從體用關係說，意與言、道與文是體用而不可分的關係。體必顯於用，由用以見體；用能表現體，見體必於用。賀麟復根據斯賓諾莎的身心平行論，說，意思枯燥，言語亦隨之枯燥；意思活潑，言語亦隨之活潑；意思深邃，言語亦因之而含蓄。故未有心中的意思不能用語言文字傳達者。退一步說，即使語言文字不能完全表達心中的眞意，而從廣義的「語言」講，凡表意之符號都可曰語言，則行爲舉止、態度、動作亦可傳遞信息。有時這種「語言」甚至傳達得更眞實、更完備，所謂「誠於中形於外」。所以賀麟認爲：「一人蓄意之誠否，見道之深淺，皆可於表達此意與道的語言文字中驗之。一個人如能明貞恆之道，未有不能用相應之語言文字以傳達者。」❼就是說從廣義的「言」、「文」說，言實可盡意，文實可載道。翻譯就是明原文之道，知原文之意而用另一種文字表示此道、傳

---

❺《魏書·荀彧傳》注引〈荀粲傳〉。
❻《文化與人生》，1947年版，頁39。
❼ 同上，頁39。

達此意，故翻譯是可能的。翻譯之可能就在於道是可傳達的，意是可宣示的。體用不離，由用見體。

從一多關係上說，意與言、道與文既是一多關係，則可推知同一個意思可用許多不同的語言文字或其他方式表達。語言文字是表意的工具，語言是思維的外殼。語言之多不礙意思之一。翻譯的本質卽用不同的語言表達同一個意思，故翻譯是可能的。

賀麟既從哲學上論證翻譯在理論上是可能的，他復據哲學上的根本義理紬繹出翻譯實踐中的兩條原則：第一，應注重意譯或義譯，不必機械對譯。他說：

> 翻譯旣是以多的語言文字去傳達同一的意思或眞理，故凡從事翻譯者，應注重原書義理的瞭解，意思的把握。換言之，翻譯應注重意譯或義譯，不通原書義理，不明著者義旨，而徒斤斤於語言文字的機械對譯，這就根本算不得翻譯。❽

以上所說賀麟之翻譯、研究、教學結合，就是實踐了自已的這一主張。他的譯作總是在對原作深刻研究的基礎上譯出的。譯文準確而顯豁，了無滯義。他的譯文不是機械對譯，但也不是如嚴復那樣離原文很遠，甚至可看作「述義」的意譯。他是把原書意旨吃透，爛熟胸中，然後再以曉暢的文字譯出。他的譯文是「言與意、文與理合一而平行」的譯文。是平行而非機械字次句比，是合一而非截然兩分。不是爲了意譯而故意打亂原句的句法結構，

❽《文化與人生》，1947年版，頁40。

湮沒原作的隱微之義，也不是爲了平行而勉強弄些不合文法的不中不西、不古不今的句子。他的譯文都是經過認眞斟酌反復推敲，眞正實踐了他自己的翻譯主張，即他所說：「眞切理解原文的意旨與義理之後，然後下筆翻譯，自可應付裕如，無有滯礙，而得到言與意、文與理合一而平行的譯文。」❾

另外，賀麟還體會到，只有意譯纔能得到創造新語言、新術語、新文體的效果。因爲機械對譯太呆板，原作中有意味而爲中土不易理解的地方，如保持其原貌則需詳加注釋，說出其出處，解釋其意義，不惟費時費力費篇幅，也使原作索然寡味。而用意譯則可賦予中土語言以原作中本有的意味，因而新術語生焉。去掉原作中的晦澀、呆板，則新語言、新文體生焉。這都是賀麟甘苦所得的經驗之談。

第二，非普遍之理不可翻，也不必翻。賀麟曾說：「凡原書不能表達眞切之意，普遍之理，而只是該國家或民族的特殊文字語言之巧妙的玩弄，那便是不能翻譯、不必翻譯、或不值得翻譯的文字。」❿對於譯詩，賀麟認爲有兩個方面。一方面，詩中人所共喻的意思、情緒、道理，是可翻的；另方面，就詩之音節形式，即純屬於一民族的語言所具有的特殊技巧，則不能翻。就是說，必須深切領會原詩意義、情境的美之所在後，更創一種與之相應的美的形式以翻譯之。就這一方面說，詩的形式美比文章要高得多，所以譯詩就需要更高的天才。但不能說詩絕對不可翻。賀麟對於詩，一方面承認其可翻，一方面亦承認詩的可翻性是有限的。如中國的賦和駢文就不可翻。而對於哲學著作，賀麟認爲

❾ 《文化與人生》，1947年版，頁40。
❿ 同上。

是可翻的。他的這一論斷基於他對於哲學本身的理解，他認爲哲學所講的道理是「西聖東聖，心同理同」的。他說：「心同理同的部分，纔是人類的本性，文化的源泉。而此心同理同的部份，亦即是可以翻譯的部分，可以用無限多的語言去發揮、表達的部分。」⓫賀麟認爲哲學上不可翻者，如神秘主義者心目中的奇幻奥妙，感覺主義者心目中如電光石火，飄忽即逝的感覺，形式主義心目中玩弄光景的技巧等等，皆不可翻，亦不值得翻。凡此種種，「皆是不明瞭體用合一，心同理同的心學或理學的人，其立說皆不足以作翻譯的理論基礎」⓬。

就可翻者說，是否譯本皆不如原本？賀麟認爲不能一概而論。許多人認爲譯本只是原本的仿造品，仿造品皆不如原品之美，之意味深厚。這只能歸於未得好的譯本，只能表示譯界不良現狀須得改變，不能說絕對地譯本不如原本。這只是局部現象，不是普遍眞理。如英國詹姆士王朝所譯的英文本《新舊約》，德國馬丁路德所譯的德文本《新舊約》，皆比猶太文和希臘文原本爲好。又如中國鳩摩羅什、玄奘等所譯的佛經，也比梵文原本更好。還有一便利的，譯文加上注釋、導言等，會比原文更詳盡暢達。賀麟說：

> 譯文原文皆是同一客觀真理之抄本或表現。就文字言，譯本誠是原著之翻譯本；就義理言，譯本與原著皆係同一客觀真理之不同語文的表現。故譯本表達同一真理之能力，誠多有不如原著處，但譯本表達同一真理之能力，有時同

---

⓫ 《文化與人生》，1947年版，頁41。
⓬ 同上。

於原著甚或勝過原著，亦不能說絕對不可能。⑬

可以看出，賀麟的翻譯思想，是與他的基本哲學思想一致的。所以有人說他是翻譯界的陸王。這絕不是說他的翻譯是「六經注我」，也不是說他的譯文多粗率任意之處，而是說他認定翻譯的本質卽在用不同的語言文字表達那心同理同的客觀眞理。翻譯之所以可能是因爲此客觀的理旣是宇宙的心，又是個體的心，是卽理卽心、卽用卽體、卽一卽多的。

## 三、譯述黑格爾，建立新心學

賀麟曾自述其爲學宗旨說：「治哲學應以義理之學爲本，詞章經濟之學爲用。」⑭卽主張有體有用之學。而他在選擇譯甚麼書時，是貫徹了他「有體有用」的旨趣的。他在眾多的西方哲學典籍中選擇譯述黑格爾，是想把黑格爾思想作爲救國的良方。他曾說：

> 我之所以鑽研黑格爾哲學，與其說是個人的興趣，還毋寧說是基於時代的認識。黑格爾之學說於解答時代問題，實有足資我們借鑑的地方。而黑格爾之有內容、有生命、有歷史感的邏輯，分析矛盾、調解矛盾、征服衝突的邏輯，及其重民族歷史文化，重自求超越有限的精神生活的思想，實足振聾起頑，喚醒對於民族精神的自覺，鼓舞民

---

⑬《文化與人生》，1947年版，頁42。
⑭《五十年來的中國哲學》，頁117。

族性與民族文化的發展，使吾人既不捨己騖外，亦不故步自封，但知依一定之理則，以自求超拔，自求發展，而臻於理想之域。⓯

當九・一八事變，寇侵日深，民族危亡日益嚴重的關頭，賀麟出於一個愛國知識份子的救國熱忱，他不是躲進象牙之塔中以學術自娛，也不是披堅執銳上戰場殺敵，他拿起了手中的武器——譯筆。他欲以黑格爾哲學的自求超拔鼓舞國人不要等靠外來幫助，不要喪失勇氣和信心，不要幻想出現奇蹟，只有依靠自己的力量，一點一點地和強敵爭持。他欲以黑格爾哲學體現的「天理公道」使國人相信，正義終將戰勝邪惡，侵略者必將被趕出國門，中國的抗戰終將勝利。他欲以黑格爾哲學重視民族歷史文化的精神，使國人不忘中華民族悠久燦爛的歷史文化，不忘中國知識份子傳統的「天下興亡，匹夫有責」的愛國精神。一句話，他是以哲學義理之「體」爲抗日救國之「用」。他的翻譯和他的著作的基本精神是一致的，即強烈的愛國主義和理想以現實爲基礎、現實以理想爲歸趨的實踐精神。他說：「黑格爾的全副熱情、志氣與精神，差不多盡貫注在他的學說裏，而並未十分顯現於外表的末節上。所以我相信聰明的讀者當不難從他的學說中或從他的著作的字裏行間去認取他愛國的思想和態度。」⓰這清楚地表明了他譯述黑格爾的目的所在。

賀麟也把翻譯作爲創造新思想的有力幫助。他說：「譯作要能激發譯者的創進精神，以所譯與自己本有的學術傾向共同構成

⓯《五十年來的中國哲學》，頁118。

⓰《德國三大哲人歌德、黑格爾、費希特的愛國主義》，頁20。

一新思想。」[17]賀麟正是這樣做的。他從小深受儒學的薰陶，特別對宋明理學感興趣。宋明理學之邁越前代處，正在於它以超出前人的深刻程度，對中國傳統各家思想進行綜合，對哲學各部門如本體論、宇宙論、人生論、知識論等全面進行了探討，對儒釋道特別是先秦孔孟儒學的精意進行了廣泛闡述。與這一龐大深邃的哲學形態相對應， 賀麟找到了德國古典哲學特別是黑格爾哲學。黑格爾哲學的卽心卽理卽主卽客卽知卽行卽歷史卽邏輯正好適宜於把他從宋明理學那裏所得的程朱陸王兩大派的學術綜合在一起。黑格爾哲學注重歷史文化恰與他從宋明理學得到的注重文化陶養，注重生活體驗的個性特徵相吻合。所以他對黑格爾、新黑格爾的選擇，眞正貫徹了能激發自己的創進精神這一點。眞正做到了所譯與本有的學術傾向相結合共同構成一新學術的原則。他的新學術就是他的個性鮮明的新心學。對於這一融合中西哲學所得的思想觀點，他是終身持守的。從賀麟前後期思想演變的軌跡可以看出，賀麟對新哲學的感情，蓋不過對黑格爾的感情。他處處想吸收新哲學，但又怕碰破黑格爾一點皮。就是說，他是花過心血、用過功力，以適合自己的思想感情、學術傾向，同時堅信其能對中國的新文化、新哲學發生好作用，他是信之篤、愛之深、執之堅的。他眞正做到了「譯述他人之思想，卽所以發揮或啟發自己的思想。翻譯爲創造之始，創造爲翻譯之成。翻譯中有創造，創造中有翻譯」這一主張的。

賀麟把翻譯作爲創造新思想的幫助，還表現在他對原書選擇的精審上。賀麟最早的兩部譯著是魯一士《黑格爾學述》和開爾

---

[17] 《黑格爾學述》譯序。

德《黑格爾》。魯一士與開爾德是英美新黑格爾主義的早期代表，是接受黑格爾又超出黑格爾，既有親切體會又有獨立創造的哲學家。賀麟認爲：「魯一士是一個最善於讀黑格爾，而能够道出黑格爾的神髓，揭出黑格爾的精華而遺其糟粕的人。他之特別表彰黑格爾早年少獨斷保守性且富於自由精神的《精神現象學》一書，與其特別發揮黑格爾分析意識生活的學說，都算得獨具隻眼。而且魯一士自己期許的就是要揭穿黑格爾的秘密，把他的學說從晦澀系統的墳墓裏以流暢而有趣致的筆調表彰出來。所以魯一士敍述黑格爾學的幾篇文章，比較最少教本式或學究式的乾枯之病，足以使人很有興會地領略到黑格爾學說的大旨。」⑱開爾德的《黑格爾》著重敍述黑格爾的生活經歷、性格、時代風氣、文化背景，特別是政治和宗教的背景，對黑格爾學說的敍述，則重在邏輯學。所以，兩書可以說是姊妹篇，可以互相發明，互相彌補。這兩書可以清楚地顯出黑格爾的全貌、其學說的主幹。《黑格爾學述》是賀麟從魯一士最重要的兩部書《近代唯心主義講演》和《近代哲學的精神》中選擇最重要的篇章譯出的，原書在賀麟翻譯時已出至三十二版，是在英美介紹黑格爾極有影響的著作。開爾德的《黑格爾》也爲歐美黑格爾學者所盛稱。可見，賀麟譯的書不是落伍之作，而是代表時代精神，召喚學術潮流的作品；不是與本國思想無關，而是能激發本國文化內蘊的生命力的作品。賀麟的譯書，實踐了他對翻譯的本質的看法：「翻譯外籍在某意義下，正是爭取思想自由，增加精神財富，解除外加桎梏，內在化外來學術的努力。」

---

⑱《黑格爾學述》譯序。

## 四、談學作文翻譯三原則

賀麟早在翻譯《黑格爾學述》時，即提出了自己談學、作文、翻譯的三條原則：（一）談學應打破中西新舊的界限，而以眞理所在實事求是爲歸。（二）作文應打破文言白話的界限，而以理明辭達情抒意宣爲歸。（三）翻譯應打破直譯意譯的界限，而以能信能達且有藝術工力爲歸。這三條原則，可以說是賀麟的文化觀、文體和譯法的概括。

「談學應打破中西新舊的界限」，這實際上是賀麟對五四新文化運動之後中國的文化建設應取的方向的建議。在新文化運動中，全盤西化論者主張「把線裝書都扔到厠所裏去」、「發誓不看線裝書」。國粹派認爲西方文化只是船堅炮利、聲光化電之類的形下之學，沒有天人性命的形上之學。形下之學是末務，形上之學是根本。西方學問有用無體，不可作立國的基礎。新派人物斥中國舊學術舊禮教「以理殺人」，主張打倒孔家店，在中國全面推行西方文化學術。老派人物認爲中國傳統文化是世界幾大支文化中精神文明程度最高的，可以在西方物質文明破產時，拯救西方人的精神危機。賀麟指出，以上觀點都是不明文化發展規律的偏至之論。他認爲，即使如全盤西化論者所說，中國人把線裝書都扔到厠所裏，那麼，英國的大英博物館和美國的國會圖書館裏仍有人讀中國書，研究中國學問；即使西方果如斯賓格勒《西方的沉淪》一書中所預言的竟歸於沉淪，那麼柏拉圖、亞里士多德、康德、黑格爾的精神火炬也會仍在東方燃燒。他相信，無論中西，其傳統文化中都有千古不朽者在，都會永遠在人類文化思想的寶庫中熠熠閃光。無論人類文化遭到怎樣的毀滅，這些文化寶藏都會不斷地被掘發出來。所以，絕不能以中西新舊劃線，只要是有利於人類的發展和進步，都是我們所需要的文化。賀麟從其文化哲學出發，認爲:

> 不管時間之或古或今，不管地域之或中或西，只要一種文化能够啓發我們的性靈，擴充我們的人格，發揚民族精神，就是我們所需要的文化。我們不需要狹義的西洋文化，也不需要狹義的中國文化，我們需要文化的自身，我們需要眞實無妄、有體有用的活文化眞文化。
>
> 凡在文化領域努力的人，他的工作和使命，應不是全盤接受西化，亦不是抱殘守闕地保守固有文化，應該力求直接貢獻於人類文化，也就是直接貢獻於文化本身。⑲

這兩段話，是賀麟「打破中西新舊界限，而以眞理所在實事求是爲歸」的原則的最好說明。

賀麟的「文化本身」，即文化「範型」、文化「理念」。文化理念不是柏拉圖所謂「理念」，是死的、靜的，而是黑格爾所謂「理念」，是活的、動的，它包括一切有價値的文化征服對象、打敗敵手的動態過程。勝利者以其勝利果實加入永恆，成爲絕對精神的一部份。所以賀麟嘗說絕對精神是世界歷史給予吾人的教訓。文化本身是包含矛盾的大全，文化理念是文化本身所趨向的最終目標，是世界文化中眞善美征服假醜惡之後達到的結

---

⑲ 《哲學與哲學史論文集》，頁354。

果。所以賀麟需要的，是無分中西新舊的眞善美的文化成果。他的這條原則實際上是黑格爾哲學在他的文化觀上的表現。

值得注意的是，賀麟講「談學應打破中西新舊的界限」並不是絕對地反對比較中西文化的異同優劣，而是認為：其一，中西文化異同優劣的比較，往往陷於絕對化和武斷，抓住一點，不及其餘。許多比較中西文化的學者並非深入中西文化的堂奧，而是以浮光掠影式的感覺為立論的基礎，多附會比擬之談，學術價值不高。其二，就時間言，五四運動之時，作東西文化比較，頗合時代需要，但絕不能停留在五四的水平上。五四時持中學優於西學者，是欲為守舊作屏蔽。而持西學優於中學者，乃為全盤西化尋找根據。而當新文化運動的潮流逐漸平息，爭論雙方皆失勢，中西優劣比較亦失其意義。如果說比較只是新的民族建設的先聲，那麼先聲之後的建樹是最重要的。其三，從哲學觀點看，比較異同優劣屬文化批評工作，文化批評工作對於社會的實際影響是非常直接、巨大的。但文化批評是文化哲學的津梁、先導，不是文化哲學本身。不能停留在文化批評階段，而應「力求浸潤鑽研，神游冥想於中西某部門的寶藏裏，並進而達到文化哲學的堂奧」⑳。

賀麟所批評的中西文化比較中的絕對化、武斷、附會諸弊，在八十年代的文化討論中仍然存在，而且在今後的文化討論中也不會絕跡。賀麟所希望的是，有志於中西文化比較研究的人，必須讀各方面的書，必須深刻瞭解中西雙方。最好能走出國門，實地體驗一下，這樣才能走入中西文化的堂奧。另外，托諸空言不

⑳《哲學與哲學史論文集》，420頁。

如見諸實行，洶洶論爭不如各按自己理想的文化模式去生活，在社會的洪爐中鍛打篩汰，自然形成一種文化模式。這一點是深具特識的。

「作文應打破文言、白話的界限，而以理明辭達情抒意宣爲歸」這條原則，賀麟是貫徹始終的。無論其自著、其譯著，其早年著作、其晚年著作，其宏篇巨製、其百字短文，皆明白暢達，自然清新。他的文字是白話文，但是經過文言陶熔過的白話文，一點也無俚俗之感。少數文言中有活力的字詞偶而插用，更覺精煉準確。他說他的《黑格爾學述》的譯文欲打破文言白話的界限，所以「充滿了不成文的文言，不成話的白話」，但讀起來並無半文半白彆扭生硬的感覺，只覺得理明辭達。他的文字常帶感情，辭氣眞率，滔滔直下，富有感染力。這一點與他的老師梁啟超相類。

他的譯詩也具見功力。《黑格爾學述》中原引有幾首詩，對理解文意十分有用。賀麟譯得玲瓏透剔，很有家法。如第四章所引拜倫一首詩，譯曰：

> 昔日誤失足，創痛巨且深。所失雖云巨，天寵幸仍存。逝者何須咎，來者萬般新。乃悟心中寶，悠永最可珍。大漠有清泉，荒野有綠林。孤鳥鳴空際，告我天心明。㉑

這首譯詩，是整齊的五言，且富哲理意味，一氣呵成，渾如整體，沒有譯詩常有的散漫、拖沓。同時聲調鏗鏘，音節和諧。原

---

㉑《黑格爾學述》，頁98。

作是一首好詩，譯作仍是一首好詩。詩文水乳交融，相映生輝。使人覺得是原作的有機成份，並非蛇足。又如原書在形容世界精神（或曰宇宙魂）受自身創發力的推動，開始作意識樣法變遷之長途旅行時，引了丁尼生的名句，賀麟譯作「初出家園，心雄膽壯」㉒，在形容「絕對精神」時引雪萊詩中名句，賀麟譯作「眾心之心，一而不分，其性云何，己之眞宰。萬物匯此，如川朝海」㉓，皆生動傳神。可見賀麟舊詩造詣之深。賀麟的譯文，皆和原作風格吻合，雖皆是嚴格的學術著作，但讀之使人興會感發。他很好地把學術著作義理的嚴整和表達的生動結合了起來。所以人們愛讀他的譯作，容易讀懂他的譯作不是沒有緣由的。

「翻譯應打破直譯、意譯的界限，而以能信能達且有藝術工力爲歸。」這個原則，是對嚴復「信達雅」三條標準的發展。翻譯歷來有直譯、意譯之爭。這個爭論說到底是信達雅三者何爲先的問題。前人評論嚴譯名著，雖在其對中國思想界有莫大之功這一點上眾口一詞，但對其譯法卻有異議。賀麟在早期寫的〈嚴復的翻譯〉中，把嚴譯九種分爲三類：第一類爲初期譯品，包括《天演論》、《法意》、《穆勒名學》，長於雅而虧於信。這是因爲一則嚴復設想的讀者主要是舊文人，爲使他們看懂譯作，不能多造新名詞，所以免不了用中國舊觀念譯西方新科學名詞。二則他譯術尚不成熟，而且無意直譯，只求達旨，「故於信字，似略有虧」。第二類爲中期譯品，包括《羣學肄言》、《原富》、《羣己權界論》、《社會通詮》，信達雅三善俱備。第三類《名學淺說》、《中國教育議》爲晚期譯品，用報章文學體，譯得更

㉒《黑格爾學述》，頁94。
㉓ 同上，頁39。

爲隨便。總之，嚴譯的「雅」是公認的，「達」亦顯然可見，「信」字三期不同。第一期略虧於信，第二期無譏議處，第三期不甚重要，譯法也不同，不必深究。賀麟認爲，嚴復的信達雅是打破了意譯和直譯的界線，而他自己的譯文不拘泥意譯直譯的限制，有時直譯以達意，有時意譯以求眞。現一般譯者以爲直譯爲求眞，意譯爲達意，而賀麟反之。可見賀麟所謂眞，是意思上的眞，不是行文上的眞。爲了眞實傳達原文義旨，譯文可用意譯。而直譯只能道出原文大意。賀麟在《小邏輯》譯者引言中說，瓦拉士的英譯本《小邏輯》，譯文力求曲折表達黑格爾原意，因此有時不拘泥文字，只求達意。而他自己的中譯本《小邏輯》「有時爲求曲折地清楚有力地表達原文的哲學思想，我不復拘泥於生硬的直譯。但整個講來，我仍逐字逐句毫無增損地直譯原文，力求與原文的語氣、句法符合」㉔。就是說，賀麟的譯文，首先重意思上的「信」，語氣句法上的「信」也是爲了意思上的「信」。他認爲哲學翻譯，首重眞實地傳達原作的思想。「信」是哲學譯作的生命。這是哲學翻譯不同於文學翻譯處。

嚴復所謂「雅」，賀麟不用，另提出「藝術工力」來代替。他解釋二者的區別說:

> 我所謂的藝術工力，與嚴復的「雅」不同。嚴氏大概以聲調鏗鏘，對仗工整，有抑揚頓挫的筆氣，合桐城派的家法為雅。而我所謂藝術工力乃是融會原作之意，體貼原作之神，使己之譯文如出自己之口，如宣自己之意，而非呆板

---

㉔ 《小邏輯》，頁5。

地、奴僕式地徒做原作者之傳話機而已。費一番心情，用一番苦思，使譯品亦成為有幾分創造性的藝術而非機械式的「路定」，這就是我所謂藝術工力。㉕

比較嚴復的「雅」與賀麟的「藝術工力」，比較他們各按自己的原則譯出的作品，可以看出，二人所注重者顯然不同。嚴復特別注重譯文的外在形式，著意適合舊文人的口味。另外，嚴復時代用白話作文的還不多，特別是學術著作。在中國近代譯界發生極大影響的嚴譯學術名著和林譯小說，皆用文言。嚴復曾師承當時桐城派古文家吳汝綸，造詣極深。他的譯文用文言，正好展其所長。而作古文，須講家法，須以雅爲第一生命。而嚴復的譯文，也確實「駸駸然與先秦諸子相媲美」㉖。如果把嚴譯《天演論》與赫胥黎原作《進化論與倫理學》比較，可以發現，嚴譯按現在的翻譯標準說，只能算作「述」——述其大意。這一點似乎比佛經翻譯家鳩摩羅什走得更遠。從這裏看，嚴復注重形式美是很突出的。而賀麟的「藝術工力」，注重傳達原作的眞實義旨，但絕不是機械地字次句比，也不以辭害意。賀麟的「融會原作之意，體貼原作之神」，主要在形式與內容的最佳結合上用力氣，並不特別注重形式美。他要求的是學問專精，文字表達曉暢而有趣致。既是學術著作，又是「有幾分創造的藝術品」。要達到這樣的標準，絕非率爾操觚所能得，也非魯莽滅裂所能致，必須眞正「費一番心情，用一番苦思」。

賀麟從大學時代，就從事翻譯工作，迄今已半個多世紀。這

㉕ 《黑格爾學述》譯序。
㉖ 《天演論》序。

半個多世紀，我國的哲學翻譯事業從幼稚到成熟，從理論到實踐都有重大變遷。賀麟的翻譯與我國翻譯事業的發展是共始終的。如果說，他的前期是發揮自己的哲學思想和翻譯西方哲學名著齊頭並進，那麼，後期就越來越專注於翻譯工作。許多重要著作的翻譯都是在後期進行的。他的譯筆越來越成熟，越來越向信達雅三善俱備發展。學術的嚴整性、規範性越來越強。這裏有賀麟個人的因素：翻譯有年，眞積力久，也有時代的變遷、整個翻譯水平的提高對他的影響。我們可以說，前期賀麟主要是哲學家、哲學史家，後期賀麟主要是翻譯家、黑格爾哲學專家。他的哲學譯著與他發揮自己思想的著作一樣，都是現代中國哲學庫藏中的精品。

## 五、譯介並舉，增加新知

賀麟在翻譯西方哲學著作時，也附帶介紹著者生平事跡，學說大旨，並著書的用心。如譯《黑格爾學述》，就有長篇譯序介紹魯一士的思想，魯一士與詹姆斯的關係，魯一士在英美新黑格爾主義中的地位等。譯《黑格爾》，就介紹開爾德兄弟的學說，開爾德此書與《黑格爾學述》的姊妹關係，並附帶介紹德文中概述黑格爾的著作，如哈特曼的《黑格爾》、克洛納的《從康德到黑格爾》、格羅克納的《黑格爾哲學的淵源》等書。譯《致知篇》就有〈斯賓諾莎的生平及其學說大旨〉作導言，介紹斯賓諾莎泛神論的思想背景，「眞觀念」提出的原因，自願過澹泊、高潔生活的根由。譯《精神現象學》也有長篇導言介紹寫作背景，該書的主要內容、它在黑格爾哲學著作中的地位，及新黑格爾主義者對精神現象學的改造。譯《小邏輯》就介紹《小邏輯》與《邏輯學》的關係，二書的區別及各自的特點所在。他的這些介紹不是附贅懸疣，而是他整個翻譯的有機組成部份，可以起導讀和知人論世的作用。比如，從對《小邏輯》的介紹中我們就可以看出這些副產品的價值和意義。他說：「《小邏輯》是黑格爾於他生命的最後十年內對《大邏輯》留心增删，最足代表他晚年成熟的邏輯系統的著作。《小邏輯》是《大邏輯》的提要鈎玄和補充發揮。它的好處在於把握住全系統的輪廓和重點，材料分配均匀，文字簡奧緊湊，而意蘊深厚。初看似頗難解，及細加咀嚼，愈覺意味無窮，啟發人深思。」㉗又如他的最後譯作《黑格爾早期神學著作》，仍然不忘在譯者序言中介紹黑格爾神學思想的精要之處：「此書是黑格爾在康德的倫理思想的基礎上改造耶穌，人道化、人本化耶穌，把耶穌看成『實踐理性』的化身，與馬丁·路德開創新教的道路相一致。黑格爾認識到宗教是隨時代而發展的過程。」㉘並將自己對黑格爾的神學思想的理解明白道出：「由於讀到了黑格爾的《耶穌傳》及狄爾泰關於耶穌宗教思想的論述，我才明確理解黑格爾的宗教思想是反對猶太教、天主教和中世紀經院哲學的。他認為宗教與道德不可分，理性宗教是根本與傳統的權威宗教相對立的，傾向於神秘的泛神論的宗教。換言之，他的宗教思想是近代的啟蒙的進步的資產階級思想。」㉙

賀麟的譯介並舉，首先是為了向國人介紹西方學術文化知識。賀麟前期譯著《黑格爾學述》、《黑格爾》、《致知篇》皆

㉗ 《小邏輯》，1981年版，譯者引言。
㉘ 《黑格爾早期神學著作》，頁2。
㉙ 同上。

出版於三十年代中期和四十年代初期，其時雖已有多人介紹過黑格爾和斯賓諾莎，但都不全面、不深刻。大學裏剛開始開設這類課程，國人對這些西方哲學家所知不多，對新黑格爾主義更是陌生。賀麟附帶介紹黑格爾、斯賓諾莎、魯一士、開爾德的生平及其學說大旨，就是爲了給讀者提供預備知識，使讀者知其人，論其世，讀其書。卽後期譯作，如《精神現象學》譯者導言和《小邏輯》譯者引言，也都提出了一些國內當時知之甚少的材料。這些都對提高國人西方學術文化知識，起了積極的作用。

賀麟的譯介並舉，也是爲了引導讀者學哲學。他認爲，中國和西方哲學史上，都有幾大柱石，中國是孔孟老莊程朱陸王，西方是柏拉圖、亞里士多德、笛卡兒、斯賓諾莎、休謨、康德、黑格爾。這些哲學家可以叫做「經常的哲學家」，說「經常」是指他們的著作不怕時間的淘汰，地域的阻隔，具有普遍性。這些哲學家又是「古典的哲學家」。意思是這些經常哲學家的著作、思想類似古董，時間越久便越有價值。研究哲學，從研究這些經常（古典）哲學家的哲學着手，翻譯哲學著作，從翻譯這些經常哲學家的著作着手，是最好的途徑。因爲這些哲學家提出的問題，是人類終極關切的問題，是歷久常新的。他們對這些問題的回答，代表了各個時期人類智慧對這些問題的最高解決。他們對這些問題的思路、答案、解決方法、所用的概念範疇，構成了「哲學」這門學問。學習哲學，就是思考經常哲學家提出的問題，研究他們解決問題的思想方法，剖析他們所用的概念範疇。也就是說，學習哲學史就是學習哲學。

賀麟的這一觀點，在當時的情況——無系統的「哲學原理」，而所謂「哲學概論」也不過是歷代哲學家論點的撮要報告，是有用的。現在也不能說是過時之論。他的譯著和介紹，也確實把許多人領進了哲學之門。

賀麟的譯介並舉，也是爲了以西方哲學融會中國哲學。在原著中他發現有與中國思想一致的地方，往往在譯序、導言中指出。他的許多譯序、導言、附錄、備註中，都有中西哲學比較的內容。如《黑格爾學述》有附錄〈朱熹與黑格爾太極說之比較觀〉，將黑格爾的最重要概念「絕對」和中國哲學範疇「太極」相比。《致知篇》備考中，把斯賓諾莎的「眞觀念」和王陽明的「良知」相比，認爲二人的根本方法都是「致良知」，不過前者偏重科學上的致良知，後者偏重道德上的致良知。賀麟曾明確表示，他的研究方向或特點，就是走中西比較參證、融會貫通的道路。這一志向，在他的著作中，在他的譯作的副產品中，都是貫徹始終的。這表現了賀麟一個根本認識，一個切實努力，這就是:「以自由自主的精神或理性爲主體，去吸收融化、超出揚棄那外來文化和以往的文化，盡量取精用弘，含英咀華。不僅要承受中國文化的遺產，且須承受西洋文化的遺產，使之內在化，變成自己的活動的產業。」

## 六、重視譯名，訂正譯名

哲學是用名詞概念表達思想、觀念的理論體系。哲學著作的翻譯，譯名是十分重要的。譯名應該準確、規範，且有相對穩定性。如果同一外文名詞，譯法人人不同，那就不僅歧義紛出，無法正確理解原作，而且使人覺得這門科學還是不嚴格、不獨立的。如果沒有準確的、規範的、統一的譯名，許多外國哲學名詞或用音譯，或用不科學的舊名，這表明譯者還沒有眞正讀懂原作，還沒有能力把外國哲學變成中國人易於接受的東西。中國二、三十年代哲學譯名混亂，不準確、不規範的譯名掂拾皆是，譯作因此蕪濫穢雜。賀麟認爲，這是譯界大病，提出：「要想中國此後哲學思想的獨立，要想把西洋哲學中國化，鄭重訂正譯名實爲首務之急。」[30] 這裏，他把訂正譯名作爲中國學術能否獨立，西洋哲學能否中國化的大問題來看待，這是有深識的。

賀麟針對譯界病症，提出了訂正譯名的態度和原則：「對於譯名的不苟，應當採取嚴復的『一名之立，旬月踟躕』的態度。」[31]「講到翻譯西洋名哲的名著，則對於譯名一事，卻不可鬆鬆放過。」[32] 就是說，對譯名要極其愼重，反復推敲，盡量使譯名既能正確表達原作的意思，又要便於中國人接受；既是外國哲學的一部分，又是中國哲學的一部分；既要準確規範，不生歧義，又要能含容複雜、精微的意義。賀麟指出，要做到這些，必須第一，有文字學的基礎；第二，有哲學史基礎；第三，不得已時方可自鑄新名以譯西名，但須極審愼，且須詳細說明其理由，詮釋其意義；第四，對於翻譯草創時期襲取的日本名詞，須取嚴格的批評態度，不可隨便採納。這四條原則，是中國自佛經翻譯以來重視譯名的優良傳統的發揚。南北朝時佛經譯場，規模弘大，分工細密，有譯主、筆受、度語、證梵、潤文、證義、總勘等職事，每譯一經，要經過多道程序。其中證梵、證義除對經文進行反復對勘、比量外，重點對譯名的音譯還是義譯，用中國舊

[30] 《黑格爾學述》譯序。
[31] 《五十年來的中國哲學》，頁119。
[32] 《哲學與哲學史論文集》，頁256。

名還是自鑄新名，譯名有無歧義，能否表達精微的含義等方面，嚴加考辨。唐玄奘有「五不翻」，專論譯名的禁例：（一）秘密（指咒語）；（二）含多義（包含多種意義）；（三）此無（本土無相應事物）；（四）順古（沿用古來已有的定名）；（五）生善（原含感情，能令人聞而生崇敬心。如「般若」翻「智慧」，前者尊重，後者輕淺）。佛經還有許多辭書，集古今譯名以爲參考。如宋法雲編《翻譯名義集》，列梵文音譯、出處、異譯、義釋等，對譯名極爲重視。明代徐光啟等與來華耶穌會士合譯西方科技書，對譯名也極注重。如由利瑪竇口譯、徐光啟筆受的《幾何原本》，譯名皆經過反復推敲，許多專用名詞如點、線、面、直線、曲線、平行線、角、直角、銳角、鈍角、三角形、四邊形等，都是徐光啟參酌古算書定下來的。不但在我國沿用至今，而且傳到日本、朝鮮等國。清末嚴復，深知「西名東譯，失者固多」㉝，對譯名極其審愼。賀麟關於譯名的原則，是承受了中國翻譯史上重視譯名的優良傳統，又針對哲學典籍譯名多、易失原義等情況特爲提出的。

賀麟關於譯名的四條原則，也是他在自己的翻譯實踐中體會、總結出來的。他講西方哲學的譯名要有文字學基礎，就是「一方面須上溯西文原字在希臘文中或拉丁文中的原義，一方面須尋得在中國字書（如《說文》、《爾雅》）上有來歷的適當名詞以翻譯西方名詞。」㉞這是追根溯源法。對於一名詞，必須探其根由，看它原義是甚麼，引申義是甚麼，引申義對原義蔓延多

---

㉝《羣己權界論》譯凡例。
㉞《黑格爾學述》譯序。

少，同一名詞在不同哲學家中使用，其異同何在等等。其中文譯名，也要有來歷，必須也是哲學名詞，最好在先秦諸子、宋明理學或佛經中沿用已久，不使人有生澀、冷僻之感。如中國無相應譯名，不得已自鑄新名，要極愼重，必須在首次使用時詳加解釋，說明它的意思，用它的理由等等。還要提醒讀者注意可能產生的歧義。尤其對日本譯名，用時要愼之又愼。賀麟特別說明，他之對日本名詞持批評態度，倒不是當時狹義的愛國，「抵制日貨」，而是從學術的嚴肅性出發，從譯名的科學性、準確性出發。在賀麟看來，日本翻譯家大都缺乏中國文字學和中國哲學史的學養，其譯名往往生硬笨拙。搬到中文裏來，往往缺乏貫通性。

賀麟對於譯名的這些意見，是極有見地的。特別是譯者要有中外文字學基礎和哲學史學養，更是不刊之論。西方哲學的源頭是希臘，西方各種文字的哲學名詞大都自希臘文演化而來。中世紀之後，受經院哲學的影響，哲學著作盛行用拉丁文寫作之風。西籍中譯，譯者最好有希臘文和拉丁文基礎，知其源流變遷之跡，方能找出最合適的中文譯名。而如果中文學養不足，不僅譯名歧義紛出，而且整個譯文不通順、不雅馴，失去原作風格，殊難正確理解原作，更不用說從中體會作者的用心。賀麟的譯作，大都據多種版本對勘過。他本人熟諳德、英、俄、拉丁文，許多地方請熟習希臘文的學者校閱過，盡量做到審愼、精詳。《小邏輯》譯稿甚至作爲學生教材對照英文或德文原著集體研讀，集思廣益，精益求精。賀麟的譯作中也可以看出深厚的中國文化學養，譯文皆明白曉暢，準確傳神。他的文字功深有得於熟讀先秦諸子、宋明儒學案，及在清華學校所學諸小學功課。論者謂賀麟

「長於運用文字表白種種哲學思想能够使人易於瞭解」[35]，可以說是深知其文字特點的。

賀麟不僅重視譯名，而且對許多譯名專文加以考辯。這方面重要文章有《黑格爾學述》譯序、〈康德譯名的商榷〉、《小邏輯》譯者引言、新版序言，《致知篇》備考等。下面略舉數例。

賀麟在譯黑格爾，讀康德著作中，都感到德文 Dialektik 仿日本譯法譯爲「辯證」是不妥當的。他在《黑格爾學述》譯序和〈康德譯名的商榷〉二文中都指出:「黑格爾的 Dialektik 或 Dialektische Methode 既是指矛盾的實在觀、矛盾的眞理觀及意識生活之矛盾分析等，則其含義與普通所謂『辯證』實顯然隔得很遠。若依日本人的譯法，實在文不對題，令人莫名其妙。」[36] 因爲「辯證」一詞的字面意義是辯別、證明等。辯別多用比照、對勘等方法，證明多用例舉事實以說明或據公理以推演等方法，與哲學上「相反的兩面之對立」隔得很遠。黑格爾的矛盾法，即對立面的鬥爭及鬥爭的解決而出現新的對立面，即正反合三分範疇方式，都是「以子之矛攻子之盾」的「矛盾」之意。雖然「辯證」如辯別、證明等也要用「以子之矛攻子之盾」的矛盾法，但與意義顯豁、直揭本質的「矛盾法」譯名，相去甚遠。「辯證」二字在中國古代典籍中的用法也與「矛盾」之義不相類。「辯證」二字初見於朱熹的《楚辭辯證》，這書是考校、辯別楚辭幾種版本的異同，與哲學家之「矛盾法」殊無關涉。譯 Dialektik 爲「辯證」，旣無文字學的基礎，又無哲學史的基礎。賀麟五十年前對於這個譯名的意見，不能說沒有道理。但「辯證」這個譯

[35] 《哲學與哲學史論文集》，頁401附錄。
[36] 《黑格爾學述》譯序。

名現已通用，約定俗成，大可不必再改動。

賀麟也用了相當多的篇幅討論譯名「太極」。他認爲，譯英文的"The Absolute"（絕對）爲「太極」，符合他以上定名原則，最切當不過。因爲「太極」是中國哲學的固有範疇，即中國哲學的「通用貨幣」。道家、道教、《易傳》、宋明理學都把太極作爲其哲學的最高範疇、無上究竟。它是有哲學史基礎的。另外，太極不僅有「最高的絕對」義，而且有「中」義。如「皇極」、「屋極」之「極」字又另作「中」字解。陸九淵與朱熹辯論，堅持「太極」應釋爲「大中」。按絕對論哲學，最高絕對、無上究竟不僅是具體事物得以成立的根據，而且是具體事物所要趨赴的目標。如朱熹的「太極」，就是「總天地萬物之理」，它不僅是事物的「所以然之理」，而且是「所當然之則」，與黑格爾的 The Absolute（最高範疇，最後原則，統貫一切的有機體）義同。「太極」一詞，在中國哲學中相沿已久，可以說有哲學史的基礎。這樣的譯法，不用生硬地自造新名，也不採用無文字學、無哲學史基礎的日本譯名。

賀麟以「太極」譯黑格爾的「絕對」，還有深意，就是要通過恰當的譯名，使中國哲學和外國哲學融會貫通。這首先要掃除一些人的偏見。有些人一聽見「太極」這樣虛玄而有道教氣味的名詞，便聯想到卜筮、煉丹等等神秘、迷信的東西。其實，這是沒有深究中國哲學，沒有考察中國哲學範疇特點的膚淺看法。太極、兩儀、四象、五行、八卦等，都是中國哲學的名詞，都是中國古代哲學家的「通用貨幣」，就好像斯賓諾莎的兩屬性、康德的十二範疇，黑格爾的三個一串的範疇一樣，絕不能與道士的迷信妖妄混爲一談。更不能因爲流俗濫用如「太極丸」之類，便摒棄不用。治哲學史譯哲學書如果不能給舊有、通用的範疇以相當地位，就不能做到古今中外哲學的融會貫通。

「矛盾」、「太極」兩概念爲理解黑格爾哲學的關鍵，在黑格爾哲學中地位極其重要，譯名必須精當。而康德的三大《批判》的書名，對理解康德極爲重要，譯名必須準確。賀麟對此有很好的意見，他認爲：康德三大名著的書名，最好能够表示出下列的方法：

眞——知——知——科學——純理論衡的題材

善——意——行——道德——行理論衡的題材

美——情——審美——藝術——品鑒論衡的題材

使人可以從三大名著的書名裏即可見得康德哲學的規模[37]。這裏第一，賀麟不同意把 critical 譯作「批判」，也不同意譯作「批評」，而主張譯作「論衡」。他提出的理由是：

> 普通的批評叫作批評，系統的嚴重的批評，便叫做「論衡」。康德的書名故以稱為「論衡」最為合適。余意「批判」兩字在康德不可用，蓋批評與懷疑相近，與下最後判斷之獨斷相反。康德只可說是批而不判，或判而不斷的批評主義或批導主義者。[38]

康德三大《批判》都是對人的理智作懷疑地考察，以便對其適用的範圍加以限定。critical 勉強可譯作批導，即加以批評的考察以導向一定的結果之意。不能譯作「批判」。因爲「批判」有批

[37] 《哲學與哲學史論文集》，頁256。
[38] 同上，頁258。

有判，殊多獨斷意味，與康德反對獨斷論的原意不合。而且「批判」一詞語氣很重，特別是經過「文化大革命」的「大批判」，更使人覺得「批判」就是對某人物、言論、思想聲言其罪而嚴加討伐。與康德的「考察」、「探究」、「精研」等有學術氣味的溫和的原義相去甚遠。而「論衡」，「論」即據理力言之義，「衡」即「稱」、「量」之義，合康德「考察」、「探究」的原義。「衡」又有「平」、「正」、「中」等義，「論衡」有論說並引導到正確結果之意，也符合「批導」之義。並且「論衡」有中國哲學史的基礎，東漢王充有《論衡》一書，其內容是對當時流行的各種學說進行考察。

第二，康德講美學的著作 *Kritik der Urteilskraft* 譯爲《判斷力批判》，僅從書名很難看出是甚麼樣的判斷力。而譯《品鑒論衡》則從書名就可知道這是關於藝術欣賞力的，是美學著作，因爲「品鑒」一般指對藝術品的欣賞、鑒定、分別等次。譯《品鑒論衡》旨詣顯豁，又顯得典雅。

第三，賀麟以上排列表，告訴了人們康德哲學的規模，這就是博大精深，涉及人類精神生活的各個方面。他以眞善美爲人類的最高追求，以知情意爲人類精神生活的基本內容，以科學道德藝術爲人類文化的最重要部門。康德的三大《論衡》，表示他的哲學理想是眞善美的統一，人的心靈是知情意的統一。也表示，康德的三大《論衡》以《純理論衡》爲基礎，他的哲學是徹底理性主義的。

此外，賀麟對「知性」一詞的譯法，也表現了他的特識，而且已被廣泛接受。他說:

> 德文的"der Verstand"，英文的"understanding"，日人譯作「悟性」，中文譯法最不一致，但亦以採日譯作「悟性」者為多。按悟性在中文每與了悟、省悟、悔悟、覺悟連綴成詞，乃英文 recollect、awaken 之意，不能表示由認識的主體主動地去把握、去理解、去求知的意思。故以譯為「知性」為較妥。知性乃把握對象、構成概念的能力，而悟性也許含有直覺意味，不一定是構成概念的能力。㊴

這裏賀麟是從康德哲學的精髓主體能動性，從中西不同的思維傾向直覺和理智出發去辨析的，立意高而分析精。

最後，說到賀麟的翻譯，不能不提到他創建並主持的「西洋哲學名著編譯委員會」。賀麟在談到中國近代幾個重要的哲學事件時曾說：自從一九二三年張頤先生回國主持北京大學哲學系，講授康德和黑格爾哲學，西方古典哲學才開始眞正進入了中國近代大學哲學系。自從一九二七年張東蓀、瞿菊農、黃子通等創刊《哲學評論》後，中國才開始有專門性質的哲學刊物。自從一九三五年四月中國哲學會成立，舉行第一屆年會起，中國哲學界才開始有組織地從事哲學理論和中西哲學史的研究。自從一九四一年中國哲學會西洋哲學名著編譯委員會成立後，我們對於西洋哲學才有嚴格認眞、有系統、有計劃的譯述和介紹的機構㊵。「西洋哲學名著編譯委員會」在昆明創立，聘請專家爲委員，設專職研究編譯員，在抗日戰爭的艱苦條件下，出版了一批質量較高的

---

㊴ 《哲學與哲學史論文集》，頁273。
㊵ 《五十年來的中國哲學》，頁96。

哲學著作，如鄭昕的《康德學述》，賀麟的譯著《致知篇》，陳康的《柏拉圖〈巴門尼得斯篇〉譯注》、任繼愈等編譯的《西洋倫理學名著選輯》等。編譯會於一九四九年併入北京大學文科研究所，一九五二年併入北京大學哲學系，現在仍在活動。賀麟自始至終主持這項工作。從編譯會創立之初即着手翻譯的著作，大都在以後陸續出版。如賀麟的《倫理學》、《小邏輯》，他和學生合譯的《哲學史講演錄》、《精神現象學》等，對中國現代哲學研究起了很大作用。編譯會培養的青年學者，現在許多成了哲學著作翻譯專家和哲學史家，至今在海內外哲學界發揮着作用，並帶出了一批新的哲學研究和翻譯人才。其中賀麟的功勞，可謂巨且偉矣。

# 賀麟學術年表

**1902年（清光緒二十八年）**

生於四川金堂縣五鳳鎮的一個耕讀之家。父親名松雲，卒業於金堂正精書院，當過金堂縣中學校長，縣教育科長。

**1908年（清光緒三十四年），六歲**

入小學。小學畢業後入金堂縣中學。後考入成都石室中學，學宋明理學。

**1919年（民國八年），十七歲**

以優異成績考入清華學校，受業於梁啟超門下。

**1923年（民國十二年），二十一歲**

在梁啟超指導下寫成〈戴東原研究指南〉一文，發表於《晨報》副刊。這是賀麟發表的第一篇文章。

本年張頤回國主持北京大學哲學系，講授康德和黑格爾哲學。是爲西方古典哲學進入近代中國大學之始。

**1925年（民國十四年），二十三歲**

選習吳宓講授的翻譯課，開始翻譯英文詩和散文，對照原文閱讀嚴復的譯作。十一月，〈嚴復的翻譯〉發表於《東方雜誌》第22卷第21號。

任《清華週刊》主編。在該刊發表〈論研究宗教是反對外來宗教傳播的正當方法〉，後收入《文化與人生》新版。

**1926年（民國十五年），二十四歲**

七月，在清華大學畢業。秋，赴美國奧柏林大學留學。修耶頓夫人主講的「倫理學」課。開始讀人類學和神話學著作。課外，由耶頓夫人講黑格爾和斯賓諾莎哲學。是爲接觸黑格爾、斯賓諾莎之始。

用英文作〈神話的本質和理論〉、〈魔術〉、〈村社制度研究〉、〈結婚、離婚的歷史和倫理〉、〈論述吉伍勒的倫理思想〉等論文。後譯成中文，收入《哲學與哲學史論文集》。

**1927年（民國十六年），二十五歲**

在耶頓夫人指導下學習斯賓諾莎《倫理學》。用英文作〈斯賓諾莎哲學的宗教方面〉的畢業論文，得到學士學位。

十二月，〈西洋機械人生觀最近之論戰〉發表於《東方雜誌》第24卷第19號。

**1928年（民國十七年），二十六歲**

三月，離開奧柏林，去芝加哥大學。參加春季、夏季講習班，聽米德講授「黑格爾精神現象學」、「柏格森哲學」等課程。開始研習格林著作。

七月，作〈托馬斯·希爾·格林〉一文。是爲接受新黑格爾主義之始。

九月，因不滿芝加哥大學的實用主義學風，欲學習古典哲學，遂轉往哈佛大學。在哈佛，選習懷特海的「自然哲學」、霍金的「形而上學」等課程，參加懷特海周末招待去訪問他的學生的可可茶會，與懷特海論中國哲學。

**1929年（民國十八年），二十七歲**

在哈佛大學哲學系畢業，獲碩士學位。入研究院從事研究工作。

用英文作〈道德價值與美學價值〉、〈論自然的目的論〉兩文。

開始閱讀魯一士和開爾德的著作，尤其對魯一士《近代哲學的精神》、《近代唯心主義講演》兩書感興趣，並選譯其重要篇章，合爲一書，名《黑格爾學述》，與所譯開爾德《黑格爾》，交商務印書館出版。

作〈基督教和中國的民族主義運動〉。文章在某牧區晚會和東方學生會議上宣讀過，後譯成中文，收入新版《文化與人生》。

**1930年（民國十九年），二十八歲**

作〈論一和多的問題〉、〈論自我〉、〈詹姆士和魯一士哲學的比較〉、〈嘗試與錯誤學習在教育問題上的應用〉、〈反射的意義〉諸文，後皆收《哲學與哲學史論文集》。

八月，作〈朱熹與黑格爾太極說之比較觀〉，發表於11月3日《大公報》文學副刊和《國聞週報》第7卷第49期。是爲賀麟最早對比中西哲學的文字。

十月，離開美國，前往德國柏林大學繼續學習黑格爾哲學。到柏林後，先學德語和拉丁語，然後聽亨利希・邁爾的哲學史課程和尼古拉・哈特曼的黑格爾哲學課程。研讀德文寫的有關黑格爾生平、學說的書籍。其中獲益最多的是哈特曼《黑格爾》、克洛那《從康德到黑格爾》、格羅克那《黑格爾哲學的淵源》、狄爾泰《青年黑格爾的歷史》、《精神科學序論》諸書。

**1931年（民國二十年），二十九歲**

春，拜訪著名的斯賓諾莎研究專家猶太人格布哈特，被邀到法蘭克福附近的「金溪村舍」作客。由格布哈特介紹加入國際斯賓諾莎學會，並着手翻譯《倫理學》。不久，格布哈特在希特勒反猶太人運動中被迫害致死，學會停止工作，翻譯也告中斷。

七月，爲紀念黑格爾逝世一百週年，在柏林寫成〈黑格爾學述〉譯序，發表於《國風》半月刊第2卷第5、6兩號。

八月，離開柏林經東歐、莫斯科、西伯利亞鐵路回國，八月二十八日到北京。

九月，由數學家楊武之推薦，受聘爲北京大學講師，一年後爲副教授。講授「哲學概論」、「西方哲學史」、「現代西方哲學」等課程，並在清華大學兼課。初見當時任清華大學文學院院長兼哲學系主任的馮友蘭教授。

九·一八事變爆發，接受《大公報》文學副刊編者吳宓的邀請，作〈德國三大偉人處國難時的態度〉，《大公報》分七期連載。

**1932年（民國二十一年），三十歲**

九月，應燕京大學學生會之邀，作〈論意志自由〉的講演。是爲回國後初次講演。講詞發表於《大公報》現代思潮專欄第36、38期，名〈我之自由意志觀〉。

十一月，爲紀念斯賓諾莎誕生三百週年，譯斯賓諾莎與奧登堡論學書札二通，作〈斯賓諾莎像贊〉、〈斯賓諾莎生平及學說大旨〉兩文。《大公報》文學副刊分三期連載。是爲賀麟最早在國內發表介紹斯賓諾莎的文字。

**1933年（民國二十二年），三十一歲**

春，應《華北日報》主編之邀擔任該報「哲學副刊」編者。發表〈華北日報哲學副刊發刊詞〉及〈眞理與眞情〉、〈文化與文明〉、〈論人禽異同〉三篇短文。不久因《華北日報》主編方針不符合南京方面的意旨，離職而去。

三月，《黑格爾學述》第一篇〈黑格爾之爲人及其學說概要〉發表於《大陸雜誌》第1卷第9期。第二篇〈黑格爾的《精神現象學》〉發表於《哲學評論》第5卷第1期。另有〈道德進化問題〉發表於《清華學報》第9卷第1期。書評〈評趙懋華〈叔本華學派的倫理學〉〉發表於《大公報》文學副刊第305期。

**1934年（民國二十三年），三十二歲**

三月，〈近代唯心論簡釋〉一文在《大公報》現代思潮專欄發表。後收入《近代唯心論簡釋》論文集爲首篇，書名也襲用此篇名。

四月，譯文〈黑格爾印象記〉在《清華週刊》第41卷第5期發表。

七月，〈德國三大偉人處國難時的態度〉由大學出版社集爲一書出版。惟「偉人」改爲「哲人」，書後附錄梁啟超〈菲斯的人生天職述評〉一文。

**1935年（民國二十四年），三十三歲**

四月，中國哲學會在北平成立，並舉行第一屆年會，當選爲第一屆理事會理事兼秘書。

五月，所譯亨利希・邁爾〈最近五十年之西洋哲學〉在《新民月刊》第1卷第1期發表。同時收入商務印書館出版的《五十年來的德國學術》。

〈經濟與道德〉寫成，1938年發表於《國聞週報》。

**1936年（民國二十五年），三十四歲**

一月，〈宋儒的思想方法〉發表於《東方雜誌》第33卷第2號。

三月，譯著開爾德《黑格爾》由商務印書館出版。

七月，〈評康寧漢〈哲學問題〉〉作爲溫公頤編譯的《哲學概論》一書的序言發表。

九月，〈康德譯名的商榷〉發表於《東方雜誌》第33卷第17期。後名〈康德名詞的解釋和學說的大旨〉。

譯著魯一士《黑格爾學述》由商務印書館出版。有長篇譯序和後序並附錄〈朱熹與黑格爾太極說之比較觀〉及素癡〈關於朱熹太極說之討論〉。

十一月，〈彭基相〈談眞〉序〉發表。本年由副教授晉昇爲教授。

**1937年（民國二十六年），三十五歲**

七月，抗日戰爭爆發，北平、天津淪陷。北京大學、清華大學、南開大學奉教育部之命遷往長沙，組成臨時大學，十一月開始上課。隨北大文學院遷至南嶽。

**1938年（民國二十七年），三十六歲**

二月，臨時大學離長沙南遷，四月至昆明，改爲西南聯合大學。隨文學院遷至蒙自。時馮友蘭教授之《新理學》寫成，出版前曾由金岳霖、湯用彤、賀麟等校閱全稿。

五月，〈新道德的動向〉發表於《新動向》雜誌第1期。

〈抗建與學術〉發表於《雲南日報》。

六月，與張蔭麟通信辯論宋儒太極說之轉變，信發表於《新動向》雜誌。

八月，〈法治與德治〉發表於《雲南日報》。〈物質與思想〉發表。

代表他的知行觀的重要文章〈知行合一新論〉寫成。作為「北京大學四十週年紀念論文集」之一種出版單行本。

**1940年（民國二十九年），三十八歲**

五月，〈五倫觀念的新檢討〉發表於《戰國策》第3期。

七月，〈辯證法與辯證觀〉發表。

十一月，〈時空與超時空〉上篇發表於《哲學評論》第7卷第4期。收入《近代唯心論簡釋》時補下篇〈論超時空〉及〈論時空答石峻書〉。

**1941年（民國三十年），三十九歲**

一月，〈王安石的心學〉發表。

三月，〈王安石的性論〉發表。收入《文化與人生》時合為一篇，名〈王安石的哲學思想〉。

七月，〈論英雄崇拜〉、〈自然與人生〉發表。

八月，代表復興儒家根本觀點的重要論文〈儒家思想的新開展〉發表於《思想與時代》第1期。

〈論假私濟公〉、〈論人的使命〉、〈信仰與生活〉、〈理想與現實〉、〈樂觀與悲觀〉在昆明發表。

本年，中國哲學會西洋哲學名著編譯委員會在昆明成立。賀麟被推為主任委員。是為中國有系統有計劃地移譯西洋哲學名著的機構建立之始。

開始譯黑格爾的重要著作《小邏輯》。

**1942年（民國三十一年），四十歲**

一月，《近代唯心論簡釋》論文集由重慶獨立出版社出版。收入回國後十年來的重要論文16篇。是爲賀麟前期思想的代表作。

九月，胡繩發表〈一個唯心論者的文化觀〉，對書中若干觀點進行批評。次年三、四月間，徐梵澄發表〈《近代唯心論簡釋》述評〉，謝幼偉發表〈何謂唯心論〉的書評。賀麟寫〈答謝幼偉兄批評三點〉作答。

**1943年（民國三十二年），四十一歲**

譯作斯賓諾莎《致知篇》由商務印書館在重慶出版。是爲西洋哲學名著編譯委員會的第一批產品之一。

〈觀念與行動〉、〈納粹毀滅與德國文化〉、〈諸葛亮與道家〉、〈讀書與思想〉、〈基督教與政治〉、〈費希特哲學簡述〉發表。

是年在西南聯大講授「黑格爾理則學」課程。由樊星南筆記的講稿作爲「北京大學五十週年紀念論文集」之一種出版單行本，名《黑格爾理則學簡述》。後加修訂收入《黑格爾哲學講演集》。

**1944年（民國三十一年），四十二歲**

〈電影與文化〉、〈戰爭與道德〉、〈宣傳與教育〉、〈宋儒的新評價〉、〈楊墨的新評價〉、〈功利主義的新評價〉、〈謝林哲學簡述〉發表。

**1945年（民國三十四年），四十三歲**

〈漫談教學生活〉、〈陸象山與王安石〉發表。

〈五十年來的哲學〉、〈時代思潮的演變與批判〉、〈知行問題的討論與發揮〉發表，後爲《當代中國哲學》之第一章、

第三章、第四章。

八月，抗日戰爭勝利。

九月，西南聯大「三民主義教學委員會」主席陳雪屏離校，代理其職務。

**1946年（民國三十五年），四十四歲**

〈樹木與樹人〉、〈學術與政治〉、〈政治與修養〉、〈文化武化與工商化〉、〈論哲學紛無定論〉、〈民治論〉發表。

校閱謝幼偉譯布拉德雷《倫理學研究》。

西南聯大戰時使命完成，決定三校遷回原址。五月四日開紀念會，「國立西南聯合大學紀念碑」揭幕。

六月，聯大哲學心理學系主任湯用彤因公離校，暫行代理其主任職務。

七月，聞一多在昆明遭暗殺，聯大成立「聞一多喪葬撫恤委員會」，被推為該會委員。

聯大三校聯合遷移委員會成立，被推為該會委員，負責處理各遷移事項，保管核支各項帳目。

九月，收集抗戰八年來發表的關於文化與人生的文章37篇，編為一書，名《文化與人生》，交商務印書館出版。

十月，復員後的北京大學在沙灘原址開學。仍授「西方哲學史」、「黑格爾哲學」、「現代西方哲學」等課程。

**1947年（民國三十六年），四十五歲**

〈認識西洋文化的新努力〉、〈西洋近代人生哲學的趨勢〉、〈革命先烈紀念日感言〉、〈向青年學習〉發表。

《文化與人生》由商務印書館出版。

《當代中國哲學》由重慶勝利出版公司出版。

本年秋至次年春，講授「現代西方哲學」，講課記錄稿擱置箱篋三十餘年，後作修訂，爲1984年出版的《現代西方哲學講演集》上篇。

任北京大學訓導處訓導長。

**1948年（民國三十七年），四十六歲**

四月，在北大反饑餓反迫害學潮中以訓導長身分勸告北平警備司令陳繼承「不要再做關麟徵，不要再釀成『一二一』慘案」。

〈此時行憲應有的根本認識和重點所在〉、〈論反動〉發表。

《黑格爾理則學簡述》由北大出版單行本。

十二月，拒絕了胡適邀請去臺灣的三封電報。

**1949年（民國三十八年），四十七歲**

九月，《小邏輯》譯畢。

十月，中華人民共和國成立。

**1950年，四十八歲**

譯著《黑格爾的〈小邏輯〉》由商務印書館在上海出版。

冬，到陝西長安縣參觀土改。

**1951年，四十九歲**

一月，〈答復莊本先先生〉發表於《新建設》第 3 卷第4期。

四月，〈參加土改改變了我的思想——啟發了我對辯證唯物論的新理解和對唯心論的批判〉發表於《光明日報》。

十月，到江西參觀土改。

**1952年，五十歲**

是年全國高等院校進行院系調整。被調整後的北京大學聘爲教授。

**1954年，五十二歲**

作〈我同意克列同志的說法的思想鬥爭過程〉，未發表，後收入《哲學與哲學史論文集》。

八月，在北京大學講授「黑格爾哲學」課程，講稿曾被校外邀請講課的單位油印過，後加修訂收入《黑格爾哲學講演集》。

十一月，《小邏輯》由三聯書店出新版。

**1955年，五十三歲**

一月，〈兩點批判，一點反省〉發表於《人民日報》，收入本年出版的《胡適思想批判論文匯編》。

二月，〈知識份子怎樣循著自己的專業途徑走向社會主義〉發表於《新建設》第2期。

三月，〈批判胡適的思想方法〉發表於《新建設》第3期。

六月，〈論反映——學習辯證唯物主義認識論的一些體會〉發表於《新建設》第6期。

〈從胡風反革命集團的活動來看胡風唯心論思想的反動實質〉發表於《大公報》。

七月，〈「百家爭鳴」和哲學〉發表於《學習》第7期。

八月，〈批判梁漱溟的直覺主義〉發表於《新建設》第8期。

在中國科學院哲學社會科學部舉行的胡適哲學思想批判討論會上作「讀艾思奇同志《批判胡適的實用主義》的一些啟發

和意見」的報告，講稿後收入《現代西方哲學講演集》。

在中國人民大學作「黑格爾的自然哲學」的講演，講稿收入《黑格爾哲學講演集》。

十一月，譯著馬克思《黑格爾辯證法和哲學一般的批判》由人民出版社出版。

本年調中國科學院哲學研究所，爲研究員。任西方哲學史組組長、研究室主任。後任哲學研究所學術委員會副主任。

**1956年，五十四歲**

一月，〈介紹黑格爾哲學的兩難〉發表於《爭鳴》第1期。

四月，譯著黑格爾《哲學史講演錄》第一卷（與方書春、王太慶等合譯）由三聯書店出版，後改由商務印書館出版。

六月，〈黑格爾著〈哲學史講演錄〉評介〉發表於《哲學研究》第3期，爲上書書評。同期發表與陳修齋合寫的〈爲甚麼要有宣傳唯心主義的自由——對百家爭鳴政策的一些體會〉。

七月，〈朱光潛文藝思想的哲學根源〉發表於《人民日報》。

八月，〈黑格爾關於辯證邏輯與形式邏輯的關係的理論〉（與張世英合著）發表於《新建設》第8期。同年上海人民出版社出版單行本。

十二月，〈文德爾班〈哲學史教本〉和羅素〈西方哲學史〉簡評〉發表於《新建設》第十二期。

**1957年，五十五歲**

一月，〈講授唯心主義課程的一些體會〉發表於《光明日報》。〈斯賓諾莎哲學簡述〉發表於《哲學研究》第1期。

在北京大學哲學系舉行的「中國哲學史座談會」上作「對於

哲學史研究中兩個爭論問題的意見」和「關於哲學史上唯心主義的評價問題」的發言。前者發表於《人民日報》。

在中國人民大學講授「黑格爾的小邏輯」課程。講課筆記收入《黑格爾哲學講演集》。是爲關於《小邏輯》最詳的講稿，有「名詞解釋」，共156頁約十二萬字。

二月，作爲中國哲學代表團成員訪問蘇聯。

〈必須集中反對教條主義〉發表於《人民日報》。

五月，《哲學史講演錄》第二卷由三聯書店出版。

**1958年，五十六歲**

七月，〈近年羅素兩本著作讀後〉發表於哲學研究所內部刊物《西方哲學資料期刊》第3期。

九月，譯著斯賓諾莎《倫理學》由商務印書館出版。

**1959年，五十七歲**

四月，中國科學院哲學研究所資料室編的《資產階級學術思想批判參考資料》第四、五兩集出版（內部發行），收《當代中國哲學》和解放前後發表的文章二十六篇。

九月，《小邏輯》由商務印書館出新一版。

十二月，《哲學史講演錄》第三卷由商務印書館出版。〈布拉德雷邏輯思想〉發表。

**1960年，五十八歲**

二月，譯著斯賓諾莎《知性改進論》由商務印書館出版。本書書名原譯《致知篇》，1943年在重慶出版。本次由譯者作了修訂，並有「譯者序言」對舊譯作了自我批判。

七月，〈新黑格爾主義批判〉發表於《新建設》第七期。

八月，〈批判黑格爾論思維與存在的統一〉發表於《哲學研究》第四、五兩期。

**1961年，五十九歲**

一月，〈論唯物主義與唯心主義的鬥爭和轉化〉發表於《哲學研究》第一期。〈加強對西方現代哲學的研究〉發表於《新建設》第一期，內容在中國科學院哲學社會科學部擴大會議上講過。

五月，批判介紹新黑格爾主義的〈克朗納〉一文發表於《人民日報》。〈關於唯物主義與唯心主義鬥爭和轉化的問題〉發表於《文匯報》。

范揚、張企泰譯黑格爾《法哲學原理》出版，收有賀麟作的代序〈黑格爾著《法哲學原理》一書評述〉。

〈關於研究培根的幾個問題〉發表於商務印書館出版的《培根哲學思想——培根誕生四百週年紀念文集》。

十一月，譯著馬克思〈博士論文〉由人民出版社出版。後收入《馬克思恩格斯全集》。

**1962年，六十歲**

春，在中國哲學學會北京分會舉行的會議上作〈胡克反馬克思主義的實用主義剖析〉的講演。講稿收入《現代西方哲學講演集》。

與王玖興合譯的黑格爾《精神現象學》上卷由商務印書館出版。有長篇「譯者導言」，後收入《黑格爾哲學講演集》。

八月，在南昌江西省哲學會舉行的會議上作〈關於研究和批判黑格爾的幾個問題〉的講演。講稿發表於《爭鳴》第二期。

**1963年，六十一歲**

冬，在中科院哲學社會科學部第三次學部委員擴大會議上作〈關於黑格爾自然哲學的評價問題〉的報告。講稿發表於《新建設》第五期。

**1964年，六十二歲**

七月，開始翻譯《黑格爾早期神學著作》。

十二月，當選爲政協第四屆全國委員會委員。並爲第五、第六屆全國政協委員。

**1966年，六十四歲**

八月，「文化大革命」全面展開，哲學研究所貼出大字報，稱賀麟爲「反共老手」、「反動學術權威」。兩次被抄家，多次被揪鬥，關進「牛棚」寫交代材料。一切研究、翻譯工作中斷。

**1975年，七十三歲**

九月三十日，參加國務院國慶招待會。開始中斷了十年的研究和翻譯工作。

**1978年，七十六歲**

〈黑格爾的時代〉發表於《外國哲學史研究集刊》第一輯。

十月，在蕪湖「全國西方哲學史討論會」上作〈黑格爾哲學體系與方法的一些問題〉的講話。講稿收入《黑格爾哲學講演集》。

十二月，《哲學史講演錄》第四卷由商務印書館出版。

**1979年，七十七歲**

四月，《精神現象學》下卷由商務印書館出版。

六月，作爲中國社會科學院學術訪問團成員訪問日本。在京都、東京、津澤三個學術座談會上作「關於斯賓諾莎身心平行論及其批評者」的講演。講稿收入《哲學與哲學史論文集》。

八月，作爲出席在南斯拉夫舉行的「國際黑格爾哲學第十三屆年會」中國代表團長，作〈關於黑格爾的同一、差別和矛盾諸範疇的辯證發展〉的講演。講稿收入《黑格爾哲學講演集》。

**1980年，七十八歲**

三月，介紹康德與黑格爾哲學在中國的傳播情況的重要論文〈康德、黑格爾東漸記〉在《中國哲學》第二輯發表。後作爲附錄收入《五十年來的中國哲學》。

介紹新黑格爾主義的〈布蘭德·布蘭夏爾德〉發表於《現代西方著名哲學家述評》一書。

〈實用主義是導致折衷主義和詭辯論的思想根源〉發表於《學術研究》第三期。

**1981年，七十九歲**

六月，中華全國外國哲學史學會成立，被選爲名譽會長；第一屆第一次理事會議召開，作〈我對哲學的態度〉的講話。

《黑格爾全集》編譯委員會或立，任名譽主編。

九月，在紀念康德《純粹理性批判》出版二百周年、黑格爾逝世一百五十週年學術討論會上講話。講稿收入《哲學與哲學史論文集》。

十月，國務院學位委員會下達第一批博士和碩士學位授權學科專業名單，爲中國社科院研究生院外國哲學史專業博士生導師。

**1982年，八十歲**

五月，鍾離蒙、楊鳳麟主編的《中國現代哲學史資料匯編》出版，第三集第五册爲「新心學批判」，收賀麟解放前發表的文章三十三篇。

十月，〈黑格爾的藝術哲學〉發表於《學習與思考》第五期。

本年，與王玖興合譯的《精神現象學》（上、下卷）獲中國社科院科研一等獎。

**1983年，八十一歲**

一月，〈黑格爾的《法哲學原理》〉發表於《福建論壇》第一期。

九月，〈黑格爾的早期思想〉發表於《哲學研究》第九期。

爲紀念馬克思逝世一百週年寫的〈馬克思的早期哲學思想〉發表。〈黑格爾論自然現象的辯證發展〉發表。

十一月，應香港中文大學新亞書院之邀赴香港講學一月，內容主要爲「知行合一」問題。講稿發表於《求索》1985年第1期。後收入《五十年來的中國哲學》。講學期間曾拜會唐君毅夫人謝廷光及入室弟子李杜等。作《唐君毅先生早期哲學思想》以爲紀念。

**1984年，八十二歲**

三月，受聘爲《西方著名哲學家評傳》學術顧問，〈黑格爾〉發表於該書第六卷。是爲賀麟所寫全面介紹黑格爾生平及學說的最後一篇文字。

八月，《現代西方哲學講演集》由上海人民出版社出版。上篇收解放前在北大講授「現代西方哲學」課程的講稿十三篇，下篇收解放後批判實用主義和新黑格爾主義的文章十五篇。

爲紀念費希特逝世一百八十週年作〈費希特的唯心主義和辯證法思想述評〉、〈費希特的愛國主義和民主思想〉二文，收入《哲學與哲學史論文集》。

**1986年，八十四歲**

四月，受聘爲《康德與黑格爾研究》顧問，譯文黑格爾〈基督教的權威〉發表於該刊第一輯。〈論自然的目的論〉〈斯賓諾莎哲學的宗教方面〉發表於《中國社會科學院研究生院學報》第二期。

七月，《黑格爾哲學講演集》由上海人民出版社出版，收解放前後關於黑格爾哲學的講稿和論文二十四篇。是爲作者關於黑格爾哲學研究文字的總集。

十月，中國社科院哲學研究所、北京大學哲學系等四單位舉辦「賀麟學術思想討論會」，祝賀他從事教學和研究工作五十五週年。

**1988年，八十六歲**

八月，《文化與人生》由商務印書館出新一版。新版比1947年版增加了十篇文章，有些文章題目也有改動。

十二月，譯著《黑格爾早期神學著作》由商務印書館出版。此書的翻譯始於1964年。

**1989年，八十七歲**

三月，《五十年來的中國哲學》由遼寧教育出版社出版。七月，《德國三大哲人歌德、黑格爾、費希特的愛國主義》由商務印書館出版。

**1990年，八十八歲**

一月，《哲學與哲學史論文集》由商務印書館出版。收留學期間所寫文章十三篇，回國後至解放前的文章二十一篇，解放後的文章二十三篇。是爲賀麟最後出版的論文集。

# 參考書目

## ㈠賀麟的著作


1.《德國三大哲人處國難時的態度》 大學出版社1934年版
2.《近代唯心論簡釋》 重慶獨立出版社1942年版
3.《文化與人生》 商務印書館1947年版
4.《當代中國哲學》 重慶勝利出版公司1947年版
5.《現代西方哲學講演集》 上海人民出版社1984年版
6.《黑格爾哲學講演集》 上海人民出版社1986年版
7.《五十年來的中國哲學》 遼寧教育出版社1988年版
8.《文化與人生》 商務印書館1988年版
9.《德國三大哲人歌德費希特黑格爾的愛國主義》 商務印書館1989年版
10.《哲學與哲學史論文集》 商務印書館1990年版


## ㈡賀麟的譯作


1.《黑格爾》 商務印書館1936年版
2.《黑格爾學述》 商務印書館1936年版
3.《致知篇》 商務印書館1943年版

4.《知性改進論》　商務印書館1960年版
5.《倫理學》　商務印書館1981年版
6.《小邏輯》　商務印書館1981年版
7.《精神現象學》　商務印書館1983年版
8.《哲學史講演錄》　商務印書館1980年版
9.《黑格爾早期神學著作》　商務印書館1988年版

## (三)其他著作

1.《古希臘羅馬哲學》　商務印書館1982年版
2.《十六～十八世紀西歐各國哲學》　商務印書館1982年版
3.《十八世紀末～十九世紀初德國古典哲學》　商務印書館1962年版
4.《西方現代資產階級哲學論著選輯》　洪謙編　商務印書館1987年版
5.《新實在論》　〔美〕霍爾特等著　商務印書館1980年版
6.《徹底的經驗主義》　〔美〕威廉・詹姆士著　上海人民出版社1987年版
7.《論德國》〔德〕海涅著　商務印書館1980年版
8.《狄爾泰》　〔英〕H. P. 里克曼著　中國社會科學出版社1989年版
9.《先驗唯心論體係》　〔德〕謝林著　商務印書館1981年版

10.《翻譯論集》 羅新璋編 商務印書館1984年版
11.《新唯識論》 熊十力著 中華書局1985年版
12.《論道》 金岳霖著 商務印書館1985年版
13.《三松堂全集》
第一、四、五卷馮友蘭著 河南人民出版社1986年版
14.《中國哲學史新編》
馮友蘭著 人民出版社修訂本
15.《東西文化及其哲學》
梁漱溟著 商務印書館1987年版
16.《中國現代思想史論》
李澤厚著 東方出版社1987年版
17.《儒家與現代中國》
韋政通著 上海人民出版社1990年版
18.《懷特海哲學演化概論》
陳奎德著 上海人民出版社1988年版
19.《熊十力及其哲學》
郭齊勇著 中國展望出版社1985年版
20.《費希特：行動的吶喊》
洪漢鼎著 山東文藝出版社1988年版
21.《陸九淵集》 中華書局1980年版
22.《王文成公全書》 四部叢刊本
23.《明儒學案》 中華書局1985年版

# 索　　引

## 二　　劃



## 四　　劃

## 五 劃



## 六 劃

## 七　劃

## 八　劃

## 九　　劃



## 十　　劃

## 十　一　劃

## 十 二 劃

## 十　三　劃



## 十　四　劃

十 五 劃



十 六 劃

## 十　七　劃



## 十　八　劃　以　上

# 世界哲學家叢書㈥

| 書名 | 作者 | 出版狀況 |
| --- | --- | --- |
| 懷德黑 | 陳奎德 | 撰稿中 |
| 玻爾 | 戈革 | 排印中 |
| 卡納普 | 林正弘 | 撰稿中 |
| 卡爾巴柏 | 莊文瑞 | 撰稿中 |
| 柯靈烏 | 陳明福 | 撰稿中 |
| 穆爾 | 楊樹同 | 撰稿中 |
| 維根斯坦 | 范光棣 | 撰稿中 |
| 奥斯丁 | 劉福增 | 排印中 |
| 史陶生 | 謝仲明 | 撰稿中 |
| 赫爾 | 馮耀明 | 撰稿中 |
| 帕爾費特 | 戴華 | 撰稿中 |
| 魯一士 | 黄秀璣 | 撰稿中 |
| 珀爾斯 | 朱建民 | 撰稿中 |
| 散塔雅納 | 黄秀璣 | 撰稿中 |
| 詹姆斯 | 朱建民 | 撰稿中 |
| 杜威 | 李常井 | 撰稿中 |
| 史賓格勒 | 商戈令 | 已出版 |
| 奎英 | 成中英 | 撰稿中 |
| 洛爾斯 | 石元康 | 已出版 |
| 諾錫克 | 石元康 | 撰稿中 |
| 希克 | 劉若韶 | 撰稿中 |
| 尼布爾 | 卓新平 | 排印中 |
| 馬丁·布伯 | 張賢勇 | 撰稿中 |
| 蒂里希 | 何光滬 | 撰稿中 |
| 德日進 | 陳澤民 | 撰稿中 |

# 世界哲學家叢書(五)

| 書名 | 作者 | 出版狀況 |
|---|---|---|
| 康德 | 關子尹 | 撰稿中 |
| 費希特 | 洪漢鼎 | 撰稿中 |
| 黑格爾 | 徐文瑞 | 撰稿中 |
| 叔本華 | 劉東 | 撰稿中 |
| 尼采 | 胡其鼎 | 撰稿中 |
| 祁克果 | 陳俊輝 | 已出版 |
| 約翰彌爾 | 張明貴 | 已出版 |
| 馬克弗森 | 許國賢 | 撰稿中 |
| 狄爾泰 | 張旺山 | 已出版 |
| 韋伯 | 陳忠信 | 撰稿中 |
| 卡西勒 | 江日新 | 撰稿中 |
| 雅斯培 | 黃藿 | 已出版 |
| 胡塞爾 | 蔡美麗 | 已出版 |
| 馬克斯・謝勒 | 江日新 | 已出版 |
| 海德格 | 項退結 | 已出版 |
| 高達美 | 張思明 | 撰稿中 |
| 漢娜鄂蘭 | 蔡英文 | 撰稿中 |
| 盧卡契 | 謝勝義 | 撰稿中 |
| 哈伯馬斯 | 李英明 | 已出版 |
| 馬利丹 | 楊世雄 | 撰稿中 |
| 馬賽爾 | 陸達誠 | 排印中 |
| 梅露・彭廸 | 岑溢成 | 撰稿中 |
| 德希達 | 張正平 | 撰稿中 |
| 呂格爾 | 沈清松 | 撰稿中 |
| 克羅齊 | 劉綱紀 | 撰稿中 |

# 世界哲學家叢書㈣

| 書名 | 作者 | 出版狀況 |
|---|---|---|
| 山崎闇齋 | 岡田武彥 | 已出版 |
| 三宅尚齋 | 海老田輝巳 | 撰稿中 |
| 中江藤樹 | 木村光德 | 撰稿中 |
| 貝原益軒 | 岡田武彥 | 已出版 |
| 荻生徂徠 | 劉梅琴 | 撰稿中 |
| 安藤昌益 | 王守華 | 撰稿中 |
| 富永仲基 | 陶德民 | 撰稿中 |
| 楠本端山 | 岡田武彥 | 已出版 |
| 吉田松陰 | 山口宗之 | 已出版 |
| 福澤諭吉 | 卞崇道 | 撰稿中 |
| 西田幾多郎 | 廖仁義 | 撰稿中 |
| 柏拉圖 | 傅佩榮 | 撰稿中 |
| 亞里斯多德 | 曾仰如 | 已出版 |
| 聖奧古斯丁 | 黃維潤 | 撰稿中 |
| 伊本・赫勒敦 | 馬小鶴 | 排印中 |
| 聖多瑪斯 | 黃美貞 | 撰稿中 |
| 笛卡兒 | 孫振青 | 已出版 |
| 斯賓諾莎 | 洪漢鼎 | 已出版 |
| 萊布尼茲 | 陳修齋 | 撰稿中 |
| 培根 | 余麗嫦 | 撰稿中 |
| 霍布斯 | 余麗嫦 | 撰稿中 |
| 洛克 | 謝啟武 | 撰稿中 |
| 巴克萊 | 蔡信安 | 排印中 |
| 休謨 | 李瑞全 | 撰稿中 |
| 盧梭 | 江金太 | 撰稿中 |

# 世界哲學家叢書㈢

| 書名 | 作者 | 出版狀況 |
|---|---|---|
| 智旭 | 熊琬 | 撰稿中 |
| 章太炎 | 姜義華 | 已出版 |
| 熊十力 | 景海峰 | 已出版 |
| 梁漱溟 | 王宗昱 | 已出版 |
| 金岳霖 | 胡軍 | 排印中 |
| 張東蓀 | 胡偉希 | 撰稿中 |
| 馮友蘭 | 殷鼎 | 已出版 |
| 唐君毅 | 劉國強 | 撰稿中 |
| 賀麟 | 張學智 | 已出版 |
| 龍樹 | 萬金川 | 撰稿中 |
| 無著 | 林鎮國 | 撰稿中 |
| 世親 | 釋依昱 | 撰稿中 |
| 商羯羅 | 黃心川 | 撰稿中 |
| 泰戈爾 | 宮靜 | 排印中 |
| 甘地 | 馬小鶴 | 撰稿中 |
| 奥羅賓多・高士 | 朱明忠 | 撰稿中 |
| 拉達克里希南 | 宮靜 | 撰稿中 |
| 元曉 | 李箕永 | 撰稿中 |
| 休靜 | 金煐泰 | 撰稿中 |
| 知訥 | 韓基斗 | 撰稿中 |
| 李栗谷 | 宋錫球 | 排印中 |
| 李退溪 | 尹絲淳 | 撰稿中 |
| 道元 | 傅偉勳 | 撰稿中 |
| 伊藤仁齋 | 田原剛 | 撰稿中 |
| 山鹿素行 | 劉梅琴 | 已出版 |

# 世界哲學家叢書(二)

| 書名 | 作者 | 出版狀況 |
|---|---|---|
| 朱舜水 | 李甦平 | 撰稿中 |
| 王船山 | 張立文 | 撰稿中 |
| 眞德秀 | 朱榮貴 | 撰稿中 |
| 劉蕺山 | 張永儁 | 撰稿中 |
| 黃宗羲 | 盧建榮 | 撰稿中 |
| 顧炎武 | 葛榮晉 | 撰稿中 |
| 顏元 | 楊慧傑 | 撰稿中 |
| 戴震 | 張立文 | 已出版 |
| 竺道生 | 陳沛然 | 已出版 |
| 眞諦 | 孫富支 | 撰稿中 |
| 慧遠 | 區結成 | 已出版 |
| 僧肇 | 李潤生 | 已出版 |
| 智顗 | 霍韜晦 | 撰稿中 |
| 吉藏 | 楊惠南 | 已出版 |
| 玄奘 | 馬少雄 | 撰稿中 |
| 法藏 | 方立天 | 已出版 |
| 惠能 | 楊惠南 | 撰稿中 |
| 澄觀 | 方立天 | 撰稿中 |
| 宗密 | 冉雲華 | 已出版 |
| 永明延壽 | 冉雲華 | 撰稿中 |
| 湛然 | 賴永海 | 排印中 |
| 知禮 | 釋慧嶽 | 撰稿中 |
| 大慧宗杲 | 林義正 | 撰稿中 |
| 袾宏 | 于君方 | 撰稿中 |
| 憨山德清 | 江燦騰 | 撰稿中 |

# 世界哲學家叢書(一)

| 書名 | 作者 | 出版狀況 |
|---|---|---|
| 孟子 | 黃俊傑 | 排印中 |
| 老子 | 劉笑敢 | 撰稿中 |
| 莊子 | 吳光明 | 已出版 |
| 墨子 | 王讚源 | 撰稿中 |
| 淮南子 | 李增 | 已出版 |
| 賈誼 | 沈秋雄 | 撰稿中 |
| 董仲舒 | 韋政通 | 已出版 |
| 揚雄 | 陳福濱 | 撰稿中 |
| 王充 | 林麗雪 | 已出版 |
| 王弼 | 林麗眞 | 已出版 |
| 嵇康 | 莊萬壽 | 撰稿中 |
| 劉勰 | 劉綱紀 | 已出版 |
| 周敦頤 | 陳郁夫 | 已出版 |
| 邵雍 | 趙玲玲 | 撰稿中 |
| 張載 | 黃秀璣 | 已出版 |
| 李覯 | 謝善元 | 已出版 |
| 王安石 | 王明蓀 | 撰稿中 |
| 程顥、程頤 | 李日章 | 已出版 |
| 朱熹 | 陳榮捷 | 已出版 |
| 陸象山 | 曾春海 | 已出版 |
| 陳白沙 | 姜允明 | 撰稿中 |
| 王廷相 | 葛榮晉 | 已出版 |
| 王陽明 | 秦家懿 | 已出版 |
| 李卓吾 | 劉季倫 | 撰稿中 |
| 方以智 | 劉君燦 | 已出版 |